JN255701

パワーから読み解く
グローバル・ガバナンス論
Power Shift and Global Governance

大芝 亮・秋山 信将・大林 一広・山田 敦 編

目　次

序　章　なぜグローバル・ガバナンス論か　　1

グローバル・ガバナンス論の視角（1）　　なぜグローバル・ガバナンスとパワー・シフトか（3）　　想定する読者と本書の特徴（5）　　全体の構成（6）

第Ⅰ部　理　　論

第1章　パワー・シフトとグローバル・ガバナンス　　13
──パワー・ポリティクスから自由なのか

1　グローバル・ガバナンスをどう理解するか　　13
グローバル・ガバナンスの来歴（13）　　グローバル・ガバナンス・システムとは何か（14）

2　国際機関とパワー・ポリティクス　　16
制度的パワー（16）　　日本へのパワー・シフト（16）　　中国へのパワー・シフト（18）　　G7からG20へのパワー・シフト（21）

3　多様なアクター間の調整・協調のプロセス　　23
4つのガバナンス・モード（23）　　国際関係における4つのガバナンス・モード（25）

4　まとめと展望　　28

第Ⅱ部　安 全 保 障

第2章　核──パワー，レジーム，市場の相互作用　　35

1　核をめぐるグローバル・ガバナンス　　35
パワーと制度（35）　　核をめぐるガバナンスの特徴（36）

i

2 研究動向——「核によるガバナンス」と「核のガバナンス」 37

核「による」国際秩序のガバナンス（37）　　核「の」グローバル・ガバナンス（40）　　核「の」グローバル・ガバナンスのジレンマ（43）　　軍事転用リスクのガバナンス（44）　　市場の役割（46）

3 事例研究——核不拡散レジーム形成過程に見る市場と制度の相互作用　47

アメリカによる市場の独占（47）　　市場の多極化へ（48）　　供給側からの管理（49）　　多国間ガバナンスの限界（50）

4 まとめと展望——秩序の動揺もしくは変容？　51

第3章　同盟——冷戦初期と冷戦後のNATOを事例として　57

1 同盟とグローバル・ガバナンス　57

2 研究動向——同盟をめぐる主要な議論　58

同盟の定義（58）　　リアリズムと同盟の形成——勢力均衡，バンドワゴン，脅威の均衡（59）　　同盟がもたらす安全と不安——安全保障のジレンマ（61）　　同盟の機能と同盟内政治（62）　　冷戦後の同盟論——リベラル制度論とコンストラクティヴィズムの同盟論（63）

3 事例研究——冷戦期と冷戦後のNATO　66

冷戦初期のNATO——形成，機能，安全保障のジレンマ（66）　　冷戦後のNATO——持続と変容（69）

4 まとめと展望　74

第4章　国家間戦争——交渉理論による理解　79

1 戦争をめぐるグローバル・ガバナンス——戦争原因論の発展　79

戦争はなぜ起こるのか（79）　　交渉理論による説明（80）　　情報の非対称性と交渉の失敗（82）　　コミットメント問題と交渉の失敗（84）

2 戦争の抑止要因の研究動向——国内政治体制と国際機関　88

民主主義による平和（88）　　国際機関による平和（92）

3 事例研究——国際機関の介入と戦争抑止メカニズムの実証　94

国際機関の戦争抑止効果（94）　　仮説とその検証（97）

4 まとめと展望　99

第**5**章　内戦──グローバルとローカルの狭間　　　103

　1　内戦とグローバル・ガバナンス　　103

　　　内戦のパターン（104）　　　内戦を取り巻くグローバル・ガバナンス
　　　（105）　　平和維持から平和強制，平和構築，紛争予防へ（106）　　　正
　　　義と和解（109）　　新たな問題の発生（110）

　2　研究動向──内戦研究の現状　　111

　　　国家と反乱軍（112）　　　反乱軍の設立と動員（113）　　　国際社会の役割
　　　（115）

　3　事例研究──権力分有条項と内戦の再発　　116

　　　強制の問題と分配の問題（117）　　　グアテマラとルワンダ（120）

　4　まとめと展望　　122

第Ⅲ部　政治経済

第**6**章　貿易──FTA が生み出すリージョナル・ガバナンス　　　129

　1　貿易とグローバル・ガバナンス　　129

　　　貿易のグローバル・ガバナンス論（129）　　　グローバル・ガバナンスの
　　　功罪と WTO の変容（130）　　　オルタナティブ・グローバル・ガバナ
　　　ンスとしての FTA ／ TPP の台頭（132）

　2　研究動向──貿易をめぐるグローバル・ガバナンスと FTA　　134

　　　貿易のリージョナル・ガバナンスと「ドミノ効果」（134）　　　国内政治
　　　アプローチと FTA（135）

　3　事例研究──東アジア地域の FTA への対応と新通商秩序の構築　　136

　　　日本の FTA 政策（137）　　　中国の FTA 政策（139）　　　韓国の FTA
　　　政策（142）

　4　まとめと展望　　144

第**7**章　直接投資──2 国間投資協定によるガバナンス　　　149

　1　直接投資をめぐるガバナンス　　149

　　　ガバナンスの主体──企業，ホスト国，ホーム国（149）　　　2 国間投資
　　　協定を中心とするガバナンス（150）

2　研究動向——投資協定の政治的側面　153

　　企業とホスト国のパワー・バランスと投資協定の役割（153）　　投資協
定と仲裁条項（155）　　仲裁条項とホスト国（158）

3　事例研究——投資協定は投資の誘致に役立つのか　159

　　仮説（159）　　仮説検証（161）

4　まとめと展望　164

第8章　科学技術——インターネット・ガバナンスを例に　169

1　科学技術のグローバル・ガバナンス　169

　　さまざまな課題（169）　　グローバルな課題（170）　　さまざまなアク
ター（170）　　急激なパワー・シフト（171）

2　研究動向——さまざまなガバナンス論　172

　　科学者たちの論理（172）　　国家の論理（173）　　企業の論理（175）
市民社会の論理（176）

3　事例研究——インターネット・ガバナンス　177

　　インターネット・ガバナンスとは（177）　　技術的問題の国際政治化
（177）　　デジタル・デバイド（179）　　サイバー・セキュリティ
（181）

4　まとめと展望　184

第9章　福祉——新自由主義時代に変容するグローバル・ガバナンス　189

1　福祉国家とグローバル・ガバナンス　189

　　福祉国家とは（189）　　グローバル・ガバナンスとしてのブレトンウッ
ズ体制（191）　　ブレトンウッズ体制の崩壊と福祉国家の危機（193）

2　研究動向——福祉国家の変容をめぐって　194

　　福祉国家の形成をめぐる収斂と分岐（195）　　福祉国家の再編をめぐる
収斂と分岐（196）　　資本主義の収斂と分岐（197）

3　事例研究——公的年金制度の分岐　200

　　分析の視点と仮説（201）　　事例——年金「運用」政策の分岐（202）
分析——国際制度と金融制度の階層移動（204）

4　まとめと展望　206

第Ⅳ部　社　　会

第10章　腐敗・汚職——国際 NGO の役割を中心に　　213

1　腐敗・汚職問題とグローバル・ガバナンス　　213
腐敗事件数の増加とその原因（213）　　腐敗と汚職のグローバル・ガバナンスの必要性（214）　　腐敗とは（216）　　腐敗・汚職に関するグローバル・ガバナンスの発展（217）

2　研究動向——腐敗・汚職と国際 NGO　　218
国際的な腐敗・汚職問題に関する議論（218）　　グローバル問題解決のための国際 NGO の役割（219）

3　事例研究——TI の活動　　221
TI の成立過程と成長（221）　　TI の主な活動（223）　　腐敗防止のためのグローバル・ガバナンスの特徴（226）

4　まとめと展望　　226

第11章　人権——ビジネスとプライベート・ガバナンス　　231

1　人権とグローバル・ガバナンス　　231
人権ガバナンスと 2 つのパワー・シフト（231）　　国際人権ガバナンス（232）　　ガバナンス・ギャップ（233）　　人権ガバナンスの新たな展開（234）

2　研究動向——プライベート人権ガバナンスの形成について　　236
国家の論理（236）　　市場の論理（237）　　市民社会の論理（238）

3　事例研究——新興国の台頭とグローバル人権ガバナンス　　239
中国の台頭と人権問題のグローバル化（239）　　中国の対内直接投資・対外直接投資の変化（241）　　企業の属性説とその検証（241）　　人権ネットワーク内政説とその検証（243）　　人権ガバナンスに与える影響（247）

4　まとめと展望　　248

第12章　移民・難民——二極化する世界の越境者たち　　253

1　国境を越える人々　　253

　　　　　　「移民」「難民」とは（254）　　国際移住者の動向（255）　　強制移住者
　　　　の動向（257）　　どこからどこへ向かうのか（260）

　　2　研究動向──移民・難民とパワー・シフト　　261
　　　　　　プッシュ要因とプル要因（261）　　頭脳流出と頭脳流入（262）　　頭脳
　　　　環流（262）　　歓迎されざる人々（263）

　　3　事例研究──シリア難民危機と世界　　264
　　　　　　シリア難民危機の始まり（264）　　　難民条約と UNHCR によるグロー
　　　　バル・ガバナンス（265）　　ヨーロッパの対応（267）　　アメリカの対
　　　　応（268）　　日本の対応（269）　　二極化するヒトの国際移動（270）

　　4　まとめと展望　　272

　　　　あとがき　　277
　　　　事項索引　　281
　　　　人名索引　　286

■ 図表一覧 ───────────────────────────

図 2-1　核のガバナンスの構造　　38
図 3-1　NATO の東方拡大　　72
図 4-1　フィアロンの交渉モデル　　81
図 4-2　世界の政治体制　　89
図 4-3　安全保障国際機関に加盟する国の数　　93
図 4-4　挑戦国の民主主義度が紛争激化の確率に与える影響　　99
図 5-1　内戦とガバナンス・モード　　106
図 6-1　WTO に通報された RTA の数（1948-2015 年）　　133
図 7-1　2 国間投資協定の推移　　151
図 7-2　ICSID への信託件数（1985-2016 年）　　157
図 8-1　世界のオフライン人口（2016 年）　　182
図 9-1　資本主義の 5 つの型　　199

表 1-1　世界銀行における主要国の投票権　　19
表 1-2　世界銀行，ADB，AIIB　　20
表 1-3　4 つのガバナンス・モード　　24
表 4-1　領土紛争の激化に関するロジスティック回帰分析　　98

表 7-1　2 国間投資協定のインフラ投資への影響　　163
表 10-1　腐敗防止国際会議（IACC）の開催年と開催都市　　223
表 11-1　市民社会から BHRRC に寄せられた中国関連告発件数の推移　　240
表 11-2　中国関連の人権侵害で告発された企業の規模とブランド力　　243
表 12-1　国際移住者を受け入れている上位 10 カ国（2015 年）　　256
表 12-2　国際移住者を送り出している上位 10 カ国（2015 年）　　257
表 12-3　難民を受け入れている上位 10 カ国（2016 年）　　258
表 12-4　難民を生み出している上位 10 カ国（2016 年）　　259

＊ 執筆に際し，直接引用あるいは参考にした文献を，各章末に一覧にして掲げた。本
　文中では，著作者の姓と刊行年のみを，（　）に入れて記した。
　　　例　（大芝・藤原・山田　2006）
　　　　　大芝亮・藤原帰一・山田哲也編　2006『平和政策』有斐閣ブックス。

執筆者紹介 （執筆順）

大 芝　　亮（おおしば　りょう）　　　　　　　　　［編者，序章，第1章担当］

1983年，一橋大学大学院法学研究科博士課程退学。Ph. D.（イェール大学，1989年）。

現在，青山学院大学国際政治経済学部教授（国際関係論，国際機構論）。

主な著作に，『国際組織の政治経済学——冷戦後の国際関係の枠組み』（有斐閣，1994年），『国際政治理論——パズル・概念・解釈』（ミネルヴァ書房，2016年），ほか。

秋 山 信 将（あきやま　のぶまさ）　　　　　　　　［編者，序章，第2章担当］

1994年，コーネル大学公共政策研究所行政学修士課程修了。博士（法学）（一橋大学，2012年）。

現在，一橋大学大学院法学研究科教授（国際安全保障，軍縮・不拡散）。

主な著作に，『核不拡散をめぐる国際政治——規範の遵守，秩序の変容』（有信堂高文社，2012年），『NPT——核のグローバル・ガバナンス』（編著，岩波書店，2015年），ほか。

大 林 一 広（おおばやし　かずひろ）　　　　　　　［編者，序章，第5章担当］

2011年，ジョージ・ワシントン大学政治学部博士課程修了。Ph. D.

現在，一橋大学大学院法学研究科准教授（政治学，国際関係論）。

主な著作に，*Rebel Recruitment and Information Problems*（Routledge, 2017），「反乱軍の組織と内戦後の和平期間」『国際政治』174号（2013年），ほか。

山 田　　敦（やまだ　あつし）　　　　　　　　　［編者，序章，第8, 12章担当］

1996年，一橋大学大学院法学研究科単位取得満期退学。博士（法学）（一橋大学，1999年）。

現在，一橋大学国際・公共政策大学院長（国際関係論，国際政治経済学）。

主な著作に，『ネオ・テクノ・ナショナリズム——グローカル時代の技術と国際関係』（有斐閣，2001年），『国際政治経済学・入門〔第3版〕』（野林健・大芝亮・納家政嗣・長尾悟との共著）（有斐閣，2007年），ほか。

青 野 利 彦（あおの　としひこ）　　　　　　　　　　　　　［第 3 章担当］

2007 年，カリフォルニア大学サンタ・バーバラ校歴史学研究科博士課程修了。
Ph. D.

現在，一橋大学大学院法学研究科准教授（アメリカ政治外交史，冷戦史）。

主な著作に，『「危機の年」の冷戦と同盟──ベルリン，キューバ，デタント，
1961–1963 年』（有斐閣，2012 年），『国際政治史──主権国家体系のあゆみ』
（小川浩之・板橋拓己との共著）（有斐閣，2018 年），ほか。

千 葉 大 奈（ちば　だいな）　　　　　　　　　　　　　　［第 4 章担当］

2012 年，ライス大学政治学部博士課程修了。Ph. D.

現在，英国エセックス大学政治学部上級講師（国際政治学，政治学方法論）。

主な著作に，"Decomposing the Relationship Between Contiguity and Milita-
rized Conflict," (with William Reed), *American Journal of Political Science*,
54(1)（2010），"A Copula Approach to the Problem of Selection Bias in Mod-
els of Government Survival," (with Lanny Martin and Randy Stevenson),
Political Analysis, 23(1)（2015），ほか。

金　ゼンマ（キム　ゼンマ）　　　　　　　　　　　　　　［第 6 章担当］

2008 年，一橋大学大学院法学研究科博士課程修了。博士（法学）。

現在，明治大学国際日本学部准教授（国際政治経済学，アジア太平洋国際関係
論）。

主な著作に，*Japan and East Asian Integration: Trade and Domestic Politics*
(Routledge, 2017)，『日本の通商政策転換の政治経済学── FTA ／ TPP と国
内政治』（有信堂高文社，2016），ほか。

松 村 尚 子（まつむら　なおこ）　　　　　　　　　　　　［第 7 章担当］

2015 年，ライス大学政治学部博士課程修了。Ph. D.

現在，神戸大学大学院法学研究科准教授（国際関係論，司法的紛争処理制度）。

主な著作に，"Measuring Changes in Source of Leader Support: The CHISOLS
Dataset," (with Michaela Mattes and Brett Ashley Leeds), *Journal of Peace
Research*, 53(2)（2016），ほか。

井 上　　睦（いのうえ　まこと）　　　　　　　　　　　　［第 9 章担当］

2014 年，一橋大学大学院法学研究科博士課程修了。博士（法学）。

現在，北海学園大学法学部講師（福祉政治，比較政治，韓国政治）。

主な著作に，「社会保障制度の『金融化』──韓国の公的年金制度改革の分析」

『一橋法学』14巻1号（2015年），「従属論と世界システム論」滝田賢治・大芝亮・都留康子編『国際関係学〔第2版〕』（有信堂高文社，2017年），ほか。

柳　始賢（ユ　シヒョン）　　　　　　　　　　　　　　　［第10章担当］

2012年，一橋大学大学院法学研究科博士課程修了。博士（法学）。

現在，韓国釜山大学校政治外交学科非常勤講師（国際関係論，国際規範，国際NGO）。

主な著作に，「日本のODA政策と人間の安全保障——日本の国内言説の国際規範形成との関係を中心に」『日本研究論叢』（韓国・現代日本学会）41号（2015年），「脱国境時代の地域統合——大衆文化の役割に関する試論的考察」『日本文化研究』（韓国・東アジア日本学会）53号（2015年），ほか。

古内洋平（ふるうち　ようへい）　　　　　　　　　　　［第11章担当］

2008年，一橋大学大学院法学研究科博士課程修了。博士（法学）。

現在，フェリス女学院大学国際交流学部准教授（国際関係論〈移行期正義，人権など〉）。

主な著作に，「グローバル時代におけるトランスナショナルな被害者運動——アパルトヘイト被害者運動を事例に」『国際政治』162号（2010年），「帝国主義の台頭とその国際的影響」大芝亮編『ヨーロッパがつくる国際秩序』（ミネルヴァ書房，2014年），ほか。

主要略語一覧

ABM　Anti-Ballistic Missile Treaty　弾道弾迎撃ミサイル

ADB　Asian Development Bank　アジア開発銀行

AIIB　Asian Infrastructure Investment Bank　アジアインフラ投資銀行

AMF　Asian Monetary Fund　アジア通貨基金

ARPA　Advanced Research Agency　アメリカ国防総省高等計画局

AU　African Union　アフリカ連合

BHRRC　Business and Human Rights Resource Centre　ビジネスと人権資料センター

BIT　Bilateral Investment Treaty　２国間投資協定

BPI　Bribe Payers Index　賄賂提供指数

CEPEA　Comprehensive Economic Partnership in East Asia　東アジア包括的経済連携協定

CPI　Corruption Perceptions Index　腐敗・汚職度指数

CSCE　Conference on Security and Cooperation in Europe　欧州安全保障会議

CSR　Corporate Social Responsibility　企業の社会的責任

DAC　Development Assistance Committee　開発援助委員会

DDR　Disarmament, Demobilization, Reintegration　武装解除・動員解除・社会再統合

EASG　East Asia Study Group　東アジア・スタディ・グループ

EAVG　East Asia Vision Group　東アジア・ビジョン・グループ

ECOWAS　Economic Community of West African States　西アフリカ諸国経済共同体

EPA　Economic Partnership Agreement　経済連携協定

ERI　Earth Rights International　アースライツ・インターナショナル

EU　European Union　欧州連合

FDI　Foreign Direct Investment　海外直接投資

FLA　Fair Labour Association　公正労働協会

FTA　Free Trade Agreement　自由貿易協定

GATT　General Agreement on Tariffs and Trade　関税及び貿易に関する一般協定

GICNT　Global Initiative to Combat Nuclear terrorism　核テロリズムに対抗するためのグローバル・イニシアティブ

IACC　International Anti-Corruption Conference　腐敗防止国際会議

IAEA　International Atomic Energy Agency　国際原子力機関

IBRD　International Bank for Reconstruction and Development　国際復興開発銀行

ICC　International Criminal Court　国際刑事裁判所

ICSID　International Centre for Settlement of Investment Disputes　投資紛争解決国際センター

ICT　Information and Communication Technology　情報通信技術

IFOR　Implementation Force　和平執行部隊

ILO　International Labour Organization　国際労働機関

IMF　International Monetary Fund　国際通貨基金

INTERFET　International Force for East Timor　東ティモール国際軍

ISAF International Security Assistance Force 国際治安部隊

ISDS Investor-State Dispute Settlement 投資家対国家の紛争解決手続き

ISO International Organization for Standardization 国際標準化機構

ITU International Telecommunication Union 国際電気通信連合

KPCS Kimberley Process Certification Scheme キンバリー・プロセス認証制度

MAD Mutual Assured Destruction 相互確証破壊

MDGs Millennium Development Goals ミレニアム開発目標

NATO North Atlantic Treaty Organization 北大西洋条約機構

NGO Non Governmental Organization 非政府組織

NPO Non Profit Organization 非営利組織

NPT Treaty on the Non-Proliferation of Nuclear Weapons 核兵器不拡散条約

NSG Nuclear Suppliers Group 原子力供給国グループ

OAS Organization of American States 米州機構

OAU Organization of African Unity アフリカ統一機構

OECD Organization for Economic Co-operation and Development 経済協力開発機構

OSCE Organization for Security and Co-operation in Europe 欧州安全保障機構

PfP Partnership for Peace 平和のためのパートナーシップ協定

PKO Peacekeeping Operations 平和維持活動

PSI Proliferation Security Initiative 拡散に対抗する安全保障構想

RCEP Regional Comprehensive Economic Partnership 東アジア地域包括的経済連携

RMA Revolution in Military Affairs 軍事革命

RTA Regional Trade Agreement 地域貿易協定

SCO Shanghai Cooperation Organization 上海協力機構

SDGs Sustainable Development Goals 持続可能な開発目標

START Strategic Arms Reduction Treaty 戦略兵器削減条約

TI Transparency International トランスペアレンシー・インターナショナル

TPP Trans-Pacific Partnership 環太平洋パートナーシップ

UNAMID African Union / United Nations Hybrid Operation in Darfur 国連・AU合同ミッション

UNDP United Nations Development Programme 国際開発計画

UNHCR Office of the United Nations High Commissioner for Refugees 国連難民高等弁務官事務所

UNODC United Nations Office on Drugs and Crime 国連薬物犯罪事務所

UNPROFOR United Nations Protection Force 国連保護隊

WRC Worker Rights Consortium 労働者の権利協会

WTO World Trade Organization 世界貿易機関

序　章

なぜグローバル・ガバナンス論か

◀グローバル・ガバナンス論の視角

　本書は，国際関係論，特にグローバル・ガバナンス論の教科書である。国際関係論において，グローバル・ガバナンスとは，国際システムにおける「（世界）政府なき統治」（Rosenau & Czempiel 1992）を意味する。国際システムの中には，安全保障や経済発展，正義などに係るさまざまな問題が存在する。国内システムにおいては，これらの問題は基本的には政府が統治もしくはマネジメントを行う。だが，国際システムには，世界政府は存在しない。それにもかかわらず，国際システムにおけるさまざまな問題は，ある程度制御されている。国際システムにおける政府なき統治は，どのような形で行われているのか。そして，今後どのような方向に発展していくのだろうか。

　従来の国際関係論は，国際システムの中の政府なき統治の源泉を主権国家に求めた。ネオリアリズムは，勢力均衡や覇権国による公共財の提供が，国際システムに秩序や繁栄をもたらすと主張した。ネオリベラリズムは，覇権国が存在せずとも，国際制度の設立によって，各国は協調して問題を解決すると指摘した。また，英国学派やコンストラクティヴィズム（構成主義）は，国際システムの中には一定の価値観や規範を共有する主権国家の社会──国際社会──が存在すると指摘する。

　だが，グローバル化──国境を越えたヒトやモノ，カネ，情報の移動の速度や量の増加──が加速している今日，国際システムにおいては，地域紛争やテロリズム，国際犯罪，金融危機，移民，自然災害，環境問題，感染症，人権など，国境を越えるさまざまな問題が顕在化している。これらの問題の多くは，主権国

I

家間の協調だけでは十分に対処しえない。このため，これらの問題群の制御には，国家に加えて，国際機関や地域機構，企業，非政府組織（NGO），地方自治体，個人など，さまざまなアクター（主体）が，法や制度，ネットワークなどの形成を通じて，複雑に絡み合いながら，関与している（Avant et al. 2010）。このように多様なアクターを包含したグローバル・ガバナンスは，冷戦の終結を機に急速に発展し，失業問題のように従来は各国の国内問題として扱われてきた問題や，国家間戦争のような伝統的な国家間関係上の問題までも，その射程に収めている。そして，そのようなグローバル・ガバナンスの発展は，問題を効果的に制御するために必要なだけでなく，正当性や民主主義の確保という観点からも，望ましいとされる。

　本書では，さまざまな問題領域におけるグローバル・ガバナンスの実情や，これを理解するための概念，そして最近の理論・歴史研究の成果を紹介する。その際，国際関係論において主要な概念の一つである「パワー」とグローバル・ガバナンスとの関係を軸に，議論を展開する。

　グローバル・ガバナンス論は，主に冷戦の終結後，急速に発展してきた。その背景には，国際システムの中で人類が共有するさまざまな問題を制御する必要性についての切迫した認識が存在した。このような問題の制御への強い関心は，統治のための多様なアプローチの柔軟な模索を可能にすると同時に，グローバル・ガバナンスのさまざまな側面の背後に存在するアクター間のパワー関係を軽視する傾向を生んだ。現実には，人類が対処すべき問題領域の特定から，これを統治するための制度や規範の形成・維持・変容のすべての過程において，パワーは重要な役割を果たしている（Barnett & Duvall 2004）。

　本書の大きな特徴は，グローバル・ガバナンスとパワー，特にパワー・シフトの関係を，正面から取り上げることである。国際関係論では，しばしばパワーは「さもなければそのアクターが行わないであろう行為を他のアクターに行わせる能力」として定義される（cf. Dahl 1957）。パワーを軍事力や経済力のような一定の資源の保有量ではなく，アクター間の関係性に注目して定義する点で，このような定義は有用である。しかし同時に，一定のアクターの存在を前提としたうえで，その行為への影響のみに注目することで，いくつかの限界も生まれる（Barnett & Duvall 2005）。例えば，新しいアクターを創出する能力や，

既存のアクターのアイデンティティや利益の定義に影響を及ぼすような能力も，パワーの一側面と考えることができる。また，他のアクターに対して直接影響を及ぼすのではなく，制度の設立や改変，さらには一定の言説の流布などを通じて，間接的に他のアクターの行為や考え方に影響を与える場合も，パワーの行使と考えてよいだろう。したがって本書では，パワーという概念を広くとらえ，制度的パワーやソフト・パワーといった多様な側面に言及する。

◀なぜグローバル・ガバナンスとパワー・シフトか

本書がグローバル・ガバナンスとパワー・シフトとの関係に注目する理由は，主に３つある。

第１に，現実の国際関係において，さまざまなアクターの間のパワー・バランスの変化が進行していることである。国家間の関係においては，米ソの二極体制が冷戦の終結によって崩れ，アメリカを中心とする一極体制が到来した。その後，中国の台頭や欧州統合の進展に伴い，国家間のパワーの分布は二極体制もしくは多極体制に移行しているとされる。また，国家と非国家主体の関係では，国際機関や企業，非政府組織（NGO），テロ組織，反乱軍などの多様な非国家アクターにパワーや権威が移行しているという指摘もある（ストレンジ 2011; ヘルドほか 2006; Avant et al. 2010; Hall & Biersteker 2002）。いくつかの分野では，これらのアクターは，国家を介さないプライベート・レジームを形成している。さらに，非国家主体間の関係においても，パワーをめぐる競争が行われている。既存のグローバル・ガバナンスは，これを支えるさまざまなアクターの間のパワー・バランスの上に成り立っている。したがって，今後のグローバル・ガバナンスの行方を推測するためには，これらのパワー・シフトの影響を考慮することが不可欠なのである。

第２に，グローバル・ガバナンス論を含む既存の国際関係理論は，パワー・シフトとグローバル・ガバナンスとの間に重要な相互作用が存在することを示している。だが，これらの理論が指摘する関係は一様ではない。一方では，リアリズムやネオリアリズムの理論は，しばしばパワー・シフトが既存の秩序や制度の崩壊，大規模な武力紛争につながることを指摘してきた（カー 2011; Gilpin 1981; Powell 2006）。これに対してネオリベラリズムは，協調による利益が

序　章　なぜグローバル・ガバナンス論か　　3

大きい場合には，制度が存続する可能性が高いと主張する（コヘイン 1998）。また，コンストラクティヴィズムはパワー・シフトが国際制度の変容につながることを指摘する（Barkin & Cronin 1994）。他方で，既存の制度は，アクター間のパワー・バランスに影響を与える。国際機関の存続は，官僚組織の権威の強化や新しい国際機関の組織設計を通じて，当該国際機関の影響力を高める（Barnett & Finnemore 2004; Johnson & Urpelainen 2014）。このため，国際機関を設立する際，各アクターは新たな国際機関がパワー・バランスに与える影響をある程度見越して組織を設計する。近年の中国の台頭とグローバル・ガバナンスとの関係を見ても，開発分野ではアジアインフラ投資銀行（AIIB）の設立を通じて既存の制度の変化を牽引している一方で，安全保障や貿易の分野では国際連合の平和維持活動（PKO）や世界貿易機構（WTO）への参加を通じて，既存の制度を一部強化しているようにも見える。

　第 3 に，グローバル・ガバナンスとパワー・シフトの関係に注目することで，規範的な観点からのグローバル・ガバナンスの評価が変わってくる。グローバル・ガバナンス論においては，集合行為の問題や公共財，共有地の悲劇といった概念が用いられることが多い。これらの概念は，アクター間の共通利益を強調する一方で，利益の分配効果を覆い隠してしまうことがある。実際には，グローバル・ガバナンスのための制度構築に参加するアクターにとっては共通の利益が他のアクターに不利益をもたらす場合がある。また，新たな制度構築を主導するアクター自身の利益が，その制度によって低下する場合さえある（Gruber 2000）。さらに，グローバル・ガバナンスを通じて向上することが期待される価値は，秩序や正義，公平など多面的であり，常に両立するとは限らない。そのため，問題の所在が明白であるにもかかわらず，グローバル・ガバナンスの整備が進まない分野や，見せかけだけで実効性が伴わない政策，グローバル・ガバナンスの存在ゆえに軽視されている価値も存在する。例えば，2000年代のハイチやジンバブエの保健衛生領域では，国際社会が短期的かつ数値による計測が可能な HIV などに関連する一部の目標に資源を集中させることで，他の多くの分野の状況が悪化した，という指摘もある（Garrett 2007）。

　グローバル・ガバナンスとパワー・シフトの関係に注目することで，このようなグローバル・ガバナンスの限界や負の側面に光を当て，より多面的な評価

や改善方法の提案を行うことが可能となる。

◀想定する読者と本書の特徴

本書は，読者として，主に国際関係論を学ぶ学部3・4年生および大学院生を想定している。近年，日本国内の多くの大学でグローバル・ガバナンスと銘打ったプログラムや科目が設置されている。また，国際政治学や国際政治理論といった名称の科目でも，グローバル・ガバナンス論を扱うことが増えている。本書は，これらの科目において教科書または参考書として使用されることを想定している。

教科書としてみた場合，本書の特徴は，4つある。まず，グローバル・ガバナンス論の多様な問題領域について，それぞれの分野の専門家を執筆陣に加えている点である。核兵器や内戦の問題から貿易，投資，科学技術，福祉，腐敗・汚職，人権，移民・難民まで，グローバル・ガバナンスの対象分野は広範である。そして，各分野での問題や統治の実情は多様である。各問題領域における最先端の研究成果を紹介し，その分野の特性や複雑な実情をわかりやすく伝えるためには，それぞれの分野の専門家に各章を担当してもらうことが望ましい。そのため本書では，主に新進気鋭の若手から中堅の研究者に，各章の執筆を依頼した。

第2に，各問題領域におけるグローバル・ガバナンスの実情や最先端の研究成果を紹介するため，各章を4つの節で構成した。まず，分析対象とする問題領域における事実関係や基本的な概念，グローバル・ガバナンスの発展の経緯や現状を紹介する。次に，現時点での最先端の学術的論争や研究について議論する。そのうえで，関連する事例について，一定の仮説や主張を提示し，これを検証する。そして最後に，それまでの議論を簡単にまとめ，各分野の研究課題，政策課題を提示する。各章をこのような構成にすることで，当該分野に馴染みの薄い読者に対して基礎的な知識を提供するとともに，その分野について基本的な知識を持つ読者にとっても読み応えのある内容とした。

第3に，各問題領域におけるグローバル・ガバナンスの複雑さを把握するために，各章で中核となる問いをいくつか設定し，それらの問いに答えるために有用な理論を適宜紹介している。グローバル・ガバナンス論が対象とする問題

序　章　なぜグローバル・ガバナンス論か　　5

領域は多岐にわたり，領域ごとの特殊な事情も多いため，ひとつの「イズム」もしくは研究伝統（Laudan 1996）で，すべての問いに回答することは不可能である。いわゆるイズム論争を避け，設定した問いに応じて柔軟に各理論を使い分けたり組み合わせたりすることで，建設的な議論が可能となる。各章もしくは本書全体として，このような分析的な折衷主義（analytical eclecticism）（Lake 2011; Sil & Katzenstein 2010）を採用している。

最後に，本書の執筆陣は，研究方法においても多様である。事例研究などの質的分析に加え，計量分析や歴史学的アプローチをとる執筆者も加えることで，国際関係論の分析手法の多様性を反映する。学部生や大学院生が普段接することが少ない研究方法にふれることで，研究方法についても関心をもってもらえると考える。もっとも，計量分析については，馴染みの薄い学部生も多い。計量分析を用いた章（**第4章**，**第7章**）では，比較的シンプルな分析手法を用いるとともに，分析結果の提示や解釈は，平易な記述にとどめた。

なお，本書では，主にグローバル・ガバナンスとパワー・シフトについての実情や実証分析のための概念，理論を紹介している。そのため，既存のグローバル・ガバナンスについて，どのように評価すべきか，今後の政策形成においてどのような価値を重視すべきか，という問題については，検討の材料を提供することにとどまり，踏み込んだ議論は行っていない。しかし，これらの規範的な問題は，実証分析と同様に重要である。これらの規範的な問題に関心のある読者は，関連の教科書や研究書を手に取ってみることを勧める（芝崎 2015; 小田川ほか 2011）。

◀ 全体の構成

本書では，まず，パワー・シフトとグローバル・ガバナンスの変容との関係について理論的な考察を行う。そのうえで，分析対象を安全保障，政治経済，社会の3つの大きな分野に分け，各分野の主要な問題領域におけるグローバル・ガバナンスを順に取り上げていく。安全保障分野では，核，同盟，国家間戦争，内戦と平和構築について議論する。政治経済分野では，貿易，直接投資，科学技術，福祉を取り上げる。社会分野では，腐敗・汚職，人権，移民・難民について議論する。各分野の問題領域の選定に際しては，領域ごとのグローバ

ル・ガバナンスの現状やそこで生じているパワー・シフトの種類について，多様性を確保するよう努めた。

　第Ⅰ部では，グローバル・ガバナンスとパワー・シフトの関係を考察するために必要な概念や理論を紹介する（**第1章**）。グローバル・ガバナンス論の起源とともに，制度的パワーやフォーラム・ショッピング，4種類のガバナンス・モードといった概念について，世界銀行やG7などの例を引いて論じる。

　第Ⅱ部では，安全保障分野における4つの問題領域を取り上げる。核問題（**第2章**）においては，「核が国際秩序の安定にどのような影響を与えるのか」という核「による」グローバル・ガバナンスと「核をどのように管理するか」という核「の」グローバル・ガバナンスの双方が問題となる。この章では，いずれの問題についても，国家間のパワー分布とレジーム，そして市場という3つの領域間の相互作用が重要な役割を果たしていることを示す。同時に，テロ組織を含む非国家アクターの台頭が伝統的な国家間協調——相互確証破壊（MAD）——を困難にするとともに，新たなガバナンス体制——核セキュリティ・レジーム——の形成を促していることを指摘する。

　同盟（**第3章**）関係については，複数の同盟の間の抑止や安全保障のジレンマの問題とともに，同盟内の統治や管理の問題（同盟国間の約束の信頼性やモラル・ハザードなどの問題）の存在を指摘する。そのうえで，冷戦の終結を挟み，北大西洋条約機構（NATO）が共産圏に対するバランシングのための機能だけでなく，安全保障分野でのグローバル・ガバナンスの一端を担う機能を獲得したことを示す。

　ここまでの章は，主としてパワー・シフトがグローバル・ガバナンスに与える影響を中心に議論している。これに対して，国家間戦争に関する章（**第4章**）では，国家間のパワー・バランスの変化とグローバル・ガバナンスの失敗の一例である戦争の蓋然性との関係に懐疑的な「交渉理論」の議論を紹介する。そのうえで，国際機関のパワーを伴わない行為が，戦争の発生リスクを抑制するか否かについて，計量分析を用いて検討する。

　また，内戦の章（**第5章**）では，国際社会がグローバル・ガバナンスに期待する価値は秩序や民主主義，正義など多様であり，相互に必ずしも両立しないことを指摘する。そのうえで，平和構築の一環として国際社会が推進する民主

化や権力分有体制が，紛争後の社会におけるパワー・バランスを変化させ，かえって内戦の再発（ガバナンスの失敗）につながる場合があることを示す。

第Ⅲ部では，政治経済分野におけるグローバル・ガバナンスとパワー・シフトについて論じる。貿易に関する章（**第6章**）では，WTO の行き詰まりと自由貿易協定（FTA）の増加について議論する。特に東アジアにおける FTA 締結の原因として，国家間のパワー・バランスの変化の重要性を指摘する研究が多い。しかし実際には，各国内の利益団体や政治的リーダーのイニシアティブも重要な役割を果たしている。

直接投資（**第7章**）の分野においては，グローバル・ガバナンスのための多国間制度が存在せず，投資国と受入国の2国間投資協定（BIT）が統治の要となっている。そして，自由主義的な国際政治経済制度の中で台頭してきた投資家や企業といったプライベート・アクター（私的主体）が，各国の BIT 締結や履行に影響を与えている。

科学技術（**第8章**）に関するグローバル・ガバナンスにおいては，原子力や宇宙，サイバー空間などについて国家間協調による制度整備が不可欠な一方で，過度の規制が民間のイノベーションを阻害するというジレンマが存在する。また，科学技術をつくる側と使う側に多種多様なアクターが存在し，利害調整を難しくしている。事例研究ではインターネット・ガバナンスを取り上げ，国家，民間企業，市民団体などの協調と対立を分析する。

福祉（**第9章**）については，グローバル化の進展と市場の台頭に伴い，各国内の格差の拡大と社会保障制度の形骸化が進んでいるという指摘がある一方で，依然として「大きな政府」が健在であるという反論もある。この章では，このような「小さな政府」か「大きな政府」か，という問題設定自体に疑問を呈したうえで，「資本主義の多様性」の観点からの議論を紹介する。事例分析では，グローバル化の進展を受けた各国の社会保障政策の変化について，日本とアメリカの公的年金制度を例に分析している。

第Ⅳ部では，社会問題に関する4つの問題領域を取り上げる。腐敗・汚職問題（**第10章**）については，主権国家体制の根幹の一つである内政不干渉の原則と，富の配分の公平性や開発の効率性といった諸価値との相克の中で，超国家的な市民社会ネットワークの台頭が，前者の変容と汚職に関する新しい国際規

範の形成につながったことを，国際NGO「トランスペアレンシー・インターナショナル（TI）」などに言及しつつ紹介する。その際，TIの成功の鍵は，物質的パワーではなく，フレーミングや連携戦略にあったと論じる。

人権（**第11章**）では，国家，企業，NGOがそれぞれの利益や価値を追求する中で，プライベート人権ガバナンスが形成されてきたことを示す。そのうえで，中国に関連したビジネス上の人権侵害が次々に告発されているが，国際NGOがゲートキーパーとして機能している結果，プライベート人権ガバナンスの改善には必ずしも結び付いていないことを指摘する。

最後に，移民・難民（**第12章**）では，国境を越えるヒトの移動を取り上げる。近年，シリア難民の欧州への流入が大きな注目を集めている。しかし移民・難民の動き全体を俯瞰すると，いわゆる高度人材の開発途上国から先進国への移動（頭脳流出）が活発な一方で，難民は紛争中の開発途上国から他の開発途上国へと流れる傾向にある。ヒトの移動が国家間格差を拡大する一方で，越境者の境遇も二極化しているのである。事例研究では，地球規模のガバナンスが未だ脆弱な中で，シリア難民が直面する各国の厳しい対応について検討する。

■ 引用・参考文献

小田川大典・五野井郁夫・高橋良輔編 2011『国際政治哲学』ナカニシヤ出版。

カー，E. H./原彬久訳 2011『危機の二十年——理想と現実』岩波文庫。

コヘイン，ロバート・O./石黒馨・小林誠訳 1998『覇権後の国際政治経済学』晃洋書房。

芝崎厚士 2015『国際関係の思想史——グローバル関係研究のために』岩波書店。

ストレンジ，スーザン/櫻井公人訳 2011『国家の退場——グローバル経済の新しい主役たち』岩波人文書セレクション。

ヘルド，デイヴィッド＝アンソニー・マグルー＝デイヴィッド・ゴールドブラット＝ジョナサン・ペラトン/古城利明・臼井久和・滝田賢治・星野智訳 2006『グローバル・トランスフォーメーションズ——政治・経済・文化』中央大学出版部。

Avant, Deborah D., Martha Finnemore, and Susan K. Sell 2010, *Who Governs the Globe?*, Cambridge University Press.

Barkin, J. Samuel, and Bruce Cronin 1994, "The State and the Nation: Changing Norms and the Rules of Sovereignty in International Relations," *International Organization*, 48(1): 107 –130.

Barnett, Michael and Raymond Duvall 2004, *Power in Global Governance*, Cambridge University Press.

Barnett, Michael, and Raymond Duvall 2005, "Power in International Politics." *International Organization*, 5(1): 39–75.

Barnett, Michael and Martha Finnemore 2004, *Rules for the World: International Organizations in Global Politics*, Cornell University Press.

Dahl, Robert A. 1957, "The Concept of Power," *Behavioral Science*, 2(3): 201–215.

Garrett, Laurie 2007, "The Challenge of Global Health," *Foreign Affairs*, 86(1): 14–38.

Gilpin, Robert 1981, *War and Change in World Politics*, Cambridge University Press.

Gruber, Lloyd 2000, *Ruling the World: Power Politics and the Rise of Supranational Institutions*, Princeton University Press.

Hall, Rodney Bruce and Thomas J. Biersteker 2002, *The Emergence of Private Authority in Global Governance*, Cambridge University Press.

Johnson, Tana, and Johannes Urpelainen 2014, "International Bureaucrats and the Formation of Intergovernmental Organizations: Institutional Design Discretion Sweetens the Pot," *International Organization*, 68(1): 177–209.

Lake, David A. 2011, Why "Isms" Are Evil: Theory, Epistemology, and Academic Sects as Impediments to Understanding and Progress, *International Studies Quarterly*, 55(2), pp. 465–480.

Laudan, Larry 1996, *Beyond Positivism and Relativism: Theory, Method, and Evidence*, Routledge.

Powell, Robert 2006, "War as a Commitment Problem," *International Organization*, 60(1): 169–203.

Rosenau, James N. and Ernst-Otto Czempiel 1992, *Governance without Government: Order and Change in World Politics*, Cambridge University Press.

Sil, Rudra and Peter J. Katzenstein 2010, "Analytic Eclecticism in the Study of World Politics: Reconfiguring Problems and Mechanisms across Research Traditions," *Perspectives on Politics*, 8(2): 411–431.

［大芝亮・秋山信将・大林一広・山田敦］

第 I 部　理　　論

パワー・シフトとグローバル・ガバナンス
パワー・ポリティクスから自由なのか

> グローバル・ガバナンス論といえば，国家だけでなく，国際機関や国際NGOなど，多様な非国家アクターが重要な役割を担う国際秩序に関する議論だと考えられがちである。では，こうした多様なアクターから成るグローバル・ガバナンス・システムは，国家が繰り広げるパワー・ポリティクスから自由なのだろうか。本章では，この問いを考察する。具体的には，①パワーの分布およびその変化は，国際機関にいかなる影響を及ぼしてきたのか，②現代では，どのようなタイプのガバナンスが存在し，それらはパワー・ポリティクスといかなる関係にあるのか，という問題を分析する。

1 グローバル・ガバナンスをどう理解するか

◀グローバル・ガバナンスの来歴

　グローバル・ガバナンスという言葉は，国際関係において，広く使われるようになり，定着してきた。この言葉が普及するうえで，大きな役割を果たしたのは，スウェーデンの元首相カールソンとランファル英連邦議長の二人が共同議長を務め，主に実務家を中心に構成されていたグローバル・ガバナンス委員会である。同委員会は，冷戦後の，そしてグローバル化が進展する21世紀の世界に向けての将来像を提供する報告書を公表した。この報告書は，ガバナン

スを「個人と機関，私と公とが，共通の問題に取り組む多くの方法の集まりである。相反する，あるいは多様な利害関係の調整をしたり，協力的な行動をとる継続的プロセスのことである」と定義する（グローバル・ガバナンス委員会 1995: 28）。そして，「グローバルなレベルでは，ガバナンスはこれまで基本的には政府間の関係とみなされてきたが，現在では非政府組織（NGO），市民運動，多国籍企業，および地球規模の資本市場まで含むものと考えるべきである」と述べる（グローバル・ガバナンス委員会 1995: 29）。

　他方，国際政治理論の研究者であるローズノーとチェンピールは，『政府なきガバナンス』という題名の本を編集・執筆した（Rosenau & Czempiel 1992）。そこで，ローズノーは，ガバメント（政府）とガバナンス（管理・運営状況あるいは秩序）を明確に区別し，従来，政府が存在して初めて秩序が保たれるという考え方が強かったのに対して，国際関係では，世界政府のようなものがなくても，秩序を保つことができる可能性を提示した（Rosenau & Czempiel 1992: 第1章）。ヤングは，『国際ガバナンス』と題する著書において，個別の問題に関するルールおよびルールを遵守するための仕組みである国際レジーム（例えば，核兵器不拡散条約〈NPT〉レジームや国際金融レジームなど）よりも，いっそう包括的なものとして，グローバル・ガバナンス・システムを提示する（Young 1994）。また，ガバメントとは組織であるのに対して，ガバナンスとは制度であると主張する。

　グローバル・ガバナンス委員会の報告書やローズノー，ヤングなどの理論が提示された1990年代以降，グローバル・ガバナンスに関する多くの本や論文が発表された。

◀グローバル・ガバナンス・システムとは何か

　これらを踏まえて，本章では，グローバル・ガバナンス・システムを次のように理解する。すなわち，かつて，資本主義と民主主義は，国家が発展するための車の両輪であった。資本主義の発展は，国家の経済力を拡大させる。しかし，他方で国民の間の経済格差を増大させる。これを是正してきたのが，民主主義の政治制度である。1990年代には，資本主義がいよいよ国家の枠を超え，グローバルに展開するようになった。国際的相互依存論のいうヒト，モノ，カ

ネが国境を越えて大量に移動するだけでなく，各国の金融制度や会計制度など
が共通のものとなっていった。

　グローバル化した資本主義は，グローバルなレベルで経済格差を生む。先進
国内でも開発途上国内でも，人々の間の経済格差は拡大していく。もし資本主
義のグローバル化に伴い，民主主義もまたグローバル化するのであれば，グロ
ーバルなレベルでの経済格差問題は，いわば，グローバル民主主義の諸制度に
よって是正していくことができる。しかし，グローバル民主主義のあり方につ
いて国家間ではコンセンサスは存在していない。

　それでも，資本主義のグローバル化に伴って生じる問題を解決・緩和するた
めのグローバルな枠組みは必要である。これをグローバル・ガバナンス・シス
テムと呼ぶ。これは，ちょうど枠組み条約のようなものであり，その内実は，
現代そして将来にわたり，部分的に少しずつ形成されるものである。

　要するに，21世紀の国際秩序は，グローバル化から生じる諸問題に対応す
るための秩序であり，それゆえ，グローバル・ガバナンス・システムと呼ばれ
る。これは，すでにできあがっているような秩序ではなく，むしろ，これから
築いていく秩序構想として理解するほうが適切なものである。

　さて，ここで大きな疑問が浮かび上がってくる。グローバル・ガバナンス・
システムと呼ばれる新しい国際秩序構想において，伝統的なパワー・ポリティ
クスはどのような影響を及ぼすのだろうかということである。グローバル・ガ
バナンス・システムという言葉で，私たちは，パワー・ポリティクスとは無縁
な世界を構想しているのだろうか。本章では，こうした疑問，すなわちグロー
バル・ガバナンス・システムとパワー・ポリティクスの関係について考察する。

　グローバル・ガバナンス・システムとパワー・ポリティクスの関係について，
本章では次の2点から検討する。第1は，国際機関は，設立時の国際関係にお
けるパワー分布にいかに影響を受け，また，その後のパワー分布の変化にどの
ように対応しているかという点である。第2は，国際機関を含め，多様なアク
ター間の調整・協調のプロセスにおいて，パワー・ポリティクスはいかなる影
響を及ぼしているのかという点である。

第1章　パワー・シフトとグローバル・ガバナンス　15

2　国際機関とパワー・ポリティクス

◀制度的パワー

　国連総会などのフォーラム的な国際組織では，多国間交渉が行われるために，大国間だけで物事を決定することは，ある程度，制約される。また，国連開発計画（UNDP）や世界銀行など，事業活動を中心とする国際機関の場合，総裁などのマネジメント（事務局執行部）や事務局スタッフが，専門家集団として活動するために，やはり大国間のパワー・ポリティクスを抑えることができるといわれる。

　しかし，国際機関は，決してパワー・ポリティクスから遊離しているわけではない。まず，国際機関の創設や制度設計には，設立されるときの国家間のパワー分布状況が反映される。覇権国（圧倒的な力を持ち，国際秩序を提供する国）や大国は，自国のパワーや利益を長く維持できるように，国際機関において特権的な地位を設け，これを制度化する。このように，国際機関を設立するときに発揮されるパワーを制度的パワーと呼ぶ（Barnett & Duvall 2005: 15-17, 125）。

　このことを理論的に言い換えると，国際機関は，世界のフォーラムとして機能し，またグローバルな問題を解決するためにさまざまな事業活動を行う。すべての加盟国は，国際機関のこうした機能・活動によって便益を得ており，その意味で，国際機関は国際公共財として活動する。それと同時に，設立の際に指導的な役割を果たした国は，その国際機関においてさまざまな特権を持ち，設立後も長期にわたって，他国よりも大きな便益を得ることができる。特権を有する国にとっては，国際機関は，国際公共財であるとともに，自国の国益にも役立つ私的財としての性格も持っているのである。

◀日本へのパワー・シフト

　時間の経過とともに，経済政策や技術革新政策などにより，国力を上昇させる国が登場する。他方，衰退に向かう国もある。上昇国へのパワー・シフトや，特権を有するかつての大国の相対的衰退など，パワー分布の変化に，国際機関はどのように対応するのだろうか。

オーガンスキーは，パワー移行論において，国力の上昇する国が，その国力に見合う地位を得られないとき，不満が増大し，国際システムを不安定化させると述べる（Organski & Kugler 1980）。それゆえ，国際組織は，適宜，現実のパワー分布の変化に見合うように組織改革に取り組む。しかし，国際関係におけるパワー分布の変化に応じて，国際組織での各国の地位も常に順調に修正されるとは限らない。

　例として国際開発金融組織と日本の場合を見ておこう。第二次世界大戦後の国際秩序として，1944 年に開催されたブレトンウッズ会議で，国際通貨基金（IMF）とともに国際復興開発銀行（IBRD, 通称・世界銀行）の設立が決定された。本章に関連する世界銀行を見ると，アメリカは，投票権，総裁人事（歴代総裁はアメリカ人），本部の場所（ワシントン D. C. に設置）など，世界銀行で圧倒的に有利な地位を得ていた。

　日本の国内総生産（GDP）は 1968 年に西側世界で第 2 位となり，支払い能力によって決定される国連通常予算分担率では，1977 年に第 2 位となった。しかし，いうまでもなく，国連総会での投票権は一国一票であり，日本の通常予算分担率が増えても，日本の投票権は一票である。他方，世界銀行では，出資比率に応じて投票権数が決まる加重投票制を採用している。それゆえに，GDP が拡大し，単に支払能力が高まったからといって，出資比率を上昇させることがすんなりと認められるわけではない。実際に，世界銀行で，日本が第 2 位の投票権を得ることができたのは，ようやく 1984 年の増資交渉の結果であった。

　他方，日本は，1966 年にアジア開発銀行（ADB）を設立した。ADB 設立についても，世界銀行との業務の重複が指摘され，設立に消極的な意見も見られた。このため，世界銀行は巨大な施設で広域の人々を対象とする総合病院の役割を担い，ADB はより身近にいる地域の人々を診療する町の開業医院の役割を果たすと例えられるような役割分担が次第に設定されていった。また，日本は，ADB の本部を東京に誘致しようとしたが，アメリカはこれに反対した。最終的に日米は妥協し，本部はアメリカの影響の強いフィリピン・マニラに設置され，その代わりに総裁は日本から出すことになった。さらに，投票権についても，日米は同数の 15% ずつを有し，日本が単独で強力に指導力を発揮す

第 1 章　パワー・シフトとグローバル・ガバナンス　17

ることに，アメリカは制約を課した。

　このように日本は苦労しながらも，世界銀行での地位の改善や ADB の設立を実現した。そして，このような地位を活用して，日本式・アジア式の発展モデルもありうることを主張したいと考えた。日本式・アジア式発展モデルでは，経済発展のために政府が市場でも重要な役割を果たすとしていたが，小さな政府が望ましいとする立場の世界銀行事務局は，この考え方に抵抗した。その結果，日本政府と世界銀行は『東アジアの奇跡』というタイトルの本を世界銀行が出版する，という妥協策に落ち着く（世界銀行 1994）。世界銀行事務局は，たしかに日本が主張するように，東アジア諸国の事例を経済発展の成功例として認めるが，しかし，あくまでもそれは「奇跡」であり，モデルとして一般化できるものではないとしたのである。

　1997 年，アジアで通貨危機が発生すると，IMF が対応に乗り出したが，IMF の支援対象となった韓国やアジア諸国では，財政緊縮策を重視する IMF の政策を嫌った。そこで，日本は，アジアの事情も勘案した対応策を打ち出せる組織として，アジア通貨基金（AMF）を新設する構想を打ち出した。しかし，IMF を重視するアメリカは AMF 設立提案に反対した。中国もまた，AMF 設立によって，日本のリーダーシップが組織化・制度化されることを警戒し，反対した。こうした反対を受け，最終的に，日本の AMF 設立構想は挫折した。加えて，1997 年のアジア通貨危機は，日本式・アジア式発展モデルへの信頼性を大いに低下させた。

◀中国へのパワー・シフト

　1990 年代以降になると，世界経済では，BRICS 諸国，特に中国へのパワー・シフトが顕著になった。まず，世界銀行での投票権の変化を見てみよう。世界銀行では 2010 年に増資が行われ，このパワー・シフトを反映して，2010 年以降の主要国の投票権は表 1-1 の通りとなった。中国の投票権の上昇はめざましく（2.77% から 4.42%），アメリカ，日本に次ぐ第 3 位となった。日本を抜き，第 2 位の投票権を有するようになるのは，時間の問題である。これにドイツ，イギリス，フランスが続き，さらに，インド（2.91%），ロシアとサウジアラビア（2.77%），イタリア（2.64%），カナダ（2.43%），ブラジル（2.24%）となっ

表 1-1　世界銀行における主要国の投票権

国名	投票権（%）
アメリカ	15.85
日本	6.84
中国	4.42
ドイツ	4.00
イギリス	3.75
フランス	3.75
インド	2.91
サウジアラビア	2.77
ロシア	2.77
イタリア	2.64
カナダ	2.43
ブラジル	2.24

［注］　2010 年増資の際の決定。次期増資までこの決定の通り。
［出所］　松本・大芝 2013: 42 などをもとに筆者作成。

ている。

　世界銀行での中国の投票権の拡大は，世界銀行における人事にも影響を及ぼす。中国は，2016 年，世界銀行における 2 つの専務理事ポストのうちの一つを獲得し，世界銀行事務局において，総裁に次ぐ序列第 2 位の役職を獲得した。

　中国は，世界銀行での地位の改善に取り組むとともに，新規の開発金融機関をも設置した。具体的には，ブラジル，ロシア，インド，南アフリカ（BRICS 諸国）と新開発銀行（BRICS 銀行）設立について協議し，2013 年 3 月，設立が合意された。さらに中国は，2013 年秋，アジアインフラ投資銀行（AIIB）の設立構想を打ち上げ，14 年 11 月には「一帯一路」構想を発表した。アジアからユーラシアに及ぶ地域を対象に，陸路・海路を通じて，中国との関係強化を図る世界戦略を公表したのである。この世界戦略の一環として，2015 年 12 月，AIIB が発足した（表 1-2）。

　ちなみに AIIB と業務が重なる国際開発金融機関として，ADB がすでに設置されている。ADB において日米の投票権は，2016 年末時点で，ともに

表 1-2　世界銀行，ADB，AIIB

	世界銀行 （IBRD）	アジア開発銀行 （ADB）	アジアインフラ 投資銀行（AIIB）
発足年	1945	1966	2015
加盟国数	189	67	57（原加盟国）*
資本金（10億米ドル）	278	147	100**

［注］　＊2017年6月の第2回年次総会で加盟承認国数は80カ国・地域になった。
　　　　＊＊設立協定で定められた資本金額。
［出所］　『MDBsパンフレット2016』（ウェブで入手）および『日本経済新聞』2017年6月16日などをもとに筆者作成。

12.8% を占めるのに対して，ADB での中国の投票権は 5.5%（第3位）である（中尾 2016: 67）。要するに，中国は，このような ADB における地位の改善を図ることよりも，ADB と競合する AIIB を設立する戦略を打ってきたのである。AIIB において，中国は 29.7% の投票権を持つ。

　先進諸国は，中国が指導する AIIB 構想に対して，当初，批判的であった。中国の開発援助戦略は，インフラを中心とするものであり，開発事業がその対象となる地域の環境や住民の生活にどのような影響を及ぼすのかについての配慮（環境・社会的配慮）が欠けると見ていたからである。しかし，2015年3月，イギリスが AIIB 加盟を表明すると，その他のヨーロッパ諸国も，環境・社会配慮や AIIB のガバナンスの問題は内部から改善していくとして，次々にAIIB に加盟した。

　このようなヨーロッパ諸国の行動については，巨大な資金需要が見込まれるアジア市場に対する魅力を考え，理念よりも国益を優先させたものであり，ヨーロッパ諸国のリアリズム外交の表れという解釈がある。一定数の加盟国を得て，2015年に AIIB は発足し，翌年，業務を開始した。しかし，アメリカおよび日本は従来の主張を変えず，AIIB に加盟していないが（2017年12月現在），それぞれの国内で加盟すべきかどうかをめぐり，賛否両論がある。

　中国をはじめとする BRICS 諸国へのパワー・シフトの影響は，世界銀行での投票権の変化や AIIB の新設にとどまらなかった。より大きな影響は，世界経済を討議する中心を，G7 から G20 へ移動させたことであった。

20　第I部　理　　論

◀G7 から G20 へのパワー・シフト

　主要国首脳会議（G7・G8 サミット）は，1975 年，フランスの主導のもとにランブイエ・サミットが開催されたことに始まる。このときは，フランス，アメリカ，西ドイツ，イギリス，イタリア，日本という 6 カ国が参加した。のちにカナダが加わり，7 カ国（G7）となった。ロシアは 1998 年から 2013 年まで参加し，その間 G7 は G8 となったが，現在は G7 である。

　サミットが設立された背景には，アメリカの覇権体制の動揺がある。すなわち，1971 年に金・ドル交換が停止され，73 年に石油危機が起こり，そして同年以降，国際通貨制度が固定相場制から変動相場制へと移行し，アメリカの覇権体制は動揺した。こうした国際経済の不安定化に対して，フランスが主導して，アメリカを支える集団指導体制として，今日でいう G7 サミットが組織されたのである。

　理論的にいえば，G7 サミットは，ポスト覇権体制の仕組みである。そして，1980 年の時点では，全世界の GDP の約 60% を G7 諸国が占めていた。G7 サミットという国際制度の影響力は，基本的には G7 諸国の経済力に依存したものであった。

　G7 サミットは，それまでの国際組織と異なり，常設の事務局を持たない。国際政治学者の渡邉昭夫は，ここに注目し，G7 サミットをグローバル・ガバナンスの一例としてとらえ，「無形の政府」と表現した（渡邉 1993: 2-17）。

　1997 年にアジア通貨危機が発生すると，一国・一地域での経済危機といえども，グローバルな金融・経済危機に発展する可能性は高く，そのような危機に対処するには，G7 サミットのような先進国のみで構成される仕組みではなく，新興国も含めた枠組みが必要だと認識されるようになった。

　それでは，具体的に，いかなる枠組を形成すればよいのだろうか。日本は，G7 サミットに中国を加えて対応しようとしたが，中国はこれを拒否した（大芝 2013: 307-309）。ヨーロッパ諸国は，サミットへの参加国の拡大（13 あるいは 14 カ国への拡大）を主張した。しかし，アメリカは，参加国数の大幅な拡大に反対するとともに，今日でいう G20 のような枠組みを新たに作るとすれば，そこでのヨーロッパ諸国の比重を低く抑えることを狙った。日本は，このような場合には，アジア・太平洋地域の国がなるべく多く参加できる枠組みの形成

をめざした。

このように，新たな枠組み作りをめぐり，各国は駆け引きを展開した。最終的には，20 カ国（G20）財務大臣・中央銀行総裁会議が組織されることになり，1999 年に第 1 回会議が開催された。

その後，韓国の経済危機が沈静化すると，G20 をめぐる議論も下火になった。しかし，2008 年 9 月にリーマン・ショックが起こると，G20 の機能強化が再び争点となった。そして，従来の G20 財務大臣・中央銀行総裁会議に加え，大統領・首相が参加する G20 サミットが開催されることになり，同年 11 月，ワシントンで，第 1 回 G20 サミットが開催された。

以上のような，G7 から G20 へのシフトは，基本的に構成国の経済力の変化に拠っていることはいうまでもない。G7 諸国の GDP 総計は，1980 年には約 62% であったのが，2014 年には世界の約 46% に低下する一方，G20 構成国の GDP 総計は全世界の GDP の 79%（2016 年度）を占めるに至っていたのである。

世界経済の討議の場として，G7 から G20 に比重が移ってきているとはいえ，現在もなお，G7 と G20 は並存している。日本は，G7 であればアジアで唯一の参加国であり，それゆえにできるだけ G7 を活用したい。他方，BRICS 諸国などは，自国が参加している G20 を活用したい。こうして，いずれをより重視するかをめぐり，交渉・駆け引きが展開されている。

複数の国際制度のうち，どの国際制度を活用するかという問題はフォーラム・ショッピングと呼ばれる（大芝 2016: 150）。リベラリズムでは，国際制度が形成されることにより，国家間の露骨なパワー・ポリティクスが抑制されていくと想定されがちであった。しかし，国際制度が重層的に形成されるようになると，今度はどの国際制度を積極的に活用するかをめぐり，各国間で綱引きが行われ，パワー・ポリティクスが復活するという逆説現象が起こるのである。

本節の議論を整理しておこう。世界銀行においては，設立時のパワー・ポリティクスを反映して，アメリカが圧倒的に有利な地位を得てきた。しかしその後，世界銀行は大きなパワー・シフトを経験する。1 回目は，日本へのパワー・シフトである。日本は，経済力の上昇に伴い，世界銀行での投票権の拡大，副総裁ポストの確保など，地位を上昇させてきたが，より自らがリーダシップを発揮できるような ADB を設立した。さらに，1997 年には AMF 設立もめざ

したが，旧来の大国・アメリカと新興の大国・中国の反対にあい，この構想は
挫折した。

　2回目のパワーシフトは，中国の台頭によるものである。中国は，そのパワ
ーの拡大に応じて，世界銀行での投票権を拡大し，専務理事の地位を得るとと
もに，AIIB を設立した。さらに，世界の政治経済を討議する場についても，
G7 から G20 へのシフトが起きている。その結果，アジアおよび世界の開発金
融をめぐり，世界銀行，ADB，AIIB が並存し，また世界経済運営の討議の場
として，G7 と G20 が開催される。同じ問題を管轄する複数の国際機関が並存
する，フォーラム・ショッピングの状態が生じている。どの国際機関・国際制
度が活用されるかは，パワー・ポリティクスに大きく影響されるのである。

③　多様なアクター間の調整・協調のプロセス

　ガバナンスとは，国際機関を含め，主権国家，国際 NGO，世界企業などの
多様なアクターが相互に調整・協調を行うプロセスであるといわれる。しかし，
このプロセスで，果たして，パワー・ポリティクスはいかなる影響を与えてい
るのだろうか。本節では，アボットらによる4つのガバナンス・モードを参考
にして，考えてみたい（Abbott et al. 2015: 3-36）。

◀4つのガバナンス・モード

　アボットらは，ガバナンスをハード-ソフト，直接-間接の2つの軸で整理
する（Abbott et al. 2015：9）。まず，ハード・ガバナンスとは，ガバナンスの主
体が対象に対して強制的に何かをさせる場合であり，ソフト・ガバナンスとは，
ガバナンスの主体が対象に対して自発的に行動するように仕向けていく場合で
ある。

　次に，直接的-間接的とは，主体と対象の間に，第三者（仲介者）を介する
かどうかの違いである。直接的ガバナンスとは，主体が目標を達成するために，
自ら強制力を行使したり，金銭的報酬を提供したりする（ハード）ことで，対
象がルールを守るようにする場合や，あるいは，そのような上下関係的な方法
ではなく，対象と一緒に活動に取り組み（ソフト），自己規制という形で対象が

第1章　パワー・シフトとグローバル・ガバナンス　　23

表 1-3　4つのガバナンス・モード

	直接	間接
ハード	階層型	委任型
ソフト	協働型	オーケストレーション型

［出所］　Abbott et al. 2015: 9.

ルールを守るように仕向けていく場合が該当する。

　間接的ガバナンスは，主体が，第三者を使うことによって，主体の掲げる目標を達成しようとする場合をいう。例えば，冷戦後の西側先進諸国による旧ソ連・東欧諸国支援において，西側先進諸国が直接的に支援を行うばかりでなく，むしろ IMF や世界銀行を積極的に活用し，IMF／世界銀行による支援という形をとることで，国際社会からの信頼性を得て，効果的な支援を実施していくようなケースが該当する。

　アボットらは，このようなハードとソフト，直接と間接という2軸によって，ガバナンスのモード（方式）を，階層型・協働型・委任型・オーケストレーション型の4つに分類する。

　階層型ガバナンスとは，強制力を用いて直接的に対象を統治・管理する方式である。国内政治においては，政府が国民に課税するとか，兵役を課すことが該当する。また，政府が企業に，環境規制や食品安全基準を設定することなども，階層型ガバナンスの例であるという。

　協働型ガバナンスとは，国内政治であれば，政府が対象に対して，自己規制・自己抑制を働きかけるようなガバナンスの方式である。アボットらは，医療機関が医療協会を中心に医療行動の慣行・申し合わせを作っていく場合や，イギリス金融業界が自ら自己規制のルールを作っていく場合などを，協働型の例として挙げている。

　委任型ガバナンスは，プリンシパル（本人／依頼人）・エージェント（代理人）関係として表現できる。本来はプリンシパルが業務を推進する主体であるが，第三者に対して，契約を通じて業務委託を行う。このとき，プリンシパルは，エージェントの能力を買って業務委託する。しかし，エージェントは，契約内容の範囲内で自分なりの行動をとることもあり，プリンシパルが期待した通り

24　第Ⅰ部　理　　論

に行動するとは限らない。このように，エージェントがプリンシパルの依頼の範囲内であっても，期待とは異なる行動をとることをエージェンシー・スラック問題と呼ぶ。アボットらは，政府が中央銀行に金融規制や政策決定の権限を与える場合を例として挙げる。というのも，中央銀行は，金融の専門家として政府から自立して行動するために，必ずしも常に政府の思惑通りに行動するとは限らないからである。

　オーケストレーション型ガバナンスとは，ガバナンスの主体（オーケストレーターと呼ばれる）が，目的を同じくする第三者を自発的な参加を基本として動員し，共通の目標達成に向かう方式である。オーケストレーターには，第三者に協力を強要するほどの力はないが，第三者をとりまとめていく役割を果たす。両者は，上下関係にあるというよりも，水平的である。

　アボットらは，政府が産業界や労働界と協力して，経済社会政策を追求していく場合を，オーケストレーション型ガバナンスの例として挙げる。政府は，産業団体や労働団体のリーダーと意見交換を行い，これらの団体を尊重する姿勢を示すことによって，産業団体や労働団体から協力を取り付けようとする。環境や人権などの問題において，政府が各種の民間団体とも協議を行い，政府のめざす基準が民間レベルから自然と広まっていくことをめざす場合も，オーケストレーション型ガバナンスの一例である。

◀国際関係における４つのガバナンス・モード

　アボットらによる４つのガバナンス・モードは，グローバルなレベルからナショナル，ローカルなレベルをも対象とするものである。しかし，グローバルなレベルでは，ナショナルあるいはローカルなレベルの場合と異なり，政府は不在である。アボットらによる４つのガバナンス・モードの議論を，そのまま国際関係に適用できるわけではない。そこで，アボットらの議論を参考に，21世紀の国際秩序のタイプを検討してみたい。

　第１に，アボットらのいう階層型ガバナンスとは，階層的という点に注目すると，国際関係において，覇権国や大国がパワーを用いて他国にルールや政策を強制していく状況に該当する。次に，階層的ではあっても，そこにはガバナンスが存在するということに注目すると，大国間に共通の基本ルールが存在し

第1章　パワー・シフトとグローバル・ガバナンス　25

ていることになり，これはブルの国際社会論（アナーキカル・ソサイエティ）に
近い国際関係のとらえ方である（ブル 2000）。

　開発援助の分野についていえば，アメリカやヨーロッパの先進諸国政府が，
自国の外交政策や2国間の政府開発援助政策を通じて，直接的に世界の開発援
助問題を主導していく状況である。

　第2に，協働型ガバナンスは，アメリカや北欧諸国などが，経済協力開発機
構（OECD）・開発援助委員会（DAC）などの場で，途上国に対する2国間援助
政策を調整する仕組みに該当する。冷戦後，OECD・DAC はメンバーの先進
諸国と協働して，民主化への努力を援助の基準とする政治的コンディショナリ
ティ政策に踏み切った。それによって開発援助分野で，国家間の協調を骨子と
する国際秩序，すなわち多国間主義の国際秩序がめざされた。

　第3に，委任型ガバナンスとは，先進諸国が，世界銀行や ADB，欧州復興
開発銀行などの国際開発金融機関に業務を委任し，これらの国際開発金融機関
が，開発援助に取り組む体制に相当する。この場合，世界銀行などの国際開発
金融機関の指導力の源は，基本的に，背後に控える先進諸国の経済力（ハー
ド・パワーの一つ）である。

　しかし，この委任型ガバナンスでは，プリンシパル（先進諸国政府）・エージ
ェント（国際開発金融組織）問題が生じるおそれがある。アメリカは世界銀行に，
日本は ADB に，そして中国は AIIB に，それぞれ自国の国益に合致する政策
をとることを期待している。例えば，日本政府は，アジアの開発金融では，
ADB が AIIB よりも，強力なリーダシップを継続して発揮していくことを期
待する。しかし，ADB の総裁は，AIIB に必ずしも敵対的であるとは限らず，
むしろ協調融資という形で，相互に協力して進めることがある。ADB 総裁は，
日本政府の意向をうかがいつつも，同時に，開発金融機関のトップとして，専
門家的見地から AIIB と協力も進めていくのである。

　国際機関が自律性を発揮しながらも，国際機関自身のパワーは，パワー・ポ
リティクスを基盤としており，大国もそれぞれ影響力の強い国際機関を活用し
ようとする。これは，先に述べたフォーラム・ショッピングの世界である。

　第4は，オーケストレーション型ガバナンスである。ヴィオラは，G20 をオ
ーケストレーション型ガバナンスの例として取り上げる（Viola 2015）。G20 の

リーダー国は，IMFや世界銀行を専門性に優れた国際金融機関として活用し，最終的に，対象である各国政府に働きかけるからである。世界銀行が，開発援助政策の考え方を示し，各国政府がこれに協調して行動する場合も，オーケストレーション型といえよう。

アボットらは，オーケストレーション型ガバナンスにおいては，国際機関がオーケストレーターとなることが多いとする。また，国際機関には，次のようなソフト・パワーを行使することができるという（Abbott et al. 2015: 14-16）。

まず，どのアクターや組織を協議枠組み（あるいは会議）のメンバーとして協議に参加させるかを呼びかける役割を持つ。次に，国際機関は，協議の過程で議題設定（アジェンダ・セッティング）を行う。さらに，NGOなどの多様な非国家主体を協議に参加させることによって，こうした非国家主体に正統性を付与することができる。

オーケストレーション型ガバナンスでは，強力なパワーを行使して多様なアクターを従わせようとはしない。その代わりに，多様なアクターの音頭を上手にとり，のせていく。そして，自己のめざす目標を達成しようとする。外交リーダーシップのある国や国際機関が，特定の国際制度を活用し，オーケストレーターとして世界を運営していく。

このようなオーケストレーション型ガバナンスは，おそらく多くの人のグローバル・ガバナンス・システム像に近いだろう。しかし，オーケストレーション型にもまだ不明な点が多い。最も気になるのは，誰がオーケストレーターになるのか，誰がそれを決定するのか。オーケストレーション型ガバナンスは，いわば表の現象であり，深層において誰が手綱を操っているのか，という疑問も残るのである。

以上のように，アボットらの4つのガバナンス・モードを参考にすると，次のような4つの21世紀の国際秩序像を指摘できる。第1に，パワー分布は階層的ではあるが，大国間の共通ルールが存在する，アナーキカル・ソサイエティ秩序（階層型ガバナンス），第2に，国家が主体であるが，国家間協調を骨子とする多国間主義秩序（協働型ガバナンス），第3に，大国から委任された国際機関がリーダシップを発揮するものの，国際機関が重層化し，競合が生じているフォーラム・ショッピング的世界（委任型ガバナンス），第4に，国際機関が

第1章　パワー・シフトとグローバル・ガバナンス　　27

主導して，国家や多様な非国家主体が自主的に協調して成果をあげていこうとする国際秩序（オーケストレーション型ガバナンス）である。

4 まとめと展望

　グローバル・ガバナンス・システムでは，主権国家のみならず，国際組織，国際NGO，世界企業などの多様な非国家主体もまた，それぞれの役割を果たそうとしている。こうした多様なアクターの間では，競争・対立だけでなく，協調・調整が進められていくと想定されている。

　本章は，グローバル・ガバナンス・システムとパワー・ポリティクスの関係について考察してきた。ここで，あらためてグローバル・ガバナンス・システムを国家のパワーとの関係から整理しておきたい。

　まず，グローバル・ガバナンス・システムでは，国際機関が重要な役割を果たすことが前提とされている。これに対して，国際機関は，設立にあたって覇権国や大国のパワー分布や国益が反映されるという考え方があり，このような考え方は，制度的パワーという概念で象徴される。この考え方に従えば，グローバル・ガバナンス・システムでは，いかに国際機関がリーダシップを発揮するとはいえ，国際機関の構造・ルール自体が，実は設立時のパワー・ポリティクスを反映していることになる。

　パワー・シフトとして表現されることの多い，国家間のパワー分布の変化は，国際機関の内外の仕組みに取り込まれる。国際機関の内部においては，加重投票制を採用する国際開発金融組織であれば，出資比率の変化・投票権の変化として具現化する。また，既存の国際機関と重複しつつ，新たな国際組織が設立されることもある。この場合は，複数の国際機関のいずれを重用するかをめぐって，フォーラム・ショッピングの問題が生じる。このように考えると，世界は，伝統的な国家間関係から，国家・非国家を含む多様なアクター間の調整プロセスであるグローバル・ガバナンス・システムに変化していくという見方が，いかにも表面的解釈にすぎないように思える。

　上記のような解釈への疑問もある。本章で考察したように，アボットらのガバナンス・モードの議論は，国際機関が，制度的パワーに拘束されるとはいえ，

常に，いわばスポンサーである大国の意向にばかり沿うように行動するわけではないことを示す。すなわち，アボットらのいう委任型ガバナンスでは，プリンシパル・エージェント問題が生じることがある。国際機関でいえば，覇権国や大国は国際機関に業務を委任するが，国際機関の担当部署はその業務の専門家としての考えを持ち，覇権国や大国の政府の思惑通りには行動しないことがある。

　また，オーケストレーション型ガバナンスでは，国際機関は，その背後にある覇権国や大国のパワーを頼みにして，加盟国や他の国際機関，そして国際NGOや世界企業などの協力を無理矢理に確保するのではなく，専門的知識や議題設定，さらには協議プロセスへの参加呼びかけ・取り込みなどの方法で，国家や非国家主体の自主的な行動を導き出し，全体として問題解決に向かって協議を進めていく。

　要するに，国際機関は，制度的パワーの制約を受けるとはいえ，加盟国，特に大国から自律的な行動もとるのである。国際機関のパワーも，後ろ盾となっている大国のパワーにだけ依拠しているのではなく，多様なアクターに呼びかけ，これを動員していくソフト・パワーにも大きく依存しているのである。

　しかし，問題点も残されている。いかなる場合に，誰がオーケストレーターとなるのだろうか。国際政治学では，この点こそが関心事である。例えば，国際開発問題を，行政的な問題として見るならば，この問題に長年取り組み，知識・経験・人材を有する国際開発金融機関がオーケストレーターとなると考えられる。しかし，国際開発問題においては，成長，分配，環境保全，人権保障など，複数の目標が存在する。これらの目標のいずれを優先させるのか，どのようにしてこれらの目標間の調整を図るのか，といった問題が常に問われる。そして，これは，誰がオーケストレーターになるのかによって大きく変わってくる。いいかえれば，誰がオーケストレーターとなるのかをめぐって，どのような政治過程が進展しているのか。これをより深く考察していくことが，なお課題として残されているのである。

◆　さらに読み進める人のために

Michael Barnett and Raymond Duvall eds., *Power in Global Governance*,

Cambridge University Press, 2005.

＊グローバル・ガバナンスについて，パワーに焦点を当てて論じた研究書。制度的パワーについて理解することができる。

山本吉宣『国際レジームとガバナンス』有斐閣，2008 年。

＊グローバル・ガバナンスについて，理論的に考察・整理したもの。国際レジームなどの理論とどのようにつながるのかを理解するうえで参考になる。

Kenneth W. Abbott, Philipp Genschel, Duncan Snidal and Bernhard Zangl eds., *International Organizations as Orchestrators*, Cambridge University Press, 2015.

＊ガバナンスを，階層型，協働型，委任型，オーケストレーション型に分類して議論した研究書。グローバル・ガバナンスのプロセスを理論的に考察するうえで優れている。

大芝亮『国際政治理論──パズル・概念・解釈』ミネルヴァ書房，2016 年。

＊国際政治に関するさまざまな理論を，リアリズムおよびリベラリズムの流れの中で簡潔に説明した書籍。グローバル・ガバナンス論が登場してきた理論的背景を理解することができる。

西谷真規子編『国際規範はどう実現されるか──複合化するグローバル・ガバナンスの動態』ミネルヴァ書房，2017 年。

＊グローバル・ガバナンスについて，オーケストレーションなどの概念を用いた事例研究が所収されており，グローバル・ガバナンスやオーケストレーションという抽象的概念を具体的に理解することができる。

■ 引用・参考文献

大芝亮 2016『国際政治理論──パズル・概念・解釈』ミネルヴァ書房。

大芝亮 2013「多国間外交と多国間主義」大芝亮編『対外政策　課題編』(日本の外交　第 5 巻) 岩波書店。

グローバル・ガバナンス委員会／京都フォーラム監訳 1995『地球リーダーシップ──新しい世界秩序をめざして』日本放送出版協会。

世界銀行／白鳥正喜監訳，海外経済協力基金開発経済問題研究会訳 1994『東アジアの奇跡──経済成長と政府の役割』東洋経済新報社。

中尾武彦 2016「アジア経済の展望とアジア開発銀行の役割」『公研セミナー』。

ブル，ヘドリー／臼杵英一 2000『国際社会論──アナーキカル・ソサイエティ』岩波書店。

松本悟・大芝亮編 2013『NGO から見た世界銀行──市民社会と国際機構のはざま』ミネルヴァ書房。

渡邉昭夫 1993「新国際政治秩序の形成とサミット」『国際問題』402 号。

Abbott, Kenneth W., Philipp Genschel, Duncan Snidal and Bernhard Zangl eds. 2015, "Orchestration: Global Governance through Intermediaries," in Kenneth W. Abbott, Philipp Genschel, Duncan Snidal, Bernhard Zangl eds., *International Organizations as Orchestrators*, Cambridge University Press.

Barnett, Michael, and Raymond Duvall eds. 2005, *Power in Global Governance*, Cambridge

University Press.

Organski, A. F. K. and Jacek Kugler 1980, *The War Ledger*, University of Chicago Press.

Rosenau, James and Otto Czempiel eds. 1992, *Governance without Government: Order and Change in World Politics*, Cambridge University Press.

Viola, Lora Anne 2015, Orchestration by Design, in Kenneth W. Abbott, Philipp Genschel, Duncan Snidal, Bernhard Zangl eds., *International Organizations as Orchestrators*, Cambridge University Press.

Young, Oran 1994, *International Governance: Protecting the Environment in a Stateless Society*, Cornell University Press.

［大芝　亮］

第II部　安全保障

核

パワー，レジーム，市場の相互作用

> 核兵器の拡散を防止し，核兵器の製造にかかわる技術の移転を管理するための「核不拡散レジーム」は，核の脅威の拡大を抑制するとともに，核保有国を限定することで国際政治の権力構造を下支えする効果も持つ。他方で，核不拡散レジームの規制制度は，原子力技術および燃料の市場の態様に影響を受ける。それゆえ核をめぐっては，マクロな国際秩序における権力構造，核不拡散レジーム，そして市場という3つの領域が相互に作用し合う中で秩序が形成されている。

1　核をめぐるグローバル・ガバナンス

◀パワーと制度

　核と国際秩序の関係性を議論する場合，2つの視点が考えられる。一つは，核の存在が国際社会全体の権力構造，国際秩序の形成と維持に，どのように影響を与えたかという，国際秩序の「核『による』ガバナンス」である。もう一つは，核兵器の拡散防止や，核兵器の製造に使用される核物質や機微技術（軍事転用される可能性のある技術）の移転管理を含む核不拡散を中核的な目的とし，原子力の平和利用のあり方なども規定する国際制度（レジーム）を通じた秩序の維持，すなわち「核『の』ガバナンス」である。

35

核兵器は，その圧倒的な破壊力ゆえ，その所在や分布（核保有の有無）が国際社会の権力構造を規定する重要な要素になっている。米ソという2超大国の関係は，相互確証破壊（MAD）を中心とした戦略的安定性（後述）が基盤となっている。同時に，核兵器不拡散条約（NPT）の190を超える締約国数が示すように，核兵器の拡散を防止する必要性がある（核不拡散）という政策目標（価値）が国際社会における普遍的な規範として存在し，それがNPTと国際原子力機関（IAEA）を中核とする「核不拡散レジーム」を通じて体現されている。

したがって，核をめぐるグローバル・ガバナンスの態様は，権力構造とレジーム（あるいは国際制度）の関係を把握することを抜きにして理解することはできない。核兵器が核保有国のパワー（権力）の源泉であるとするならば，現在の権力構造は，核不拡散レジーム（国際制度）を通じて核兵器の拡散を規制し，パワーの分布を固定化させることによって，安定的に維持されていると見ることもできる。他方，レジーム内の秩序は，力による強制に依拠するのではなく，参加国が時には自発的に規則や規範を遵守することで成り立っている。その意味では，国際制度と権力構造の関係は前者が後者に従属する位置にあるわけではない。

◀核をめぐるガバナンスの特徴

また，核とグローバル・ガバナンスの関係を議論するためには，その前提となる核という問題領域の特徴について理解する必要がある。

核分裂を制御し応用する技術の特徴は，民生用にも軍事用にも利用されうるという両用性（→**第8章**第1節）と，技術を利用した場合に得られる効用の高さである。核兵器の軍事上の効用は，他の兵器と比較してきわめて大きく，その保有によって安全保障上の優位を獲得できる。他方で，核保有国同士の核攻撃の応酬は当事国どころか他国をも巻き込んだ甚大な被害をもたらす。ゆえに戦争を回避し，核保有国間の関係を安定的に維持することは，当事国にとっても国際社会全体にとっても「利益」となる。核兵器の登場は「核革命」と呼ばれるように，それ以前の戦争観や国際秩序を規定するダイナミズムを変えるほどの大きなインパクトを国際政治に与えた。

36　第Ⅱ部　安全保障

民生面では，核分裂とそれを制御する技術は発電（エネルギー）分野で活用されている。非発電分野でも，医療や工業，農業，保健衛生などで，放射線技術が応用されている。いずれも，生活の質的向上に大きく貢献する分野で，近年では，発電，非発電とも開発途上国における需要や関心が高まっている。

　このような核（原子力）技術の両用性という特徴は，技術の拡散（普及）の態様と規制の手段，すなわち市場と制度，そして権力構造の間に相互作用を生む。このことは，核をめぐるガバナンスのあり方にとって重要な課題を提示する。国際社会は，一方では人類の破滅をもたらしかねない核兵器の恐怖とリスクを拡大させず（核不拡散），それを縮小し（核軍縮），最終的には廃絶する（核廃絶）という技術利用の規制を目標とする。他方では，核技術によってもたらされる社会的・経済的便益（平和利用）を国際社会において適切に共有する（技術の拡散）必要がある。このように方向性の異なる2つの目標を両立させることが，核をめぐるガバナンスの前提とされるのである。

　本章では，以上のような視点から，核の存在が国際秩序にどのように影響を与え，また核によって引き起こされうる国際政治上の作用がどのように管理されるのか，を考える。その際，①国際システムにおける権力構造，②核不拡散を中心とした国際制度，そして③技術の市場という3つの領域の態様と，それらの相互作用に着目し，核をめぐるグローバル・ガバナンスのあり方を議論する。

2　研究動向——「核によるガバナンス」と「核のガバナンス」

◆核「による」国際秩序のガバナンス

　1945年8月に広島と長崎に原爆が投下されて以降，米ソは激化する対立の中で核軍備競争を繰り広げ，1970年代には核兵器の総数は約8万発を数えるほどに膨らんだ。これは，地球全体を何度も破滅に追い込むことが可能な量であった。それほどまでに苛烈な軍拡競争を繰り広げながらも，米ソは直接戦火を交えることはなく，核兵器は一度も実戦で使用されてはこなかった。

　これは，核兵器の使用が「タブー」となり，それが国際社会に定着したからだとするコンストラクティヴィズムからの議論がある（Tannenwald 2007）。他

第2章　核　　37

図 2-1　核のガバナンスの構造

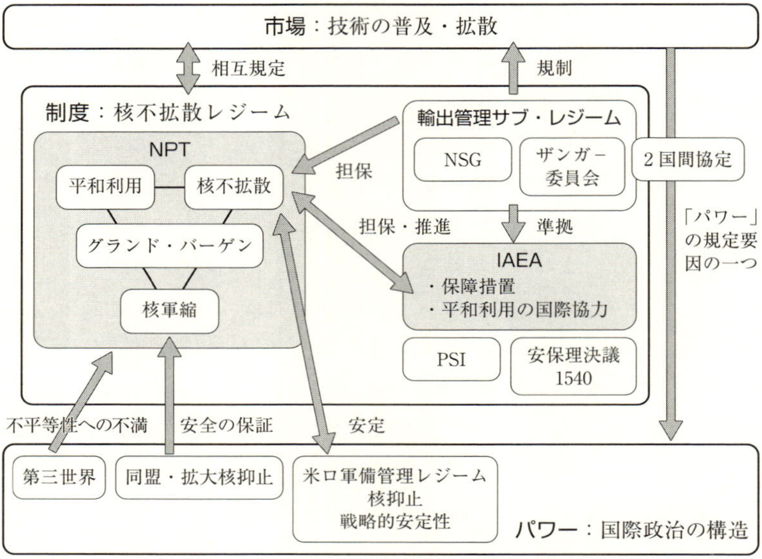

市場：技術の普及・拡散

相互規定　　　　　規制

制度：核不拡散レジーム　　　輸出管理サブ・レジーム

NPT
平和利用　核不拡散
グランド・バーゲン
核軍縮

担保

NSG　ザンガー委員会

2国間協定

「パワー」の規定要因の一つ

担保・推進　　準拠

IAEA
・保障措置
・平和利用の国際協力

PSI　安保理決議1540

不平等性への不満　安全の保証　安定

第三世界　同盟・拡大核抑止　米ロ軍備管理レジーム　核抑止　戦略的安定性

パワー：国際政治の構造

［出所］　筆者作成。

方，核抑止が機能したがゆえに核が使用されず，また冷戦が実際の武力紛争に至らなかったのであるという説も有力である。アメリカの歴史家ギャディスは，経済関係や文化交流などが戦争を防止するというリベラリズム的秩序観を否定し，二極構造が単極，多極に比べて高い安定性を持つこと，核兵器の存在が戦争へのエスカレーションを防止した事例などを挙げ，「核抑止は，ポスト第二次世界大戦の国際システムが維持してきた，最も重要な行動メカニズム」であると論じた（ギャディス 2003: 398）。

　第二次世界大戦後の国際政治において確かに地域紛争や内戦は多発してきているが，そのような比較的小規模な紛争は，国際秩序を脅かし，世界全体を不安定化させるには至らない。米ソ両国のイデオロギー的な全面対立が戦争へと発展しなかったのは核抑止の存在によるものである。相互抑止の大国間関係の安定化機能は，有効に機能してきたといえよう。また，現在においても，核を保有する国家間の関係を規定する要因として核の存在があることについて，当

38　　第Ⅱ部　安全保障

事国が有益であると認識していることは否定し難い。

　米ソという2超大国が対立した冷戦期，安全保障面における国際秩序の基調として確立されてきた構造は，核軍備管理レジームに裏打ちされ，「制度化された」相互確証破壊（MAD）を通じた戦略的安定性であった（戸崎 2003）。核軍備管理レジームとは，第1次戦略兵器制限条約（SALT I），弾道弾迎撃ミサイル（ABM）制限条約，中距離核戦力禁止条約（INF 条約），第1次戦略兵器削減条約（START I）およびその後継条約といった，米ソ（米ロ）間での戦略レベルにある核戦力の制限や削減を通じて両国の戦略的均衡を維持する各種軍備管理条約，ロシアやその他の旧ソ連諸国による START I の義務の履行や大量破壊兵器の管理の継続をアメリカが支援する協調的脅威削減プログラム（CTR）などの，軍備管理条約を維持するうえで有効な各種取り決めを含む。

　「戦略的安定性」とは，核兵器を中心とした戦力によって相手に対し決定的な打撃を与えることができる能力を持つ国同士の間で，軍事的な均衡が成立してお互いが攻撃を抑制し，紛争を回避するよう行動する安定的な関係の状態にあることである。ある国家間の関係が「戦略的安定」の状態にあるかどうかを客観的に判断することは難しい。どこに安定の均衡点を求めるのか，もしくは，ある状態が安定解なのかは，常に不確定な状況にあるともいえる。現代の国際社会においては，お互いの社会的価値体系の相違が冷戦期のイデオロギー対立ほどではないにしても依然として存在しており，また地政学的要件の相違，さらに複雑な兵器体系・戦力構成を考慮すれば，ある2国（あるいはそれ以上）が「戦略的安定」の状態にあると，客観的な指標（もしくは数値化）をもって相互に確認することは，現実的にはほぼ不可能である。このような不確定性を，ある意味では便宜的に除去するのが軍備管理の取り決めである。軍備管理の取り決めには，相互に関係が安定的な状態にあるという了解を制度化する意味がある。

　この米ソの軍備管理を通じた「制度化された MAD」の状態は，冷戦後も米ロの戦略関係の基盤として存続し続けてきた。米ロの軍事的均衡の状態が実態としてアメリカに優位な状況にあったとしても，両国の関係を安定的に維持するためには，戦略的安定が存在しているという相互了解が成立している状態を維持することが両国にとって望ましかったといえる。

第2章　核　　39

この「制度化されたMAD」の副次的な含意は，米ソの核不拡散における協調関係の成立である。両国は，核拡散の防止が双方にとって共通利益であると認識し，イデオロギーや戦略的利益の点などで根本的な対立を抱えながらも，国際的な核不拡散体制の確立において足並みを揃えた。米ソ関係における戦略的安定性と，核不拡散における一種の共通利益の認識と協調行動が，核技術の拡散の態様と現状の核不拡散のガバナンスを規定したともいえる（梅本 1996：戸崎 2008）。その意味で，米ソの「戦略的安定性」を原則とした二極構造は，核技術（特に濃縮・再処理技術）の拡散を規制する核不拡散体制の基礎となるものであったともいえよう。

この核不拡散上の協調は，国際秩序におけるパワーの分布を変え，秩序の不安定化につながる新たな核兵器国の増加を阻止し，そして国際秩序の「多極化」を阻止した。多極化の抑制は，国際秩序の安定とともに，米ロにとって自国の優位を維持することが容易な国際システムの維持という共通の利益に貢献してきた。

◀核「の」グローバル・ガバナンス

核「の」ガバナンスとは，核という存在を国際社会がいかに管理しているかを意味する。

多国間の核不拡散レジームは，NPTとIAEAを中核として，それらに準拠するようにして形成された原子力供給国グループ（NSG）とザンガー委員会という輸出管理のためのサブ・レジームから構成される。それに加え，「拡散に対する安全保障構想（PSI）」や2国間の原子力協力協定など，各国が単独もしくは有志国のグループで実施する不拡散のための政策装置，および非国家主体の拡散への関与を防止するために国内法体系の整備を求めた国連安全保障理事会（安保理）決議1540などが存在する。

IAEA，NPT，NSGといった国際制度創設の原則が核不拡散であることは自明である。しかし，レジームの成立過程を見れば，核不拡散という価値規範と合わせ，その推進によってもたらされうる不利益を緩和させるための措置が盛り込まれている。したがって国際社会における核不拡散レジームを，核「の」ガバナンス構造として見る場合，それらも一体として扱うことがより適

切であろう。

　それらの措置とは，原子力の平和利用における「奪いえない権利」とその実現のための国際協力の奨励，および核廃絶に向けた誠実な交渉義務（核軍縮）である。NPT 締約国は，核不拡散義務の履行と核軍縮の実現によって核兵器のない，より安全な世界を手に入れ，また，原子力の平和利用を促進することによって社会的・経済的に，より豊かな生活を獲得することを期待する。この，核不拡散，核軍縮，原子力の平和利用は NPT の推進する価値規範の 3 本柱と位置づけられている。また，この三者には，「グランド・バーゲン」と呼ばれる政治的義務関係をめぐる取引について締約国間での了解が存在していると解されている。

　なお，レジームのもう一つの重要な特徴は，NPT によって 1967 年 1 月 1 日前に核爆発を実施した国（一般的な核保有国と区別して「核兵器国」と呼ぶ）には核兵器の保有が許され，それ以外（非核兵器国）には保有が禁じられているという不平等性である。

　非核兵器国は，核不拡散という条約上の義務を受け入れるのと引き換えに，原子力の平和利用を促進するための協力を得ることができる。さらに，核保有に関する不平等性を受け入れ，当面固定化されるであろう安全保障上の不利益（核兵器保有の有無による戦力および国際政治上のパワーの不均衡）については，その是正のために主として核兵器国が核廃絶に向けて誠実に交渉する義務を負う。それに加え，非核兵器国が既存の核兵器によって受ける脅威に対しては，国連安保理において，核兵器による攻撃を受けた際の支援（積極的安全保証：安保理決議 255，1968 年），および核兵器による攻撃をしてはならないという約束（消極的安全保証：安保理決議 984，1995 年）が採択され，核の脅威に対する安全を担保することが期待されている。これらの安保理決議は，NPT という条約の枠外ではあるが，条約の採択および無期限延長の決定と政治的にパッケージになっていると解されている。

　また，IAEA は NPT に先立つ 1957 年に設立された。その目的は，原子力が平和，保健，繁栄のために利用されることを促進することと，核分裂性物質が平和的目的にのみ利用されることを確保する（軍事転用を防止する）ために，管理を行うことである（IAEA 憲章）。非核兵器国は，NPT に定められた不拡

第 2 章　核　　41

散義務を担保するための措置として，このIAEAの保障措置を受ける義務を負っている。IAEAは，「包括的保障措置協定」に基づき，各国が保有する核物質等の申告に漏れがないこと（完全性）を前提に，申告が正確であるかどうか（正確性）を検認し，不拡散義務を履行しているという信頼性を担保する。

　不拡散規範を実効的なものとするための政策装置としては，IAEAの保障措置に加え，輸出管理がある。輸出管理の制度は，NPTにおいて供給の対象となる核物質や資機材の具体的な範囲についての解釈を行うザンガー委員会と，技術移転管理のための技術供給国間の協調体制としてのNSGがある。NSGは，原子力関連の資機材を輸出する際にとられるべき措置に関する最低限の基準としてガイドラインを策定した。このガイドラインは，核物質や資機材の輸出対象国を，IAEAの包括的保障措置協定を締結している国に限定している。また，規制すべき機微技術のリストを作成し，移転された技術に関連した施設を保障措置の対象とした。さらに移転された技術などが，核燃料サイクル施設に用いられる場合にも同様の措置がとられることも条件としている（IN-FCIRC/254 1978）。NSGは，条約や協定などの取り決めはなく，輸出国同士（2017年時点で48カ国が参加）の紳士協定によって集まるグループである。しかし，定例の総会の開催や意思決定手続きなどの面では制度化が進んでおり，ガイドラインの実効性も担保され，核不拡散レジームのサブ・レジームとして機能している。

　2017年時点で，核兵器を保有している，もしくは保有していると考えられている国は9カ国ある（NPTで核保有を認められているアメリカ，ロシア，イギリス，フランス，中国のほか，インド，パキスタン，イスラエル，北朝鮮）。北朝鮮の核開発やイランの疑惑，あるいは1990年代初めのイラクや2000年代初めのリビアなど，冷戦後，秘密裏の核兵器開発計画が次々に明らかになったことで核拡散への懸念が高まった。発電，非発電量分野での原子力技術の利用が広がる中，核拡散のリスクは潜在的には広がっているという見方は妥当であろう。しかし，世界全体で核保有国が9カ国（いったん核を保有したが，のちに放棄した国として南アフリカがある），それに核開発の疑惑がかかる国は，現在のところイランを除いては見当たらない。つまり，核兵器の拡散の潜在的リスクは存在するものの，かなりの程度抑え込まれている状況にあるともいえ，核不拡散レジームは

42　　第Ⅱ部　安全保障

一定の成功を収めていると考えてもよい。

◀核「の」グローバル・ガバナンスのジレンマ

　国際政治学者のウォルツが論じるように，より多くの国が核兵器を保有するようになれば（核兵器が拡散すれば），核兵器使用による破滅への恐怖感から核保有国はより責任を持って行動するようになり，結果として平和になるという論理もありえなくもない（セーガン＝ウォルツ 2017）。しかし，現在の国際社会においては，核不拡散という価値を追求することによって国際安全保障環境が向上すると考えられている。

　論理的には核不拡散の担保は，濃淡はあったとしても国際社会全体に（グローバルなレベルで）広く裨益する。しかし，NPT 締約国の中には，自らは核の脅威とは無縁な安全保障環境下にあると考える国もある。そうした国は，核不拡散を通じた安全保障上の便益の向上よりも，平和利用の「奪いえない権利」を根拠に，国際協力などを通じて核技術の社会的・経済的便益を獲得することにより大きな関心を持つ。あるいは，核軍縮の推進を通じ NPT 上の不平等性の緩和に優先的に取り組むべきという考えを持つ国も，非同盟諸国などに多く見られる。したがって，現在の国際社会において「核兵器の不拡散」という価値を実現しようとすれば，自ずと２つのジレンマに直面することになる。

　一つは，核不拡散と原子力の平和利用の両立のジレンマである（両用性のジレンマ）。核不拡散の実効性を高めようとすれば，より厳格に物質や技術の管理を求めることになり，物質や技術の移転に対して，より多くの制約を課すことになる。核物質や技術が拡散し，潜在的核保有国が増加することで国際安全保障環境が悪化するリスクと，技術の拡散を防止することによって核技術のもたらす便益を国際社会で公平に享受することを妨げ，その結果生まれうる不平等性の両方を同時に抑制できるかどうかが課題となる。NPT における制度的な規定は，一方を他方に対して優先することを政治的に困難にしている。

　もう一つは，核保有国と非核保有国の間に存在する不平等性と，国際安全保障システムの安定性の間のジレンマである（不平等性と安定性のジレンマ）。

　NPT は，第９条３において核兵器国と非核兵器国を規定し，核兵器の保有の法的権利をめぐって締約国を差別的に扱っている。さらに，NPT に加入せ

第 2 章　核　43

ず条約上の義務を負うことなく核兵器を保有する国も存在する。条約上の差別的な権利義務関係を是正し，ジレンマの解消に向けた努力を定めた取引の枠組みが「グランド・バーゲン」である。これによって各国が異なる動機で一つのレジームに参加することを可能にしている。また，インドやパキスタンがNPTに加入せず核兵器を保有するという先例を提供しているにもかかわらず，実際に脱退を宣言したのが北朝鮮だけという現状は，レジームが果たす秩序維持機能に対する各国の期待が，レジームの価値体系からの逸脱を選択するほど低減していないことを示唆する。

　ただし，この第2のジレンマは，現在の核不拡散レジームの価値規範体系が維持されている限りは，核廃絶の達成まで解消されることはない。極論すれば，レジームの維持（安定）は不平等性の継続につながる。そこでは，それぞれの価値規範を追求し，不平等性を是正することが，レジーム内での異なる価値規範の間の均衡点の確定を難しくするだけでなく，国際社会の権力構造の変容にも連なりうる。したがって，安定的な別の均衡点に向かうまでの過程においては，核のグローバル・ガバナンスの体制は脆弱なものともなりうる。

　国際社会の権力構造と安全保障環境がレジームの形成に及ぼす影響についても言及する必要がある。一部の地域においては，核の脅威は直接的に自国の安全保障を脅かすもの（実存的脅威）である。他方，多くの国にとっては，核拡散の脅威は，国際安全保障環境を悪化させるという観念的な脅威であり，不平等性の是正という主権国家で構成される国際社会の原則にかかわる問題や，平和利用の権利の享受という利益と同様の観念的な問題であるといえる（ただし，核の脅威をめぐる観念的認識と実存的認識の差異は，後述する核兵器禁止条約をめぐる国際社会の亀裂に深く影響を与える）。

◀軍事転用リスクのガバナンス

　また，平和利用目的の技術が軍事転用されるリスクをどの程度厳格に管理すれば十分に安全なのか（拡散のリスクが許容されうるか）は，規制制度を確立するうえで重要な要素である。しかし同時に，どの程度まで拡散の（潜在的）リスクが許容されうるかは，基本的には各国がそれぞれ認識する脅威のレベルや脅威をどこまでコントロールすることが可能か（これは，しばしば不拡散レジー

ムの外の安全保障政策上の措置，例えば抑止によってなされる），また，リスク管理
を厳格化することによって失われてしまうかもしれない安全保障以外の便益
（平和利用の促進）とのバランスがどう認識されるかという主観的な要件にも依
存する。これは，レジームの価値規範の執行を担保するための制度を設計した
り，運用したりするうえで重要なポイントとなる。

　IAEA の保障措置の制度設計は，検認という活動自体に効果があるとしても，
技術的に完璧な検認を意図しているというよりも，検認が拡散に対して政治
的・心理的な障壁となり，あるいは信頼醸成措置としての役割を果たすという
期待に基づいている（Ota 1978: 102–103）。このことは，核拡散のリスクが機微
技術の存在そのものではなく，軍事転用という行為とそれを行う意思が問題で
あるという前提で制度設計がなされていたことを意味する。

　しかし，湾岸戦争後に発覚したイラクの核開発や，北朝鮮の核開発問題は，
従来の保障措置では防止できなかった。そのため，IAEA は保障措置の強化を
図った。IAEA による査察の権限の強化（現地への立ち入りや無通告査察）など
を通じ，未申告の物質への規制を強化し，申告の完全性も検認の対象とする，
包括的保障措置協定のモデル追加議定書を完成させた（INFCIRC/540 1997）。
この追加議定書による保障措置は，IAEA により強力な権限を持たせたため，
途上国などから，国家主権への干渉になり，平和利用の権利を侵害しかねない
という懸念が示された。そのため，その締結は義務とはなっておらず，いまだ
にいくつかの国は締結に至っていない。より厳格な規則と手続きを導入しつつ，
その適用に関しては各国の自主性を尊重する，ある意味では新規則の適用を行
動の規範として定着させていく，規則と規範の組み合わせというアプローチで
ある。この保障措置の強化は，基本的に従来の制度設計の思想を引き継いでは
いるが，根本のところでは，技術を保有するアクターの意思に対して，より懐
疑的な姿勢を示している。これは，既存のレジームの価値規範体系に変更を迫
らない中でのより踏み込んだ施策といえよう。

　それに対して，機微技術の存在自体がリスクを構成するとして公式な規則を
通じて禁止しようとすれば，現在の平和利用の「奪いえない権利」の再解釈，
すなわちレジームの基本構造である価値規範体系に変更を迫るものになる。

　他方，アメリカなどが，各国と個別に結ぶ 2 国間協定などを通じて相手国に

第 2 章　核　　45

核燃料サイクル技術の保有を断念させるのであれば，それは2国間の権力構造もしくは利益構造の中で判断されるものとなるだろう。これは，公式の多国間レジームの制度ではないが，レジームを支持し，核のグローバル・ガバナンスを強化する措置とみなすことができよう。同様にガバナンスを強化する措置としては，核拡散は核保有に至らしめる動機と意思が最大の課題であるとして，その動機の減少，すなわち安全保障上の便益の提供（拡大核抑止の提供）によって核拡散のリスクの低減を図ることもある。

　これらの措置の多くは，強制によって遵守を担保することは志向しない。たとえパワーを行使するにしても，それは強制ではなく，むしろ遵守のインセンティブや代替的な措置によって便益を提供するという形のパワーの行使となっている。

◀ 市場の役割

　核不拡散の実効性を高めようとすれば，核兵器そのものだけではなく，核兵器の製造に利用される核技術の普及や核物質の拡散に規制をかける，すなわち技術へのアクセスを制限することが有効である。一般的に，技術の普及はその技術の社会的な意義や政治的・経済的な文脈の中に位置づけられる。科学的・技術的には実現可能であったとしても，経済的合理性や社会規範の観点から，その技術が社会にとって受容（利用）可能なものなのか，また技術を保持するアクターの市場におけるパワーといった社会的環境要因でその技術が普及するかどうかが決まる。そうであるならば，市場とレジーム（制度）の関係性は，核のグローバル・ガバナンスが形成されるうえで重要な要素となる。核分裂を制御する技術が安全保障政策を変え，核不拡散という新たな政策領域を創設したように，技術は市場や政策を変えるが，技術の発展は市場や政策がどの技術を選択するかにも左右される（秋山 2015）。

　規制対象となる技術移転の態様（どのように市場の内外で流通しているのか）や，そうした技術移転へ参加するアクターの構成（アクターの多寡やアクターの持つ政策志向および安全保障上の要請を含む権力志向）は，規制のための国際制度とそのガバナンスのあり方を規定する。また，国際制度の基礎となる原則や規範，規則は，市場におけるアクターの活動の範囲や形式を限定し，市場の形成に影

響を与える。核の分野においても，技術が国家の独占から民間に開放され，国際的な技術の移転や商業的取引が開始されて以降，核不拡散という政策（制度）と市場の間には相互作用のダイナミクスが存在してきた。

3 　事例研究——核不拡散レジーム形成過程に見る市場と制度の相互作用

　前節では，核をめぐるグローバル・ガバナンスの構造的特徴を，核がどのように国際政治の構造を規定したかという視点と，国際社会がどのような制度によって核を規制しているのかという視点から概観した。この節では，核を規制するレジームが，核技術の普及（拡散）を媒介する市場の態様の変化と国際政治のダイナミクスの中からどう形成されてきたかを，1970年代を事例に検討する。

◀アメリカによる市場の独占

　核という技術をいかに管理するかは，第二次世界大戦中にマンハッタン計画によって核兵器が開発されて以来，第二次世界大戦後の国際秩序を構築する中で，きわめて大きな論点であった。1946年の第1回国連総会における記念すべき最初の決議は，核の共同管理に関する国際委員会の設立に関するものであった。当時，唯一の核保有国であったアメリカは，核の独占的管理を追求しようとしたが，1949年にソ連が核実験に成功したことによって，その目論見は頓挫した。

　1953年にアイゼンハワー米大統領が国連総会で行った演説「平和のための原子力（Atoms for Peace）」は，核の管理に関する多国間制度の基本的な制度設計の思想を提供した。同演説の趣旨は，国際管理を通じた「核兵器の拡散防止」と「原子力の平和利用の推進」を同時に追求することであった。

　マンハッタン計画が開始されてから1954年まで，アメリカでは核技術は国家が独占し，安全保障上の理由からマンハッタン計画の参加国であるイギリスやカナダを含め外国への核技術の移転を禁じていた。しかし，技術が民間にも開放され商業活動が可能になると，技術は市場を求めるようになった。

　アメリカやソ連など限られた国しか技術を保有していなかった冷戦初期には，

第2章　核　　47

技術を保有する国が技術供与を自ら管理し，核拡散を防止することが可能であった。裏を返せば，技術を供与することが自国の国益上の不利やリスクにならない国を対象に技術移転を行っていた。

1960年代まで，アメリカは西側世界の濃縮ウラン市場，すなわち原子炉の燃料供給をほぼ独占していた。このことは，アメリカが推進する軽水炉が，市場の技術選択において優位に立つ要因ともなった。資機材（原子炉）および核燃料供給市場における優位は，供給国（すなわちアメリカ）にとって，規制導入および運用においても優位に立つための政策資源となった。

◀市場の多極化へ

しかし，1970年代に入り，原子力市場に構造変化が起こった。

西ドイツは，政府と産業界の強力なパートナーシップの下で重水炉の独自開発を追求していたが，最終的には自前の重水炉技術をあきらめ，代わりに軽水炉技術分野で競争力をつけてきた。西ドイツが軽水炉を選択した背景には，アメリカが濃縮ウランの提供に関する規制を1960年代半ばに緩和したたこと，および，自ら濃縮ウランを製造できる遠心分離法の実用化にめどがついたことなどがある（今井 1977: 106）。西ドイツは，1971年に，イギリス，オランダとともに遠心分離法によるウラン濃縮会社のウレンコ社（URENCO-CENTEC）を立ち上げた。1973年には，フランスがイタリア，スペイン，ベルギーと共同で，ガス拡散法を使ったウラン濃縮会社（EURODIF）を設立し，両社ともヨーロッパにおけるウラン濃縮サービス市場において有力なプレーヤーとして名乗りを上げた。また，ソ連も東西対立の壁を越えて，西側のウラン濃縮市場に参入し，フランス，西ドイツ，スウェーデンなどが濃縮加工サービスの委託契約を結んだ。そのほか天然ウラン産出国であるオーストラリア，カナダ，南アフリカも濃縮に乗り出す動きを見せ，それまでアメリカがほぼ独占していた西側の濃縮ウラン市場は多極化していった。

燃料供給が多極化し，市場に競争が生まれることによって，燃料の安定供給への信頼性が高まった。そのことは，ウラン濃縮，軽水炉での燃焼，再処理という「軽水炉サイクル」が，市場において主流となる技術パラダイムとして選択されることを促した。しかし，皮肉にも軽水炉技術を保有し，軽水炉技術の

48　第Ⅱ部　安全保障

主流化を主導したアメリカの地位は相対的に低下した。また，技術供給能力が多極化すれば自ずと市場の拡大も追求される。すなわち，核拡散のリスクが増大することになる。これは，核不拡散をめぐる国際政治の多極化を意味する変化でもあったといえる。

　需要者側にも変化があった。核燃料サイクルは，技術集約性と資本集約性がともに高く，また経済性の観点からいえば大規模な原子力発電計画が存在しなければ採算をとるのが難しい。また，設備の建設から運転開始までの期間が長い。したがって，1960年代には，核燃料サイクル計画を持つことができるのは技術の習得に十分な科学技術基盤を持ち，資本力を備えた，西ヨーロッパや日本などの先進工業国に限定されると考えられてきた。途上国は当時，大規模な原子力発電計画を持たず，核燃料サイクルを独自に保有する経済合理性にも，技術力にも欠けていた。

◀供給側からの管理

　1960年代以降，増大するエネルギー需要に対する解として原子力に関心が向けられるようになった。1970年代の石油危機の影響によって，安定的なエネルギー確保（エネルギー安全保障）の要請が世界各地で高まり，原子力発電への関心が拡大した。また，石油危機の中でエネルギー自給率を向上させるために，核燃料サイクルの完成を通じ原子力を準国産エネルギーとして確立することが追求された。

　エネルギー安全保障の論理は，経済合理性を超越して核燃料サイクル技術を追求する政策に正当性を与えることになる。核燃料サイクル技術は，NPT第4条の「奪いえない権利」によって国際規範上も正当化されると解されている。それは同時に安全保障上の動機（核兵器能力の獲得）を隠蔽する論理としても働く。核不拡散レジームの政策装置が完璧に拡散を阻止できない以上，技術獲得の動機の面に働きかけ，技術獲得を断念させるアプローチも必要であるが，エネルギー安全保障の論理はその有効性を減ずる効果を持つことになる。そうした状況下で，さらに不拡散を強化しようとすれば，既存の規範を変更させるか，規範を無視した一方的な措置をとることになる。

　1970年代に入ると，アメリカ以外の西側先進国と途上国の間で原子力協力

第2章　核　49

の動きが活発化し，ウラン濃縮，再処理の技術は，途上国にも広がる兆しを見せた。ブラジルは，西ドイツとの間で軽水炉と核燃料サイクル技術の移転をめぐり協力協定を締結し，アルゼンチンはカナダと発電炉から再処理パイロット・プラントまで包括的な技術移転の交渉を開始した。パキスタンとフランスは再処理プラント購入契約を締結し，イランは西ドイツ，フランスと軽水炉の輸入契約および EURODIF への参加を決めた。韓国とフランスは，再処理プラント購入契約を交渉している。このように，技術的，経済的条件を満たさない途上国の間でも，先進国からの技術と資金的支援を受けて核燃料サイクル技術の獲得に向けた動きが活発になった（垣花・川上 1986: 30-31）。

　これらの契約の多くは，アメリカの政治的な働きかけによって頓挫している。このことは，市場におけるアメリカのパワーの後退を政治的な影響力で補い，政策の実現を図ったものと理解できるだろう。なお，こうした政治的な働きかけ，とりわけ供給国側への働きかけは，供給国側から核不拡散を管理し，原技術保有国以外の国が濃縮，再処理技術を新たに獲得することを許容しないという供給国間の政策志向の定着につながっていく。NSG はそのような政策枠組みといえる。

　核不拡散レジームの政策装置の中核ともいえる IAEA の保障措置も，その対象は IAEA との計画協定や2国間の原子力協定によって海外から供給され，IAEA に申告された核物質や原子力資材に限られていた。なぜなら，当初は，核燃料を国際市場に供給する能力があったのが，西側ではアメリカ，東側ではソ連に限られ，他国の国産燃料の生産能力が限定されていたからである。しかし，NPT の成立に伴い，現在では非核兵器国が IAEA との間で締結することが義務づけられた包括的保障措置協定が，国産を含むすべての核物質や原子力資材を対象とし，未申告の物質も対象としている。これは，核技術や物質の供給ルート（市場の態様）が多様化しているという現実を反映したものである（INFCIRC/66 1965, INFCIRC/153 1972）。

◀ 多国間ガバナンスの限界

　市場の変化がもたらした制度面への影響は次のように整理できる。すなわち，技術や資機材を提供する能力を持つ国が増加し，需要者と供給者が複数存在す

る「市場」が形成されると，供給国による受領国（需要者）との2国間関係を通じた拡散管理から，規範と規則に基づく制度を通じた多国間の秩序の維持へとガバナンスにも変化が求められた。1957年のIAEAの設立，1970年のNPTの成立は，そうした核技術供給の動態（市場の態様）の変化を反映したものである。しかし，NPTとIAEAの保障措置は，主として受領国側における不拡散措置を規定しているもので（NPTは核兵器の供給や支援も禁じてはいる），供給国側については別途取り決めが必要であった。

　そうした政策的要請に対応したのが，NSGである。1974年にインドが核実験を実施したことは，原子力関連の技術や資機材の移転を管理するための国際制度の必要性を各国に実感させ，資機材や技術を供給する側による秩序維持の制度としてNSGが創設された。そしてアメリカは，インドの核実験に触発され，また自国内では経済的合理性の観点から再処理計画を中止した。そのうえ，核不拡散政策強化の一環として核燃料サイクルの技術移転を全面禁止するという方針を打ち出した。しかし，この試みは，核技術を保有していたり，研究開発を行っていたりしている国々からの反対に直面し，国際的規範を醸成することはできなかった。

　現在でもアメリカは2国間の原子力協力協定を各国と結ぶ中で，核燃料サイクルにおける協力を実質的には日本をはじめとする数カ国以外には拒否している。またイランの核開発疑惑問題で，そのウラン濃縮能力の規制が重要な争点となった。こうしたことからもうかがえるように，核燃料サイクル技術の「禁止」ができなかったことは，両用技術の平和利用に制約を課す困難さを示唆するとともに，核不拡散政策のあり方にきわめて大きな意味を持つ。

4 まとめと展望——秩序の動揺もしくは変容？

　米ソ（ロ）の核をめぐる関係では，紛争状態に入った場合に破滅を回避するためのエスカレーション・コントロールに関する問題や「安定—不安定性のパラドクス」など，戦略レベルにおける安定性が強調された。

　しかし，現在の国際政治においては，米ロのパワーが他の核保有国に対してのみならず国際社会全体において相対化し，地域政治・安全保障の論理が各国

の行動を規定する要因として重要性を増してきている。さらにいわゆる「ならず者国家」やテロ組織など非対称な脅威，サイバー攻撃，対衛星攻撃といった攪乱技術（disruptive technology）のリスクが深刻化しており，それに伴う安全保障観が変化している（国土安全保障〈homeland security〉の重要性の高まりを含む）。こうしたことを勘案すると，国際秩序を形成する核兵器の役割についても，あらためて評価し直す必要があるだろう。

　また，非国家主体は，拡散の主体としても台頭している。パキスタンのカーン博士が主導したといわれる核の闇市場のように，正規の取引ではなく不法な資機材の取引も横行してきた。このような不法な取引については，従来の国家間関係や正規の市場を想定して構築された不拡散の制度では適切に対処できないことが問題視されるようになった。その結果，非国家主体が大量破壊兵器関連の取引にかかわることを違法化する国内法体系の整備を各国に義務づける国連安保理決議 1540 号が採択された（2004 年）。また不法に取り引きされている大量破壊兵器関連物資の輸送途中での取り締まりを強化し，各国の法執行の強化を国際的な協調の下で図っていくためのイニシアティブ「拡散に対する安全保障構想（PSI）」（2003 年）ができあがった。

　また，非国家主体の関与という点では，核テロの脅威への対応として核セキュリティの取り組みへの関心の高まりも指摘できる。核セキュリティには，核不拡散のような義務的な国際取り決めは存在しない。IAEA の文脈においても，核物質の防護や，核物質の不法移転および盗取の防止，核施設等に対する妨害破壊行為の防止などの必要性は認識され，対策が奨励されてきたものの，その責任は一義的には主権国家が負う，とされてきた。しかし，グローバルなテロのリスクの高まりと原子力の平和利用の拡大によって，核物質の盗難や核物質，放射性物質を使ったテロのリスクは高まり，国際的な取り組みも強化された。多国間の取り組みとしては，各国に輸送中の核物質の適正な管理と防護を促す核物質防護条約の改正がある。条約の改正によって，防護の対象は輸送中の核物質にとどまらず，使用中，貯蔵中，輸送中の平和目的に使用される核物質に拡大されるとともに，核物質に加えて原子力施設の防護も含まれることになった。

　「核セキュリティ」は，IAEA 憲章で明示的に用いられた用語ではなかった

52　　第Ⅱ部　安全保障

ため，IAEA の本来の任務であるかどうかについては加盟国間で論争があった。その後，問題意識の共有が進み，IAEA の任務として認められるに至った。しかし，現在でも途上国の間には，核セキュリティ上の規制が平和利用に対する新たな足枷となる，あるいは平和利用における国際協力のための財源が核セキュリティに振り向けられることで平和利用が阻害されかねないという懸念も存在する。

そのため，核セキュリティは，公式の多国間の枠組みである IAEA の外の有志国間の枠組みを通じて，各国の取り組みの強化を促す形で発展してきた。それらの取り組みとは，2005 年に採択，2007 年に発効した核テロリズム防止条約や，G8 の枠組みで誕生した，「核テロリズムに対抗するためのグローバル・イニシアティブ（GICNT）と，2009 年にオバマ大統領がプラハ演説で提唱し，2010 年から始まった核セキュリティ・サミットのプロセスである。こうした有志国の取り組みは，参加国間での核セキュリティ対策に関する情報交換や意識の向上などを行いつつ，参加国を増加させグローバルなレベルでの核セキュリティ対策の強化を狙うものである。

また，核軍縮を取り巻く社会の変化も看過されるべきではない。冷戦後に国際安全保障環境が変化する中で，核兵器の非人道性に焦点を当て，核兵器を禁止すべきであるという動きが，市民社会や非核兵器国の間から湧き上がってきた。非核兵器国は NPT の枠内での核軍縮が進展しないことに対して苛立っていた。また，長い間，問題意識としては存在し続けた核の非人道性というテーマが核軍縮を促進するための新たなプラットフォームとして浮上した。その使用が非人道的な結末をもたらす核兵器は，存在自体が人類全体にとっての安全保障上のリスクであると考える。そして，その使用および威嚇を禁止し，加えて製造，保有なども法的に禁止することで核廃絶につなげるべきであるという議論である。このような議論は，核抑止を通じた戦略環境の安定を否定する。

それに対し核保有国は，核保有国間の安全保障関係においては「戦略的安定性」の概念が現在も平和を維持するためには引き続き不可欠な要素であり，ただちに核兵器を違法化し廃絶することは困難であると主張する。また，核を保有しないアメリカの同盟国も，核保有国が核兵器の廃絶に向かわない中で，アメリカから提供を受けている拡大核抑止を放棄するのは，他国による核の使用

第 2 章　核　　53

や威嚇に対する脆弱性を高めるとして核兵器の法的禁止に賛同していない。

核兵器を禁止する条約の成立は，核兵器の違法性が普遍的な規範として認識されるうえで重要な一歩ではあるが，同義ではない。一般的に条約が非締約国を拘束しない中で，国際社会全体の規範として核兵器の禁止が実効的に定着するかどうかは，今後さまざまな国際政治の場において，核兵器国の行動を規定するような変化が必要になってくるであろう。他方で，NPT を通じた核軍縮が停滞するのであれば，それに不満を持つ国は核軍縮を進めるために，核兵器禁止条約という別のフォーラムを選択する（フォーラム・ショッピング→第 1 章）。その場合，核軍縮，核不拡散，原子力の平和利用の間に成立すると信じられてきた NPT の「グランド・バーゲン」という価値規範の基本構造が崩れることになる。各国の政治的なコミットメントが低下すれば，NPT を中核とした核不拡散レジーム，そして核のグローバル・ガバナンスの実効性の低下を招くリスクが高まるであろう。あるいは，その先にあるのはガバナンス構造の変容であるかもしれない。

各国がレジームに参加するにあたって異なる動機を持つことは，秩序の維持にあたってグランド・バーゲンを維持することが重要であることを意味する。しかし，核の秩序を取り巻くさまざまな環境が変化し，ガバナンスの態様がその変化に適応していく中では，グランド・バーゲンの構造（レジームが体現する価値体系）にも変化が必要になる可能性を示唆する。しかし，そのようなガバナンスの中核をなす構造（価値体系）がスムーズに新しい構造に移行しうるかどうかは明らかではない。

◆ さらに読み進める人のために ───────

秋山信将『核不拡散をめぐる国際政治──規範の遵守，秩序の変容』有信堂，2012年。
  ＊核不拡散レジームが機能するメカニズムと課題について理論と事例の両面から解説する。
秋山信将編『NPT──核のグローバル・ガバナンス』岩波書店，2015 年。
  ＊核不拡散のガバナンスの中核を担う核兵器不拡散条約（NPT）について，その成り立ち，3 本柱，そしてその他の重要な争点について解説する。
浅田正彦・戸﨑洋史編『核軍縮不拡散の法と政治』信山社，2008 年。

＊核軍縮，核不拡散の多様な課題について網羅的に議論している。

北野充『核不拡散の比較政治学——核保有に至った国，断念した国』ミネルヴァ書房，2016 年。
＊各国の核政策の選択過程を比較分析した書。

William C. Potter with Gaukhar Mukhatzhanova eds., *Forecasting Nuclear Proliferation in the 21st Century*, Vol. 1・2, Stanford University Press, 2010.
＊核不拡散の現状について，第 1 巻では拡散の原理などについて理論的な分析を行い，第 2 巻では各国の事例を紹介する。

■ 引用・参考文献

秋山信将 2015「核技術のガバナンスの態様——転換点としての 1970 年代」『国際政治』179 号，142-155 頁。
垣花秀武・川上幸一編 1986『原子力と国際政治——核不拡散政策論』白桃書房。
今井隆吉 1977『「核」と現代の国際政治』（国際問題新書）日本国際問題研究所。
梅本哲也 1996『核兵器と国際政治——1945-1995』日本国際問題研究所。
ギャディス，ジョン・ルイス／五味俊樹・阪田恭代・宮坂直史・坪内淳・太田宏訳 2003『ロング・ピース——冷戦史の証言「核・緊張・平和」』芦書房。
セーガン，スコット＝ケネス・ウォルツ／川上高司監訳，斎藤剛訳 2017『核兵器の拡散——終わりなき論争』勁草書房。
戸崎洋史 2003「米露間軍備管理問題——「新しい戦略関係」への移行と課題」松井弘明編『9.11 事件以後のロシア外交の新展開』日本国際問題研究所。
戸崎洋史 2008「米露軍備管理——単極構造下での変質と国際秩序」『国際安全保障』35 巻 4 号，17-34 頁。
INFCIRC/66 1965, *The Agency's Safeguards System.*
INFCIRC/153 1972, *The Structure and Content of Agreements Between the Agency and States Required in Connection with the Treaty on the Non-Proliferation of Nuclear Weapons.*
INFCIRC/254 1978, *Communication Received from Certain Member States Regarding Guidelines for the Export of Nuclear Material, Equipment or Technology.*
INFCIRC/540 1997, *Model Protocol Additional to the Agreement(s) Between State(s) and the International Atomic Energy Agency for the Application of Safeguards.*
Ota, Hiroshi 1978 "Non Proliferation: Risks and Controls," *Japanese Annual of International Law*, 22: 84-103.
Tannenwald, Nina 2007, *The Nuclear Taboo: The United States and the Non-Use of Nuclear Weapons since 1945*, Cambridge University Press.

［秋山信将］

同　盟

冷戦初期と冷戦後の NATO を事例として

> 同盟は，そのさまざまな機能を通じて，グローバルな影響を持ちうる国際紛争に対応し，また管理するための手段である。この意味で同盟は，グローバル・ガバナンスの一翼を担っていると考えられる。また，北大西洋条約機構（NATO）は，冷戦後主流となった民族紛争や内戦に人道的介入や平和維持活動（PKO）などの形で関与するようになった。こうした点を念頭に本章は，冷戦初期と冷戦後の NATO を事例に同盟とグローバル・ガバナンスの関係について検討する。

1　同盟とグローバル・ガバナンス

　しばしば指摘されるように，「同盟」とはきわめて曖昧な言葉であり，理論研究においてもさまざまに定義されてきた。ただし後で見るように，多くの理論研究の定義に共通する（また，一般的に私たちが「同盟」という言葉から連想する）性質は，①軍事力の行使を含む，安全保障領域での協力のための，②複数の主権国家間の取り決め，という点だと考えてよいだろう（石川 2011）。

　このように定義したとき，同盟とグローバル・ガバナンスの関係をどのようにとらえることができるであろうか。グローバル・ガバナンスの重要な特徴を，①主権国家にとどまらない参加アクターの多様性や，②対象となる問題の性

質が国境を越えたグローバルなものであることなどに求めれば（大芝 2016: 140-142），主権国家をその主体とし，軍事領域を中心とした安全保障問題を扱う同盟は，グローバル・ガバナンス概念との関連性が非常に弱い領域であるといえる。

　しかし，20世紀以降は，兵器の破壊力の拡大や輸送技術の発達，総力戦化などによって，大国間戦争は世界戦争となった。また，核兵器の開発とその質的・量的な拡大によって，東西冷戦の展開と帰結は否応なしにグローバルな影響を持つものとなった。この意味で国際紛争への管理・対応手段である同盟は，広い意味でグローバル・ガバナンスの機能の一翼を担っていると考えることができるだろう。

　また本章の後半で見ていく北大西洋条約機構（NATO）は，冷戦対立の中で，東側陣営に対する防衛同盟として形成されたものであった。しかし，冷戦後のNATOは，かつて敵国であった中・東欧諸国間の紛争リスクに対処するのみならず，民族紛争や内戦を特徴とするNATO領域外の紛争にもさまざまな形で関与するようになっている。特に後者については，伝統的な国家間紛争・戦争とは異なり，人道的な観点からの介入や停戦の強制，停戦後の平和維持や破壊された国家機能の回復などへの取り組みが不可欠となる。つまりNATOはグローバル・ガバナンスの課題として，一般的に想起される問題にも関与しているといえる。

　こうした点を念頭に，本章では，グローバルな国際紛争に対応し，また管理する手段としての同盟について，冷戦初期と冷戦後のNATOを事例に考えてみたい。

2　研究動向——同盟をめぐる主要な議論

◀同盟の定義

　同盟をめぐる議論を主導してきたのはリアリストの国際政治学者たちである。すでに述べたように，同盟はさまざまに定義されてきた。ここではネオリアリズムの視点から同盟理論の研究を牽引してきたスナイダーの議論に依拠して，同盟の概念やその機能について考えてみよう。

スナイダーはその同盟論において，「同盟（alliance）」と「提携（alignment）」という2つの概念を提示している。同盟とは「加盟国の安全もしくはその勢力の増強を意図した，他の諸国家に対する……軍事力の行使（または不行使）のための諸国家の公式の結び付き」のことである。一方，提携とは「特定の他の諸国家との紛争もしくは戦争において，互いに支援を得ることができるという二国，もしくはそれ以上の国家間での相互の期待」を意味し，これは，同盟よりも広い概念である。つまり，同盟は，提携というより広い現象の一部であり，提携が「公式の契約（formal contract）」となったものだとスナイダーは議論する。そして，公式の契約として締結された同盟は，法的・規範的な義務や，公に見える形を諸国家間の関係にもたらすことで，すでに存在していた提携を強化したり，提携を新しく作り出したりするのである（Snyder 1990: 104-105）。しかし私たちが「同盟関係」という場合には，「提携」を含めて考えていることが多い。そこで以下では，「同盟」を，スナイダーのいう「提携」と「同盟」の両方を含むものとして議論を進めていこう。

◀リアリズムと同盟の形成──勢力均衡，バンドワゴン，脅威の均衡*

　同盟や提携は，どのようなときに形成されるのだろうか。この問題について，リアリストは「勢力均衡」と「バンドワゴン」の2つの可能性を提示する。「勢力均衡」論では，ある国家は，より大きなパワー資源を持つ国家や国家の連合を脅威とみなし，これに対抗するために他国と同盟を形成すると説明される。これに対して，「バンドワゴン」論は，ある国家は，より強力な国家や国家連合と同盟を組む場合があると指摘する。そうすることで，国家は，より強

＊　用語解説 ──────────────

　「勢力均衡」「バンドワゴン」「脅威の均衡」の違い　　A〔3〕，B〔2〕，C〔4〕の3カ国の関係を考えてみよう（〔　〕内の数字はパワーの大きさを示す）。パワーの大きさに着目する勢力均衡論・バンドワゴン論に従えば，Aにとっての脅威はCである。Cの脅威に対処するため，Aは，①Bと同盟を組んでCに対抗する「勢力均衡」と，②Cと同盟を組んでCの脅威を最小化する「バンドワゴン」，の2つの政策をとりうる。一方，「脅威の均衡」論では，パワーの大きさだけを脅威の源泉とは考えない。例えば，AとBの間に領土問題があれば，Aは（Cよりパワーが小さくても）Bを脅威とみなし，Cと同盟を組んで，これに対抗しようとするだろう。

い国家から攻撃される可能性を小さくしたり，その他の利益を得ようとするのである。（Walt 1985: 5-8）。

　国家間のパワーの配分状況（国際構造）を説明要因として重視するネオリアリスト（構造的リアリストとも呼ばれる）は，国家はバンドワゴンよりも勢力均衡を選ぶ傾向があると論じる。それは弱い国々は生存を確保するため，強い国家に対抗するための同盟を形成しようとするからである。そして，この傾向は3つ以上の大国が併存する多極構造においてはより強いものとなる。なぜなら米ソが突出したパワーを有していた冷戦期のように，二極構造下における超大国は同盟国の援助がなくても自らの生存を確保できるからである（ウォルツ 2010: 165-169, 222-225）。

　勢力均衡とバンドワゴンはそれぞれ，国家が，弱い側もしくは強い側と同盟を形成する傾向があることを論じるものである。この意味で両者はいずれも国際構造から同盟形成の動機を説明しようとするものだといえよう。しかし，この見方では説明できないこともある。例えば，二度の世界大戦のいずれにおいても，米英ソはドイツよりも大きなパワーを有していた。しかし，ドイツを重大な脅威と見て同盟を形成した。つまり国家は，実際のパワーが弱くても，より大きな脅威を提示する国家に対して同盟を形成することがあるのである。こうした考えに基づいて国際政治学者ウォルトは「脅威の均衡（balance of threat）」論を唱えた。これによると同盟は（パワーの配分状況ではなく）脅威に対応するために形成されるのであり，それゆえ，各国が同盟を形成する動機を分析するためには，①パワーの集積，②地理的な近接性，③攻撃的能力，④攻撃的な意図やイデオロギーなど，複数の要素に着目して，国家の脅威認識をより正確に見る必要があるのである。例えば，より大きなパワーを持つ国家の存在は，周辺諸国にとって，勢力均衡によって対抗すべき脅威にもなれば，バンドワゴンによって庇護を求める対象にもなりうる。一方，より攻撃的な態度を示す国は，パワーが小さくても，より大きな脅威となりうるのである（Walt 1985）。脅威の均衡論は，力の均衡論の説明力を補い，リアリストの同盟論を精緻化しようと試みるものであった。

60　　第Ⅱ部　安全保障

◀同盟がもたらす安全と不安──安全保障のジレンマ

　敵対国に対する防衛同盟を結んだ場合，同盟参加国は，①攻撃される可能性の低下（抑止），②攻撃を受けた場合に備えるための，より大きな対抗力の獲得（防衛），③同盟国と敵国による同盟形成の防止（阻止）といった安全保障上の利益，を期待できる。しかし，こうした利益が常に自明のものとして期待できるわけではない。同盟参加国は，敵対国，そして同盟国との間でそれぞれジレンマに直面するからである。

　この点について論じる前に，まず「安全保障のジレンマ（security dilemma）」について説明しておこう。A 国による安全確保のための行動（例えば，軍事力の増強）は，しばしば他国（B 国としておこう）の不安を招く。不安を感じた B 国が安全確保の行動をとると，それが A 国の不安をさらに煽り，A 国はさらに安全確保の行動をとる。こうして両国関係は熾烈な軍拡競争という悪循環に陥っていく。こうした安全確保の行動がかえって安全を損なうことを安全保障のジレンマと呼ぶ。

　同盟もまた，安全確保の行動の一つである。しかし，「同盟を組むと，組んだことによって新たな不安が生まれる」（土山 2014：295-296）。それは，同盟国が約束した支援を与えないのではないかという「見捨てられる不安」と，同盟国の好戦的な行動によって望まない戦争に「巻き込まれる不安」である。この2 つの不安感は互いに相殺する関係にある。「見捨てられる不安」を軽減するために A 国は，同盟国 B との関係を強化しなければならない。しかし同盟の強化によって，敵対国に対する同盟国 B の態度が強硬になれば，A 国が，B 国が開始する戦争に巻き込まれる可能性が高まってしまう。しかし B 国との関係強化に躊躇すれば，A 国の「見捨てられる不安」は解消できない。こうした状況をスナイダーは「同盟国間の安全保障のジレンマ（security dilemma in alliance）」と呼んだ。

　さらに，見捨てられる可能性を低下させるために同盟関係を強化した場合，その同盟が対象とする敵対国との間で安全保障のジレンマを生じさせることもありうる。反対に，同盟国の戦争に巻き込まれることを恐れて同盟関係を弱めれば，敵対国との緊張は緩和しても，見捨てられる不安は高まってしまう。これが（同盟と）「敵対国とのジレンマ（adversary dilemma）」（スナイダー）である。

このように「同盟国間のジレンマと敵対国とのジレンマの二つは相互に関連している」のである（土山 2014: 295-297）。

◀同盟の機能と同盟内政治

同盟をめぐる2つのジレンマは，同盟をめぐる国際政治には，同盟が対象とする敵対国に対する側面と，同盟に参加する諸国間の側面（同盟内政治）の2つの側面があることを示している。そして，この2つの側面での国際政治は互いに密接に連関している。

敵対国に対する側面に着目した場合，同盟の機能は，特定の敵対国に対する，力の集積・抑止・集団防衛・戦争・安全保障の手段としてとらえることができる（Schroeder 1976: 227）。そしてこうした機能を高めるため，敵対国に対する外交政策や，戦争に備えるための軍事計画，またその際の負担分担など，さまざまな問題をめぐって同盟内政治が展開される。これらの問題に関する調整の結果は，敵対国に対する同盟の有効性だけでなく，見捨てられや巻き込まれの可能性の程度を左右するので，同盟内政治においてもしばしば厳しい交渉や対立が生じることになる（Snyder 1990: 112-113）。

しかし同盟内政治の事例を詳細に検討すると，国際関係史家シュレーダーが指摘するように，同盟には「管理・統制」の手段としての機能もあることがわかる。それは，①同盟のパートナーの行動を抑制・統制したり，②国際システムの管理や紛争回避のために，敵対国とグループを形成したり，和解したりするための手段としての同盟である。より具体的にいえば，(a) 敵対国Cに対するA国とB国の同盟において，AがCに対するBの行動を管理・抑制しようとする場合や，(b) A国が，敵対国Cの行動を管理・抑制することを目的に，C国と同盟を組む場合がある（Schroeder 1976: 230-231）。前項の議論との関連でいえば，(a) は同盟国間の安全保障のジレンマを緩和するためにパートナーの行動をコントロールしようとする場合，(b) は敵対国との安全保障のジレンマを避けるために，敵対国とあえて同盟関係に入る場合だといえるだろう。

◀冷戦後の同盟論——リベラル制度論とコンストラクティヴィズムの同盟論

　前項までで論じたような同盟理論の研究を，冷戦期に牽引してきたのはリアリストと呼ばれる国際政治学者たちであった。リアリズムとは，国際政治の特質を，国家を超える権威や権力が存在しないアナーキーと呼ばれる状況下における，国家間のパワーや安全確保のための闘争・競争だとする見方である。そのため米ソを盟主とする東西の同盟体制が厳しく対立した冷戦時代には，リアリズムの同盟論は説得力を持って受け止められた。

　しかし冷戦が終結した 1990 年代初め以降，リアリズムの同盟論と食い違うような現実が現れ始めた。例えば，東側の同盟であるワルシャワ条約機構が解体し，ソ連が崩壊しても NATO は存続した。さらに 21 世紀初めまでには，旧敵国である東欧諸国の NATO 加盟が認められた。その結果，NATO をソ連のパワーや脅威に対抗するための同盟と見るリアリズムでは，こうした事態は説明できないという批判がなされるようになった。また，ウォルツやミアシャイマーといったネオリアリストは，冷戦終結後の NATO 解体を予言したが，これも実現しなかった。そのため冷戦の終結をきっかけに，リアリズムに代わる，もしくは補完する新しい同盟論が求められるようになった（土山 2014: 283-285）。新しい同盟論にはいくつもの種類があるが，ここではリベラル制度論とコンストラクティヴィズム（構成主義）の議論を紹介しよう。

　(1) リベラル制度論　　リアリズムが国家間のパワー関係を重視するのに対して，リベラル制度論は規範や制度が国家の行動に与える影響を重視する。同盟が形成されたのち，参加国はさまざまな調整や交渉を行っていく。そして，いくつかの同盟においては，同盟を運営していくための公式の組織や行政機構，軍事計画立案や武器調達のための軍事組織，統合された兵力指揮系統などが整備されたり，同盟として集団的な意思決定を行うためのルールが形成されたりしていく（Walt 1997; 吉田 2012: 4-5）。こうした同盟の「制度化」の進展は，敵対国に対する同盟国の集団的な対抗能力を拡大させるだけでなく，同盟のパートナーの行動に関する不確実性を低下させることで，見捨てられや巻き込まれの不安から同盟のジレンマが発生するのを抑制する効果を持っている（土山 2014: 301）。

　さらにリベラル制度論は，制度化が同盟の存続を促すことを次のように説明

第 3 章　同　盟　63

する。第1に，同盟の大規模な官僚機構に，各同盟国から多数の個人（政治家，外務官僚，軍人，研究者，ジャーナリストなど）が参加した結果，同盟の存続を支持する国際的・トランスナショナルなネットワークが形成される。第2に，同盟の制度化が進む中で，その同盟が高い政治的・軍事的な能力や機能を構築することに成功していた場合には，当初の脅威が消失した後も，その能力や機能を残すことが望ましいと考えられるようになる（Walt 1997: 166-167）。第3に，制度化が進んだ同盟は，新しい環境への高い適応能力を持つ。なぜなら，こうした同盟は制度化の過程において，メンバーが互いの行動の予測可能性を高める（＝不確実性を減らす）ような情報共有の仕組みや，同盟内部において集団的に政策を検討し，意思決定を行い，そして決定を実施するための手続きを発展させている。このようなメカニズムが，当初の脅威が消失しても，同盟の目的や能力，またその制度を新しい状況に合わせて変化させることを容易にするのである（Wallander 2000: 711）。

　さらに一部のリベラル制度論者は，NATO のように制度化が進んだ同盟が，外敵に対する資源の集積や対応の調整といった従来からの機能に加えて，同盟が参加国間での紛争のリスクを管理する「安全保障管理制度」としての機能を有する可能性を指摘する。そして（対敵）同盟と（同盟参加国間の）安全保障管理制度の両方の機能を持つものを「ハイブリッド制度」と呼ぶのである（Wallander & Keohane 2002: 94-99）。

　ただし，リベラル制度論は，すでに形成された同盟の持続性やその変化に制度が与える影響力については説明できても，同盟の形成そのものを説明することはできない。これに対してコンストラクティヴィズムは，国家の行動や国際構造の変化を説明する際，パワーや利益といった物質的な要素ではなく，アイディアや規範，アイデンティティといった非物質的要素を重視し（大芝 2016: 169-174），同盟の形成や維持，その変化までを視野に入れた理論を提示しようと試みている。

　(2) **コンストラクティヴィズム**　　例えばコンストラクティヴィズムの代表的な論者であるリセ・カッペンは，民主主義国間の同盟の形成について，国内政治体制やアイデンティティに着目して次のような議論を提示している。民主主義国は，国内政治の争点について非暴力的な方法で解決したり，意思決定を

64　　第Ⅱ部　安全保障

行ったりする規範を確立している。こうした国家は自らのアイデンティティを「民主主義国」と規定し，同じような国内政治制度を共有していない国を「他者」として区別する。また，国際システムにおける他国の行動についても，国内政治における問題解決や意思決定の規範がどのようなものであるかという点から類推する。すなわち，国内政治において非暴力的・民主主義的な規範が確立している国は，国際システムにおいても同様の行動をとるとみなされるのである。そして，こうした要因は脅威認識にも影響を与える。なぜなら民主主義的な国家は，国内政治において同じような規範を共有した国家を「私たち」の側に属する友邦とみなす一方，そうでない諸国を潜在的な敵となる「他者」と見るからである。こうした脅威認識を抱いた民主主義国は，非民主主義的な国内政治制度を持つ国や，その行動が自国の民主的な規範にそぐわない国を，たとえそのパワーが小さかったとしても「他者」とみなし，友邦である他の民主主義国と同盟を形成するのである。

　さらに共有された民主主義的な規範は，国家間の相互作用のパターンにも影響を与える。リセ・カッペンによれば，非暴力的な方法を用いた紛争解決を規範として共有する民主主義国間では，政治学者ドイッチュのいう「多元的安全保障共同体」（その内部においては戦争のような大規模な暴力の行使が起こりにくく，もしくは考えにくい地域。Deutsch et al. 1957）が形成されやすくなる。つまり民主主義諸国が形成する同盟は，それ自体が安全保障共同体となりうるのである。また，そうした諸国家によって形成された同盟内での意思決定は，民主主義国家の内部におけるそれと同様，説得や協議，妥協による合意形成といった民主主義的な規範に則った形で行われる。それは，同盟内におけるパワーの格差を軽減し，弱小国が強国に影響力を行使することを可能にする。それゆえこのような同盟においては，超大国ですら，ネオリアリズムが二極構造下で想定する以上に弱小国の意見を尊重することになる。こうした側面に注目してリセ・カッペンは，NATO は単なる軍事同盟ではなく，「自由民主主義国間の制度化された多元的安全保障共同体」だと論じる（Risse-Kappen 1996: 365-370）。このような議論は，ネオリベラル制度論の安全保障管理制度と似通った議論を提示しているといえるだろう。

　ここまで（ネオ）リアリズム，リベラル制度論，コンストラクティヴィズム

の代表的な同盟論を紹介してきた。では，実際のところ同盟はどのように形成され，また国際紛争の管理や展開に，どのような役割を果たしてきたのだろうか。また，同盟形成の引き金となった国際環境の変化に，同盟はどのように対応・変化していくのだろうか。こうした問題について，次節では冷戦期と冷戦後のNATOを事例として検討していこう。

3 事例研究——冷戦期と冷戦後のNATO

◀冷戦初期のNATO——形成，機能，安全保障のジレンマ

第二次世界大戦後，半世紀にわたって国際関係を大きく規定したのは，冷戦と呼ばれたソ連とアメリカをそれぞれリーダーとする東西両陣営の対立である。NATOが，1949年9月に締結された北大西洋条約（the North Atlantic Treaty）に基づいてアメリカ・カナダ両国と，イギリス，フランス，ベネルクス三国といった西欧諸国の参加する西側の対ソ軍事同盟として形成されたことはよく知られている。リアリストであれば，西側諸国がNATOを形成したのは，ソ連のパワーに対抗して勢力均衡を打ち立てるためだと論じるだろう。事実，ソ連は，連合国の一員としてナチス・ドイツの打倒にも大きく貢献した，戦後のヨーロッパで最大の陸軍兵力を保有する国であった。しかし，世界全体を見渡せば第二次世界大戦後に最大のパワーを有していたのはアメリカであった。アメリカは核兵器を独占しており，その国内総生産（GDP）額もソ連のみならず，全ヨーロッパ諸国全体のそれよりも大きかった。リアリスト（特にネオリアリスト）の議論に従えば，ソ連と西欧諸国がアメリカに対して同盟を組むはずだったのだ。しかし，実際にはそのようなことは起こらなかったのである。

むしろ西側がソ連に対抗してNATOを形成した動機については，脅威の均衡論やコンストラクティヴィズムの議論を用いたほうがうまく説明できるだろう。ソ連は，西側諸国の自由民主主義的な政治体制と資本主義経済とは相いれない，社会主義体制をとる国であった。しかも第二次世界大戦中からソ連は，ドイツの支配から解放された東欧諸国に対して，ソ連型の社会主義体制を扶植していった。イデオロギー的に異なるソ連が，東欧でこうした行動をとったことは，西側諸国——特に地理的に近接していた西欧諸国——の脅威認識に大きな影

66　第II部　安全保障

響を与えた（Risse-Kappen 1996: 360）。また，コンストラクティヴィズムに基づいて，西欧諸国が自由民主主義体制という国内政治上の規範を共有する「友邦」たるアメリカに，社会主義を体制原理とするソ連を敵対的な「他者」に対する同盟の結成を働きかけたととらえるならば，これは脅威の均衡論の説明を補足するものと考えることもできるだろう。

　こうした対ソ同盟としての機能に加えて，NATO には，その同盟国の行動やパワーを管理・統制するための手段としての側面もあった。1949 年 9 月に北大西洋条約は締結された。しかし，西欧諸国の不安は払拭されなかった。同条約第 5 条においては「集団防衛」が謳われていたが，それが「義務」であるかどうかは明確ではなかったからである。第 5 条では加盟国が，特定のNATO 加盟国への攻撃を全加盟国への攻撃とみなし，共同で武力援助することに「同意」するとされている。しかし，それは武力援助を「与える」ことを明示してはおらず，それに「『同意』しているに過ぎない」。そこで西欧諸国は「アメリカの共同防衛実施義務が生じるのと実質的に等しい仕組み」――より直接的にいえば「西欧有事にアメリカが必ず巻き込まれる構造」――を用意しようとした。政治・軍事問題を参加国の代表が協議・決定するための理事会や，同盟の運営のための事務機構（事務局），集団防衛のための軍事機構の設置が進められたのは，そのためであった。軍事機構についてはパリに欧州連合軍最高司令部が設置され，その司令官にはアメリカの軍人が指名されることになった。こうすることで「米国を平時の欧州に軍事的に縛りつけることができる」（佐瀬 1999: 3，第 4 章）。このように組織化・制度化を進めることで NATO は，ヨーロッパ防衛へのアメリカの関与を確保しようとしたのである。

　また，NATO はドイツの潜在的な脅威に対応するためのものでもあった。二度の世界大戦を引き起こしたドイツは第二次世界大戦後，東西ドイツに分断され，それぞれ東西両陣営に組み込まれた。1950 年 6 月に朝鮮戦争が始まると，アメリカは西側の防衛力を強化するために西ドイツ再軍備を進めようとした。しかし，フランスをはじめ，歴史的にドイツの脅威に脅かされてきた西欧諸国はこれに懸念を抱いたのである。約 5 年にわたる交渉の末，1954 年に西側諸国はパリ協定を締結した。これによって，西側の対ソ防衛力強化のために再軍備された西ドイツが NATO に参加する一方，西欧諸国に西ドイツからの

安全を保証するために，米英がヨーロッパに兵力を展開することが約束された。こうしたNATOに基礎を置く西側の安全保障体制の特徴は，対ソ・対独「二重の封じ込め」と呼ばれた。その目的は，ソ連の軍事行動を抑止することで東西間の戦争を防止し，また，もし戦争が起きた場合にはそれに対応するための手段とする一方，軍国主義的なドイツが再び台頭することを阻止することであった。つまり西側にとってのNATOは，東西戦争の防止・対応手段であると同時に，同盟国ドイツのパワーを管理・統制し，世界大戦の再発を防止するための手段でもあったのである。

　こうした西側諸国の意図にもかかわらずNATOは，東西間に安全保障のジレンマを引き起こすことになった。1955年5月に西ドイツの再軍備とNATO加盟が実現し，対ソ同盟としてのNATOは軍事的に強化されると，ソ連側は強く反発した。20世紀の前半だけでもロシア／ソ連は二度にわたってドイツの侵略を受けていた。それゆえ，東西間での冷戦対立が高まる中，軍事・政治・経済のすべての面で潜在的に大きなパワーを持つドイツが再軍備され，敵方の同盟に正式参加することは，ソ連の安全保障上，大きな脅威だと認識されたのである。西ドイツの再軍備が検討され始めた1950年秋以降，ソ連がこれに阻止するための宣伝戦を強化していったのは，そのためであった。しかし，その目的が達成できないことが明らかになると，ソ連は，安全強化のために，別の策を講じた。

　西ドイツがNATOに加盟した数日後，ソ連は，東ドイツを含む東欧7カ国と「友好・協力及び相互援助条約」を締結した。このワルシャワ条約は，NATOと同じように共同防衛を謳っていたが，それは明確な義務規定であった。また北大西洋条約はソ連・東側を仮想敵として明示していなかったが，ワルシャワ条約は，同条約を西ドイツのNATO参加によって発生した「新戦争の危険」の高まりに対処するためのものとして，西側がその仮想敵であることを明記していた（佐瀬 1999: 6章）。西側によるNATOの強化がソ連の不安を高め，対抗措置として東側の同盟体制が強化されたのである。これは敵対国のジレンマの典型的な事例だといってよいだろう。こうして1955年にはヨーロッパで2つの軍事同盟が対峙する状況が発生し，それは冷戦が終結するまで続いたのである。

68　　第Ⅱ部　安全保障

◀冷戦後の NATO──持続と変容

　1990 年代初めまでに東西冷戦は終結した。89 年に入ると東欧諸国の民主化が進み，同年 12 月のマルタ会談では米ソ首脳が冷戦の終結を確認した。90 年には東ドイツが西ドイツに吸収される形でドイツが再統一され，NATO に加盟した。そして 91 年夏にはソ連が崩壊し，ワルシャワ条約機構も解散された。NATO が対抗すべきパワー・脅威であったソ連も，ソ連を盟主とする東側の同盟も，その存在すらなくなってしまった。一部のネオリアリストは冷戦終結後の NATO 解体を予言したが，実際のところ NATO は 21 世紀になった現在も存続している。この現象はどう説明できるだろうか。また冷戦後の NATO は国際紛争を管理するうえで，どのような役割を演じようとしたのだろうか。以下では NATO が，冷戦期の機能の一部を維持しつつも，変容する国際状況に合わせて自らその役割と機能を変化させていったことを見ていこう。

　(1) **役割の変化**　　冷戦後の NATO の役割の変化をよく示すのが，1990 年 7 月のロンドン宣言である。この中で NATO 諸国は，ソ連とワルシャワ条約機構を「敵」とみなすことをやめ，その「防衛に関する思考方法を大きく変える」（第 11 項）と宣言した（佐瀬 1999: 24-25）。

　コンストラクティヴィストのリセ・カッペンは，こうした NATO の変化を次のように説明している。1985 年に登場したソ連のゴルバチョフ書記長は，ペレストロイカ（建て直し）やグラスノスチ（情報公開）のスローガンを掲げて民主化を進め，その影響を受けて 89 年以降は東欧でも民主化が進展した。このことはソ連・東欧諸国が「西側の価値観」を受け入れたことを意味しており，それゆえ，東側に対する NATO 諸国の脅威認識は少しずつ低下していった（Risse-Kappen 1996: 395）。言い換えれば，NATO 諸国は，東側諸国を自由民主主義体制という規範を共有する「友邦」とみなすようになり，敵対視するのをやめたのである。

　こうした説明は一面において正しいだろう。ただし，冷戦後も NATO が冷戦期と同じ機能を（目立たないながらも）維持し続けたことには注意する必要がある。NATO は，ソ連・東側に対する「共同防衛」を目的に創設されたが，冷戦後の 1991 年 11 月に発表された「新戦略概念」という文書においても，「共同防衛」が NATO の第 1 の役割であることは「不変」だと確認されてい

第 3 章　同　盟　　69

る（佐瀬 1999: 144）。また後で述べるように，冷戦後に中・東欧諸国は，ソ連，そしてロシアに対する安全確保のために NATO 加盟を求めたのである。さらに米欧は，統一ドイツを NATO に帰属させ，在欧米軍の駐留も継続することを望んだが，これは NATO を統一ドイツの強大なパワーを管理する枠組みとして依然重視していたためであった。そもそもロンドン宣言からして，統一ドイツが参加し続ける NATO は，ソ連にとって危険ではないという安心供与のために発せられた側面があったのである（Trachtenberg 1999; 佐瀬 1999: 20-27）。

　共同防衛とドイツのパワー管理という従来の機能を維持しつつ，NATO は，冷戦後の国際状況に対応する形で，その役割を変化・拡大させていった。冷戦後のヨーロッパを取り巻く状況は，決して安定的なものとはいえなかった。1991 年 8 月にソ連が崩壊し，民主化が進む東欧諸国でも政情不安が続いた。また 90 年 8 月にはイラクがクウェートに侵攻し，91 年 1 月には米英を中心とする多国籍軍がイラクを攻撃して湾岸戦争が発生していた。91 年 11 月に発表された NATO の「新戦略概念」（91 年新戦略概念）は NATO の安全保障認識が変化したことをよく示している。この文書では，冷戦期に顕著だった NATO 加盟国の領土に対する意図的な攻撃の脅威がほぼ消失した一方，中東欧諸国が直面する「民族対立や領土紛争を含む，深刻な経済的・社会的・政治的な不安定」が NATO に「安全保障上のリスク」をもたらす可能性が高いという見方が示されている（9条）。また「湾岸戦争が示したように，ヨーロッパ南部の周辺国の安定と平和が，同盟の安全保障にとって重要である」ことも指摘されていた（11 条）。つまり NATO 加盟国の領域に対する攻撃ではなく，その「領域外」のさまざまなリスクへの対応が NATO の新しい任務として謳われたのである（佐瀬 1999: 143; 広瀬・吉崎 2012: 19-20）。

　(2) **能力・機能の変化**　こうした脅威認識の変化に伴って NATO は，その軍事的な能力の改変と政治的な機能の拡大に着手した。このような中，旧東側の政治的不安定化のリスクに対応するため，1991 年秋に提案されたのが「北大西洋協力理事会（NACC）」である。これは旧東側諸国間での対立や中東欧における政情不安の問題に対処するため，NATO 加盟国と旧ワルシャワ条約機構加盟国の間での政治的な協議の枠組みを設置しようとするものであった。

　一方，ポーランドやハンガリーをはじめとする東欧諸国や，ソ連から分離し

たバルト三国の間では，次第にNATOへの加盟要求が高まった。NACCに参加しても，NATO加盟国ではない以上，集団防衛の対象国とはならない。しかしソ連が崩壊し，その後継国家となったロシアの政情不安が続く中，これらの諸国は対ソ，そしてのちには対ロ安全保障を確保するためにNATOへの加盟を望んだのである。しかしNATOを主導するアメリカは，NATOの東方拡大がソ連・ロシアの不信を招くことを恐れて，これらの諸国のNATO加盟には慎重であった。そこで，直接加盟の代わりに93年10月に提案されたのが「平和のためのパートナーシップ協定（PfP）」である。これは軍事や安全保障に関連するさまざまな領域における協力について，NATOと当該国家の間で2国間協定を結ぶというものであった（佐瀬 1999: 164-166）。しかし94年以降アメリカはNATOの東方拡大を積極的に追求するようになり，99年にはポーランド，チェコ，ハンガリーのNATO加盟が実現した。2004年にはエストニア，スロバキア，スロベニア，ブルガリア，ラトビア，リトアニア，ルーマニアが，09年にはアルバニア，クロアチアが，さらに17年にはモンテネグロが加盟し，NATOは29カ国体制となったのである。

（3）**領域外の紛争へのかかわり**　　他方，冷戦後のNATOは，その領域外の地域・民族紛争への対処においても，その機能を拡大してきた。1992年12月にNATOは，欧州安全保障会議（CSCE。95年に機構化して欧州安全保障機構〈OSCE〉に改称）や国連安全保障理事会（安保理）の委任を受けて平和維持活動（PKO）を実施する意図を表明した。そしてボスニア紛争では，実際にこうした活動に従事した。92年4月に独立を表明したボスニアでは，多数派であるムスリム系住民と，少数派であるセルビア系，クロアチア系住民の間で内戦が発生していた。92年6月に国連は，安保理決議に基づいて国連保護隊（UNPROFOR）を派遣した。当初NATOは，この国連PKOに対する限定的な協力を行っていただけであったが，内戦が激化した94年には国連の要請に従って空爆を開始した。95年8月にNATOは大規模な空爆を実施し，11月の停戦合意（デイトン合意）成立後には，国連から停戦の軍事的側面の実施を付託され，12月にはNATO主導の和平執行部隊（IFOR）が派遣された。

　また，NATOは1990年代後半に激化したコソヴォ紛争にも強制介入を行った。ユーゴスラヴィアのミロシェビッチ政権が，同国内のコソヴォ地域のアル

図3-1 NATOの

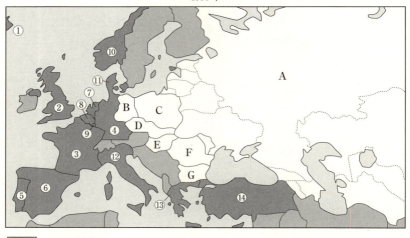

1990年

　　　NATO加盟国
①アイスランド　②イギリス　③フランス　④西ドイツ　⑤ポルトガル
⑥スペイン　　　⑦オランダ　⑧ベルギー　⑨ルクセンブルク　⑩ノルウェー
⑪デンマーク　　⑫イタリア　⑬ギリシャ　⑭トルコ
　　　ワルシャワ条約機構加盟国
Aソ連　B東ドイツ　Cポーランド　Dチェコスロヴァキア　Eハンガリー
Eルーマニア　Eブルガリア

［注］アメリカ，カナダは1990年，2009年のいずれもNATO加盟国。
［出所］*Der Spiegel,* 48/ 2009（2009年11月23日号），47頁をもとに作成。

バニア系住民に対して行った民族浄化行為を停止させるため，99年3月にNATOは，国連から付託を受けないまま，独自の判断に基づいて空爆を開始した。78日間にわたる空爆の結果，ミロシェビッチは屈服し，6月には国連安保理決議を受けてNATO主導のコソヴォ国際安全保障部隊（KFOR）が展開された（広瀬・吉崎 2012: 21-27）。

さらにNATOは，2001年9月11日のアメリカ同時多発テロを受けて行われたアメリカのアフガニスタン攻撃後，国連安保理決議を受けて同国に展開された国際治安部隊（ISAF）においても大きな役割を担った。そして，ISAFは

東方拡大

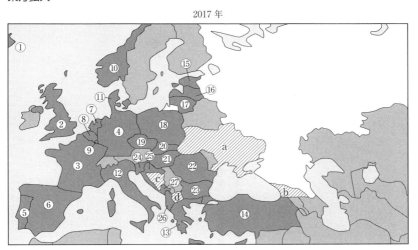

2017年

■ NATO加盟国
①アイスランド　②イギリス　③フランス　④西ドイツ　⑤ポルトガル
⑥スペイン　⑦オランダ　⑧ベルギー　⑨ルクセンブルク　⑩ノルウェー
⑪デンマーク　⑫イタリア　⑬ギリシャ　⑭トルコ　⑮エストニア
⑯ラトビア　⑰リトアニア　⑱ポーランド　⑲チェコ　⑳スロバキア
㉑ハンガリー　㉒ルーマニア　㉓ブルガリア　㉔スロベニア　㉕クロアチア
㉖アルバニア　㉗モンテネグロ

▨ NATO加盟希望国
a ウクライナ　b グルジア　c ボスニア・ヘルツェゴヴィナ　d マケドニア

次第にその機能を拡大し，内戦によって破綻（はたん）した国家機能の再構築を支援するという「国家建設」にまでかかわるようになった。それは治安・秩序の確保から，司法制度その他の行政インフラの構築，経済開発まで，広範囲の問題を扱うものであった（岩間 2013）。紛争終結後の平和構築は，1990年代，グローバル・ガバナンスの重要な課題と認識されるようになったが，ISAFの活動を通じてNATOは，こうした問題にも関与するようになったのである。

このように冷戦後のNATOは，共同防衛と統一ドイツのパワーの管理という冷戦期の役割を継続する一方，その自己規定や役割を新しい状況に合わせて

第3章　同盟　73

変化させてきた。NACC から PfP，さらに東方拡大へと至る過程は，冷戦期には仮想敵であった中・東欧諸国を加盟国として取り込むことで，旧東側諸国間における紛争や政情不安をめぐるリスクを管理するための安全保障管理制度としての側面を NATO が強めていったことを示している。また冷戦後の NATO は，多くの場合は国連の付託に，そして，時には独自の判断に基づいて，人道的な観点からの介入や（強制的な）停戦の実現，また停戦実現後の平和維持や国家建設など，さまざまな形で条約領域外の紛争にかかわるようになった。NATO は主権国家間の同盟の役割を維持しつつも，安全保障領域におけるグローバル・ガバナンスの一端を担う国際機構としての機能を獲得しようとしてきた。そして，こうした冷戦後の新しい課題に NATO が比較的柔軟に対応し，その制度を変化させることが可能となった理由については，冷戦期に NATO の制度化が進んでいたことを指摘するリベラル制度論の議論が説明力を持つだろう。

4 まとめと展望

　第3節で見たように，冷戦初期に形成された NATO はソ連・東欧に対する共同防衛と，ドイツのパワーの管理という，リアリストの同盟論で指摘されたような役割を担う同盟として形成され，西側諸国に対する安心供与にはかなりの程度成功した。しかしその一方，NATO の形成はソ連の脅威認識を高め，東西間には安全保障のジレンマが生じた。冷戦後の NATO は，この2つの機能を持続させつつ，新しい状況に対応するために，その役割と機能を変化させていった。すなわち，中・東欧諸国への関与を深めながら安全保障管理制度や安全保障共同体としての側面を強める一方，領域外の紛争に対してもさまざまな形でかかわるようになったのである。この点は特に，グローバル・ガバナンス的な課題に取り組むようになった ISAF に顕著である。

　このように冷戦後の NATO は，同盟がグローバルな紛争への対処・管理手段として持ちうる可能性を示している。しかし，NATO はやはり主権国家間の同盟であり，そのことが一定の問題や限界をもたらしていることにも注意が必要である。例えば，その内側が安全保障共同体となっている NATO も，外

74　第Ⅱ部　安全保障

から見れば共同防衛のための同盟である。それゆえ，その加盟国数と機能の拡大は「脅威」とみなされかねない。事実，旧ソ連の勢力圏であった中・東欧諸国へと影響力を拡大していく NATO にロシアは強く反発した。また，ロシアが重要な利害を有するユーゴスラヴィアに対して，NATO が国連決議を得ないまま空爆を敢行したことは，安保理の常任理事国であったロシアの不満をさらに強めた。21 世紀に入り，ロシアと西側諸国の対立は，NATO 加盟を求めているグルジア（現ジョージア）とウクライナをめぐって高まっている（小泉 2016: 35–52）。NATO とロシアとの間には，再び同盟の安全保障のジレンマが生じたと見ることができる。また ISAF は，さまざまな困難に直面し，その役割を縮小していった。その理由としては，国家建設や経済開発の中心的な担い手であった文民と，軍事的な役割を得意とする NATO の間でさまざまな調整が困難であったことなどが挙げられる（岩間 2013）。この点においても NATO は，ISAF において，軍事同盟であるがゆえの限界に直面したといえる。冷戦後の NATO は，グローバル・ガバナンスにおける同盟の可能性と限界の両方を示しているのである。

　最後に NATO が同盟として稀有な存在であることを指摘しておきたい。実は歴史的に見ても，NATO ほど制度化が進んでいる同盟は存在していない。日米安全保障条約を基軸とする日米同盟でも制度化はかなりの程度進んでいるが，NATO ほどは加盟国間でのアイデンティティの共有が進んでいないという指摘もなされている（Risse-Kappen 1996: 398）。歴史上の同盟は，NATO を除けば，そのほとんどがリアリズムが想定するような同盟だったのであり，現在もそうである。この点は同盟とグローバル・ガバナンスの関係を考えるうえで，常に念頭に置いておく必要があるだろう。

◆　さらに読み進める人のために ━━━━━━━━━━
石川卓「『アメリカ外交にとっての同盟』と同盟理論」日本国際問題研究所・平成22 年度外務省国際問題調査研究・提言事業報告書『日米関係の今後の展開と日本の外交』第 3 章，2011 年（http://www2.jiia.or.jp/pdf/resarch/h22_nichibei_kankei/05_Chapter1-3.pdf）。
　＊同盟理論の研究状況について，特にアメリカと同盟国の関連で紹介した有益な論文。

第 3 章　同　盟　　75

佐瀬昌盛『NATO——21世紀からの世界戦略』文春新書，1999年。
　＊1940年代から99年までのNATOの歴史をわかりやすく，コンパクトに記した良書。NATOの歴史を知るには，この本が欠かせない。
広瀬佳一・吉崎知典編『冷戦後のNATO——"ハイブリッド同盟"への挑戦』ミネルヴァ書房，2012年。
　＊冷戦後から2010年ごろまでのNATOをめぐる重要論点をカバーした論文集。佐瀬『NATO』で冷戦初期からの歴史を押さえたうえで読むとよい。
土山實男『安全保障の国際政治学——焦りと傲り〔第2版〕』有斐閣，2014年。
　＊同盟論のみならず，安全保障問題全般に関する理論的な議論について，多くの歴史的事例に言及しながら紹介している。

■ 引用・参考文献

石川卓 2011「『アメリカ外交にとっての同盟』と同盟理論」日本国際問題研究所・平成22年度外務省国際問題調査研究・提言事業報告書『日米関係の今後の展開と日本の外交』（2011年）第3章（http://www2.jiia.or.jp/pdf/resarch/h22_nichibei_kankei/05_Chapter1-3.pdf）。

岩間陽子 2013「同盟と国家建設——NATOとアフガニスタン」『国際政治』174号，125-138頁。

ウォルツ，ケネス／河野勝・岡垣朋子訳 2010『国際政治の理論』勁草書房。

大芝亮 2016『国際政治理論——パズル・概念・解釈』ミネルヴァ書房。

小泉悠 2016『プーチンの国家戦略——岐路に立つ「強国」ロシア』東京堂出版。

佐瀬昌盛 1999『NATO——21世紀からの世界戦略』文春新書。

土山實男 2014『安全保障の国際政治学——焦りと傲り〔第2版〕』有斐閣。

広瀬佳一・吉崎知典編 2012『冷戦後のNATO——"ハイブリッド同盟"への挑戦』ミネルヴァ書房。

吉田真吾 2012『日米同盟の制度化——発展と進化の歴史過程』名古屋大学出版会。

Deutsch, Karl W. Sidney A. Burrell, Robert A. Kann, Maurice Lee Jr., Martin Lichterman, Raymond E. Lindgren, Francis L. Loewenheim, and Richard W. Van Wagenen 1957, *Political Community and the North Atlantic Area: International Organization in the Light of Historical Experience*, Princeton University Press.

Risse-Kappen, Thomas 1996, "Collective Identity in a Democratic Community: The Case of NATO," in Peter J. Katzenstein ed., *The Culture of National Security: Norms and Identity in World Politics*, Columbia University Press.

Schroeder, Paul W. 1976, "Alliances, 1815-1914: Weapons of Power and Tools of Management," in Klaus Knorr ed., *Historical Dimensions of National Security Problems*, University Press of Kansas.

Snyder, Glenn H. 1984, "The Security Dilemma in Alliance Politics," *World Politics*, 36(4): 461-495.

Snyder, Glenn H. 1990, "Alliance Theory: A Neorealist First Cut," *Journal of International Affairs*, 44(1): 103-123.

Trachtenberg, Marc 1999, *A Constructed Peace: The Making of the European Settlement, 1945-1963*, Princeton University Press.

Wallander, Celeste A. 2000, "Institutional Assets and Adaptability: NATO After the Cold

War," *International Organization*, 54(4): 705–735.

Wallander, Celeste A. and Robert O. Keohane 2002, "Risk, Threat, and Security Institutions," in Robert O. Keohane ed., *Power and Governance in a Partially Globalized World*, Routledge.

Walt, Stephen M. 1985, "Alliance Formation and the Balance of World Power," *International Security*, 9(4): 3–43.

Walt, Stephen M. 1997, "Why Alliance Endure or Collapse," *Survival*, 39(1): 156–179.

[青野利彦]

国家間戦争

交渉理論による理解

> 国際政治学は，戦争が起こる原因の探求を使命として生まれた学問であるといっても過言ではない。幸いなことに，第二次世界大戦後，国家間戦争の数は著しい減少傾向にある。しかしながら，「大国間での戦争はもはや時代遅れとなった」という楽観論が第一次世界大戦の勃発によって痛烈に裏切られた例を考えても，戦争の脅威が無視できるほど小さくなったとはいえないだろう。この章では，戦争の原因を探る理論・実証研究を概観するとともに，戦争の抑止に向けたグローバル・ガバナンスの試みの有効性を検証する。

1 戦争をめぐるグローバル・ガバナンス——戦争原因論の発展

◀戦争はなぜ起こるのか

　二度の世界大戦を経て構築された国際連合を中心に，国際社会は戦争抑止のためのガバナンスに取り組んできた。国連憲章による戦争の違法化，地域機構に基づく集団安全保障システム，戦争終結後の平和構築支援など，戦争を未然に防ぎ，また再発を抑えようとする試みは，過去70年ほどの間に目覚ましい進展を遂げたといえる。このようなガバナンスの取り組みの有効性を評価し，その限界を明らかにするためには，まず戦争の発生原因を理解することが必要であろう。

戦争はなぜ起こるのか。この問いに対して，古くは古代ギリシアの時代から
さまざまな回答が提案されてきた。ウォルツは，古今の戦争原因論を概観した
うえで，戦争の原因を人間の本性や政治指導者個人の特性に求める考え方（例
えば，サダム・フセインの野心が湾岸戦争を引き起こした，という見解）や，特定の
政治体制が戦争の原因であるとする考え方（例えば，湾岸戦争はイラクが非民主
主義的であるために起こった，という見解）は不十分であると論じた（ウォルツ 2013）。

　政治指導者の特性や政治体制の種類にかかわらず，いかなる国家も国際シス
テムの制約を受けて行動しているのであり，戦争の原因を理解するためには国
家をとりまく国際社会の構造に注目しなければならないと，ウォルツは考えた
のである。彼自身は，国際システムの極構造の特性（例えば，冷戦期のような米
ソ二極構造や，冷戦後のような多極構造）が戦争の重要な要因であると主張した
（ウォルツ 2010）。戦争原因論を社会科学として確立することをめざしたウォル
ツの研究は，その後の国際政治学の発展に大きな影響を与えた。

　ところが，戦争の原因を国際システムの特性や，個人の特性，国家の特性に
求めるような考え方には，重大な短所がある。すなわち，これらの要因は短
期・中期的にほぼ一定であるため，戦争の発生や終結のタイミングをうまく説
明できない。非民主主義的政治体制が戦争につながりやすいとしても，非民主
主義国が時に戦争を避けることができるのはなぜなのか。極構造の特性によっ
て戦争が発生するならば，極構造が変わらないまま戦争が終結するのはなぜな
のか。戦争が発生し終結するミクロの条件を特定することなしに，戦争を抑止
する有効策を探ることは難しいだろう。

◀交渉理論による説明

　ウォルツ以後の戦争原因の理論研究は，1990 年代に大きな進展を見せた。
その引き金となったのが，フィアロンの研究に代表される，交渉理論（バーゲ
ニング・セオリー）に基づく理論枠組みである（Fearon 1995）。この枠組みでは，
戦争を外交交渉の失敗ととらえる。一般的に，交渉が失敗する原因は何通りも
考えられるが，紛争当事国の双方が自国の国益を最大化するために合理的に行
動すると考えた場合，外交交渉が失敗する条件は主に 2 つに絞られると考えら
れている。すなわち，紛争当事国間の情報の非対称性の問題，およびコミット

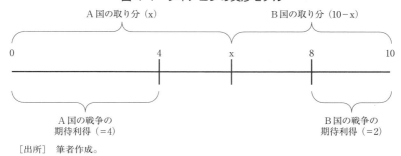

図4-1 フィアロンの交渉モデル

[出所] 筆者作成。

メント問題である。この2点を理解するために、まずはフィアロンの提案した枠組みを概観しよう。

　A国とB国が、領土の分割をめぐって対立している状況を想定する。係争中の領土の価値を10としよう。紛争当事国が武力による解決を図った場合、戦争の勝者は10を総取りし、敗者は何も得られないものとする。ただし、戦争は多大な人的・経済的損害を伴うため、勝者・敗者ともに戦争の費用（コスト）を支払うこととする。単純化のため、戦争が起こった場合にはA国・B国ともにそれぞれ2のコストを負う（−2）と仮定しよう。すなわち、戦争を行って勝利すれば10−2＝8の利得を得る一方、戦争を行って敗北すれば0−2＝−2の利得を得るものとする。

　A国・B国はともに、A国のほうが軍事的に強力であることを理解しており、戦争が起こった場合には60％の確率でA国の勝利で終わるものと判断しているとしよう。この場合、A国にとって戦争の期待利得は、60％の確率で8を得て40％の確率で−2を得ることになるため、0.6×8＋0.4×(−2)＝4として求められる。他方、60％の確率で−2を得て40％の確率で8を得ることになるB国にとっては、戦争の期待利得は0.6×(−2)＋0.4×8＝2となる。ここからどのようなことがわかるだろうか。ここまでの分析を、図表に表してみよう（図4-1）。

　図4-1の数直線は、係争中の領土を示している。数直線上の任意の点xについて、左端の点（0）からxまでの距離（x）はA国の取り分を表し、右端の点（10）からxまでの距離（10−x）はB国の取り分を表す。A国が係争中

第4章　国家間戦争　81

の領土10のうちxを得て，B国がその残りである10−xを得るような領土分割案を ｜x, 10−x｜ と表現しよう。A国にとってxは大きいほど望ましく，B国にとってxは小さいほど望ましい。

　このとき，戦争から得られる期待利得が4であるA国にとって，x<4となる領土分割案（例えば ｜3, 7｜）を受け入れてxを得ることは合理的ではない。戦争の費用と敗北のリスクを差し引いても，戦争のほうが得になるからである。同様に，戦争から得られる期待利得が2であるB国は，x>8となる分割案（例えば ｜9, 1｜）を受け入れて10−xを得るインセンティブを持たない。ところが，4≦x≦8を満たすような分割案（例えば ｜7, 3｜）は，A国・B国の双方にとって戦争と少なくとも同等か戦争よりも好ましいことがわかる。

　戦争に何らかのコストがかかる限りにおいて，たとえ戦争から（コストを差し引いて）0以上の期待利得が得られるとしても，それよりさらに大きな利得が得られる妥協案が必ず存在するということが重要である。したがって，A国・B国がともに自らの国益の増進にしか関心がない利己的なアクター（例えば独裁国家）であったとしても，戦争を避けることは可能であるはずだ，というのがフィアロンの出発点であった。

　ここで，合意可能な分割案の範囲の広さ（4から8までの距離，すなわち8−4＝4）は，A国とB国にとっての戦争のコストの総和（2＋2＝4）に等しいことに注目しよう。これは偶然ではない。ためしにコストの値を変えて計算してみればわかるが，この関係は常に成り立つ。つまり，A国とB国にとっての戦争のコストが足し合わせて0より大きい限りにおいて，戦争よりも好ましい妥協案が常に存在するということである。

◀情報の非対称性と交渉の失敗

　そのような交渉案が存在するにもかかわらず，合理的な国家同士の間で交渉が失敗し戦争が起こってしまうのはなぜだろうか。フィアロンの第1の主張である情報の非対称性問題を理解するために，A国とB国の外交交渉を，単純な最後通牒ゲームとして考えてみよう。ここで，まず情報の非対称性（ある事柄について，プレーヤーの一方が他方ほど情報を持っていないこと）が存在しない状況を最初に考察し，次に情報の非対称性を導入して考察することで，秘匿情報

82　　第Ⅱ部　安全保障

の存在が交渉の成否に与える影響を測ろう。

最後通牒ゲームでは，A国がB国に対して1回限りの交渉として領土分割案 [x, 10 − x] を提案するものとする。この提案を受けて，B国は提案に合意して戦争を回避するか，拒否して戦争に打って出るかを選択する。このときB国は，xが8以下（すなわち，Bの取り分が2以上）であればA国の提案を受諾し，xが8よりも大きければ（すなわち，Bの取り分が2未満であれば），戦争を選択するだろう。B国の予測される選択を考慮に入れたうえで，A国は自国の利益を最大化するようなxを選択する。

A国にとって，自らの取り分xは大きければ大きいほど望ましいが，xが8を上回るような提案をすることは合理的ではない。その場合にはB国は提案を拒否して戦争を選択するため，A国の期待利得は4となってしまうからである。x = 8を，B国にとっての臨界点と呼ぶ。他方で，xが臨界点8を下回るような提案をすることも合理的ではない。A国はxを大きくすることで利得を増やす余地があるからである。したがって，A国は臨界点x = 8ちょうど，すなわち [8, 2] の分割案を提示することが最適となる。B国はこれを受諾し，戦争は回避される。

ここで，「A国がB国の臨界点を正確に知っている」ということが交渉成功の鍵となっているが，情報の非対称性を導入して，この仮定を緩めてみよう。B国が自らの臨界点について秘匿情報を持っている場合，どのような結果になるだろうか。A国がB国の臨界点を正確には知らず，B国は臨界点がx = 7であるような「強い」タイプか，臨界点がx = 9であるような「弱い」タイプのいずれかであると考えていると想定する。さらに，「強い」タイプである確率は30%であり，「弱い」タイプである確率は70%であると見積もっているとしよう。

このとき，A国はx = 7の分割案を提案すれば，確実に戦争を回避して7の利得を得ることができる。「強い」B国ですら，この提案を受諾するからである。しかし，例えばx = 9の分割案を提示するのはどうだろうか。「強い」B国はこの提案を拒否して戦争になるためA国は4しか得られないが，「弱い」B国はこの提案を受諾するのでA国は9を得る。

先に述べた通り，A国はB国が「弱い」確率を70%と見積もっているので，

x＝9 を提案することの期待利得は 0.7×9＋0.3×4＝7.5 となる。これは x＝7 を提案することの期待利得 7 を上回ることがわかる。したがって，A 国は戦争になるリスクを負ってでも x＝9 を提案することが合理的である。このとき，A 国・B 国がともに合理的な選択をしているにもかかわらず，B 国が「強い」場合に戦争が起こることになることがわかるだろう。

　B 国の臨界点に関する情報の非対称性が，当事者間の情報交換によって解消することが非常に難しいことに注意しよう。第 1 に，B 国は，たとえ「弱い」場合であっても「強い」振りをするインセンティブを持つ。B 国が「強い」と A 国が信じ込めば，|7,3| の提案がなされ，B 国は戦争と同じかそれより望ましい結果が得られるためである。第 2 に，「弱い」B 国が自らを偽るインセンティブを持つことは，A 国も承知している。このため，実際には「強い」B 国がいくら情報を提供して A 国を説得しようとしても，A 国は「B 国は実は弱いのではないか」という疑念を払拭することができないのである。

　B 国の臨界点は B 国が戦争に勝利する確率，および B 国にとっての戦争のコストによって決定されるが，B 国がどの程度「強い」のかは，実際に戦ってみることでより明らかとなる。すなわち，戦争の過程を通じて A 国と B 国が互いの臨界点について十分に理解し合えたとき，戦争終結の条件が整うことになる。この枠組みでは，情報の非対称性によって戦争が発生した場合，戦闘を通じて情報が共有されると戦争が終結する，というように首尾一貫した形で戦争の発生と終結を説明することが可能になっている。

◀コミットメント問題と交渉の失敗

　外交交渉が失敗し戦争が発生する第 2 の条件は，コミットメント問題（プレーヤーのコミットメント〈約束〉が信頼性を持たないこと）の存在である。主権国家間の合意を強制的に執行する「世界政府」が存在しないアナーキーな国際社会において，信頼性のあるコミットメントを行うことは容易ではない。戦争を回避するための外交交渉において，コミットメントが特に難しくなるのは，紛争当事国間のパワー・シフトによって，交渉における臨界点が時間的に変化するような状況である。

　フィアロンは，コミットメントの失敗につながるパワー・シフトが起こりや

すい条件として，以下の３点を指摘した。(1)中長期的な国力の変化などの要因によって数カ月や数年の単位でパワー・シフトが起こるケース，(2)大量破壊兵器の存在等によって攻撃側有利の状況が生まれることで瞬間的にパワー・シフトが起こるケース，および(3)交渉で紛争を解決する行為それ自体が将来のパワー・シフトをもたらすケースである。順に検討しよう。

(1) 数カ月や数年単位でパワー・シフトが起こるケース　前節で，A 国・B 国の臨界点がそれぞれ 4, 8 である事例，すなわち $4 \leqq x \leqq 8$ を満たすような分割案 $|x, 10-x|$ ならば当事国双方を満足させて戦争を回避できる状況を考察した。同様の設定のまま，A 国が急速な経済成長を経験しており，その軍事力が増大しつつある状況にあると想定しよう。

戦争が起こった場合に A 国が B 国に勝利する確率は，現時点では 60% であるが，A 国の国力増大の結果，1 年後には 70% まで増加するものとする。このとき，B 国の臨界点はどのように変化するだろうか。前節で見た通り，現時点で B 国が戦争に打って出た場合の B 国の期待利得は，$0.6 \times (-2) + 0.4 \times 8 = 2$ である。ところが，1 年後にはこれが $0.7 \times (-2) + 0.3 \times 8 = 1$ へと低下する。つまり，B 国の臨界点は現在の $x = 8$ から 1 年後に $x = 9$ へと変化するのである。

このように A 国に有利となるパワー・シフトが起こる条件下では，A 国は 1 年後まで待って外交交渉を行ったほうが有利である。そこで A 国は，B 国を待たせるために，「1 年後の交渉でも（1 年後の国力差を反映した）$|9, 1|$ ではなく，（現在の国力差を反映したままの）$|8, 2|$ を提案する」という約束（コミットメント）を交わそうとするだろう。

ところが，この約束には信頼性がない。A 国は，（たとえ現時点では本気で約束を守るつもりでいたとしても）1 年後の交渉で約束通りに $|8, 2|$ を提案するインセンティブを持たないためである。これを予測する B 国は，1 年後に不利な分割案を受け入れて利得 1 を得るよりは，現時点で戦争に打って出て期待利得 2 を得るほうが合理的と考える。このようなメカニズムで起こる戦争は，予防戦争（preventive war）と呼ばれる。

(2) 瞬間的にパワー・シフトが起こるケース　A 国・B 国がともに大量破壊兵器を有しているような状況では，先制攻撃を行った側が戦争で大きな利益

第 4 章　国家間戦争　　85

を得ることが考えられる。すなわち、A 国が先制攻撃を仕掛けた場合には A 国は 70％ の確率で戦争に勝利するが、逆に B 国が先制攻撃を仕掛けた場合、A 国の勝率は大きく 20％ まで低下する、というような事態が想定できる。

このとき、A 国が先制した場合の戦争の期待利得は、A 国にとっては 0.7×8＋0.3×（－2）＝5、B 国にとっては 0.7×（－2）＋0.3×8＝1 となるため、5≦x≦9 を満たすような和解案は、双方にとって戦争より望ましい。同様に、B 国が先制した場合には、A 国・B 国にとっての期待利得はそれぞれ 0.2×8＋0.8（－2）＝0、0.2×（－2）＋0.8×8＝6 となるため、0≦x≦4 を満たすような和解案であれば、双方にとって戦争より望ましい。ところが、最初の条件 5≦x≦9 と次の条件 0≦x≦4 を同時に満たすような x は存在しないことに注目しよう。このことは何を意味しているのだろうか。

A 国が、先制攻撃をしかけて戦争の期待利得 5 を得る代わりに、｜6, 4｜ の分割案を提案することを考慮したとしよう。この提案が受諾されれば、A 国にとっては戦争より望ましい結果が得られるし、B 国にとっても A 国から先制攻撃されて始まる戦争（期待利得 1）よりは望ましい結果になる。しかし、A 国が先制攻撃をとりやめて B 国と交渉をしようとしたその瞬間に、主導権は A 国から B 国へと移ってしまうことになる。B 国は、A 国の提案を受け入れて利得 4 を得る代わりに、逆に先制攻撃を仕掛ければ戦争の期待利得 6 を得ることができるため、A 国の提案を拒否して戦争に打って出るだろう。

B 国のこの行動を先読みする A 国は、当然ながら ｜6, 4｜ を提示するのではなく B 国よりも先に攻撃をしかけようとするだろう。同様の推論から、B 国も先制攻撃を目論む。互いに「先制攻撃をしかけない」という約束を交わそうとするが、いずれの側もそのような約束を履行するインセンティブを持たないため、戦争が発生してしまうのである。このようなメカニズムで起こる戦争を先制攻撃戦争（preemptive war）と呼ぶ。

(3) **交渉による紛争解決自体が、パワー・シフトをもたらすケース**　これまでの設定を少し変えて、係争中の領土が、現時点では A 国に帰属しており、B 国が軍事力を背景にその割譲を要求しているとしよう。つまり、現状では A 国がすべてを支配する ｜10, 0｜ という分割案が施行されており、B 国はこれを ｜7, 3｜ のように変更することを要求して最後通牒を発しているとする。A・B

86　　第Ⅱ部　安全保障

間の軍事バランスや戦争のコストについての仮定はそのままに保ち，いずれの側も秘匿情報を持たないとしよう。このとき，A 国はこの割譲要求を受け入れるインセンティブを持つだろうか。

　A 国と戦争をした場合の期待利得が 2 である B 国は，利得 0 しか得られていない現状には不満である。そのため，A 国が ⎧7, 3⎫ の要求を拒否した場合，B 国は脅しの通りに戦争に打って出るだろう。B 国と戦争をした場合の期待利得が 4 である A 国にとって，戦争になるよりは ⎧7, 3⎫ の提案を受け入れて 7 の利得を得るほうが合理的である。ところが，係争中の領土に天然資源が存在して多大な経済的価値があったり，軍事上の要害が存在したりする場合，B 国に 3 を与えて宥和を図ること自体が，パワー・シフトを誘発する危険性がある。

　つまり，3 を得た B 国は，得た資源を利用して国力を蓄え，将来さらに大きな要求をしてくるかもしれない。その場合 A 国はより大きな譲歩を迫られ，その譲歩がさらにまた大きな要求へとつながっていく可能性もある。それならば，最初から譲歩をせず，現時点で戦争に踏み切ってしまうほうが得になると考えられる。B 国は，「⎧7, 3⎫ の領土分割案を受け入れてもらえれば，将来これ以上の要求はしない」という約束を交わそうとするだろうが，そのような約束には信頼性がないのである。

　コミットメント問題を原因として戦争が勃発した場合，戦争はどのような条件で終結するだろうか。A 国の国力の増大を原因とする予防戦争であった場合，A 国の国力増大をもたらすことになる人的・物的資源が戦争によって破壊され，コミットメント問題の原因が取り除かれて初めて交渉の余地が生まれる。先制攻撃戦争であった場合も同様で，両国の先制攻撃能力が十分に破壊されつくすまで戦争は続くことになる。

　このような理由によって，情報の非対称性を原因とする戦争に比べて，コミットメント問題を原因とする戦争は解決が難しく，長引きやすいといえる。一方が全面降伏するまで戦争が続く傾向があり，2003 年のイラク戦争のように，敗戦国が政治体制の移行を強制されて終了することも多い（Reiter 2009）。

② 戦争の抑止要因の研究動向——国内政治体制と国際機関

　フィアロンの提案した枠組みによって，戦争が発生・終結するメカニズムのミクロ的な理解が進んだことで，さまざまな外交政策と戦争の抑止要因の関係に関する私たちの理解も進んだ。同盟の戦争抑止効果についてのリーズらの一連の研究（Leeds 2003a, 2003b; Johnson & Leeds 2011; Fang et al. 2014），経済的相互依存の戦争抑止効果を探るガーツキーらの研究（Gartzke et al. 2001），情報の非対称性や軍事力バランスと戦争の関係を検証するリードらの研究（Reed 2003; Reed et al. 2008）など，交渉理論に明示的に基づいた戦争抑止要因の実証研究は枚挙に暇がない。

　この節では，グローバル・ガバナンスと特に関係の深いテーマとして，国内政治体制の戦争抑止効果と，国際機関の戦争抑止効果について，交渉理論に基づいて考察していこう。

◀民主主義による平和

　民主的平和（デモクラティック・ピース）という現象がある。統計的に見て，戦争は非民主国同士，あるいは民主国と非民主国の間で頻繁に起こるが，民主国同士の戦争はごく稀にしか起こらない，という経験則である。政治体制と戦争の発生の間に強い相関関係があることについては，研究者の間で広く合意されている。しかし，この相関関係の背後に，どのような因果関係が働いているのかに関しては，いまだにコンセンサスは存在しない。

　民主的平和現象を説明する視点として，民主主義体制が平和を促進するという見方以外にも，戦争の不在が民主主義の発展を促すという逆の因果関係であるという見方，また，民主主義体制と平和の双方に影響を与える第3の変数が，見せかけだけの相関をもたらしているのであって，両者の間に因果関係は存在しないという見方が考えられる。また，民主主義体制が平和の原因であると考える論者の間でも，どのような因果関係のメカニズムが働いているのかについては異なる見解が提案されてきた。

　加えて，民主主義をどう定義し，各国の政治体制をどう分類するのが適切で

88　第Ⅱ部　安全保障

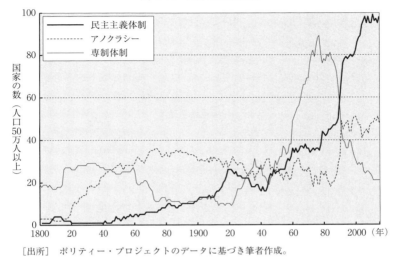

図4-2 世界の政治体制

［出所］ポリティー・プロジェクトのデータに基づき筆者作成。

あるかについても，さまざまな見解が存在する。ここでは，紛争研究において広く用いられるポリティー・プロジェクト（Polity IV Project, http://www.systemicpeace.org/polityproject.html）の民主主義度指標（ポリティー・スコア）を利用しよう。ポリティー・スコアは，行政職の開放度や競争度，首長の独立性など6つの変数を組み合わせて測定され，−10（最も非民主的）から10（最も民主的）までの値をとる。

慣例に従い，ポリティー・スコアが−6以下の政治体制を専制体制，6以上の体制を民主主義体制，その中間の−5から5の値をとる体制をアノクラシー（専制でも，民主主義でもない中間的な政治体制）と分類してみよう。図4-2は，1800年から2015年までの期間について，それぞれの政治体制を持つ国家の数を数え上げたものである。1980年頃を境に専制体制に分類される国家の数は激減し，1990年代以降は民主主義体制の国家が，世界の多数を占めるようになったことがわかる。

このような民主化の進展は，戦争をめぐるグローバル・ガバナンスの改善につながるのだろうか。国内政治体制が国家間戦争の発生に与える影響について，

第4章 国家間戦争　89

交渉理論に基づいて考察していこう。

　政治体制が戦争のコストに影響を与えるという議論がある。民主主義国には，政治指導者の行動を国民が監視し，制約するような政治制度が存在する。国民は，不人気な政策をとる政治家を選挙で落選させることができるし，行政府の長たる大統領や首相が立法府や司法府を無視して独断で戦争をしかけることもできない。他方，非民主主義国にはそのような制度が存在しないため，政治指導者は，比較的自由に戦争を始めることができる。このため，戦争のコストは，民主主義国の指導者にとって高く，非民主主義国の指導者にとって低くなるというのである。

　この議論を，交渉理論の枠組みに照らして検討してみよう。これまでの分析では，戦争が起こった場合，A国・B国はともに2のコストを負うと仮定してきた。ここで，民主主義国はより高い3のコストを負うものとしてみよう。政治体制の組み合わせごとに交渉が成功・失敗する可能性を考えてみると，意外に思えるかもしれないが，政治体制の違いは戦争の発生確率に何ら影響しないという結論になる。

　まず，A国・B国がともに非民主主義国である場合を検討しよう。このケースでは，先に見た通り $4 \leqq x \leqq 8$ を満たす分割案が戦争より望ましい。他方，A国・B国がともに民主主義国である場合，期待値計算から $3 \leqq x \leqq 9$ を満たす分割案が戦争より望ましい。確かに，A国・B国の双方がともに民主主義国である場合のほうが合意可能な分割案の範囲が広い。しかし，いずれのケースにおいても，情報の非対称性問題とコミットメント問題が存在しない限りにおいて，両国は分割案に合意して戦争を回避することができるはずである。したがって，民主主義国にとって戦争のコストが高いとしても，それ自体では民主的平和現象をうまく説明できないことがわかる。

　民主的平和現象を交渉理論の観点から説明するためには，政治体制が情報の非対称性問題かコミットメント問題に与える影響を考えなければならない。ここでは，先行研究に倣い，情報の非対称性問題に注目してみよう。

　民主主義国では，言論の自由が保障されていること，政治指導者が国民に対して説明責任を負っていることなどの理由で，政府の行動についての透明性が高い。つまり，民主主義国は一般に秘匿情報を持ちにくいと考えられる。もち

ろん，戦争にかかわる情報は重大な国家機密であり，民主主義国であるからといって戦争に関するすべての情報が公開されるわけではない。どのようなタイプの情報が他国と共有されやすく，どのようなタイプの情報が秘匿されやすいのだろうか。

　前節で，紛争当事国が交渉における自らの臨界点についての秘匿情報を持っていることが戦争の原因になることを見てきた。臨界点は戦争の期待利得によって決まり，戦争の期待利得は，戦争に勝つ確率および戦争のコストの2つの要因によって決定される。ここで，戦争に勝つ確率はA国とB国の客観的な軍事バランスから見積もることができる。政治体制が民主的であるかどうかにかかわらず，兵力の大きさや兵器の性能に関する情報は，諜報活動などを通じて敵国に伝わりやすい。

　他方で，戦争のコストに関する情報についてはどうか。交渉理論の枠組みにおける戦争のコストとは，戦争がもたらす人的・経済的損害の大きさという物質的な側面だけでなく，その損害を紛争国がどの程度の「痛み」として感じているかという主観的な側面を持つ。すなわち，10の価値を持つ領土を戦争で勝ち取るために負うことになる物質的費用を2であると考えている国と，同等の物質的費用を5であると考えている国を比べれば，前者のほうが「本気度」が高いといえる。そして，本気度が低い（＝コストが高い）という情報をどの程度隠匿できるかどうかは，政治体制の強い影響を受けると考えられている。

　シュルツは，民主主義国における政党間競争に注目して，このことを説明した（Schultz 1998）。民主的なB国の政権与党が，「戦争も辞さない覚悟である」と主張して，自らの本気度が高いことをA国に主張している状況を想定しよう。このときA国は，B国の野党がどのような態度をとるかに注目してB国の本気度を推測することができる。野党は，一般的に政権与党のとる政策に反対する強いインセンティブを持つ。もし，それにもかかわらずB国の野党が与党支持を表明したとすれば，それはB国の本気度が高いことを示唆している。

　逆に，野党が「戦争は得策ではない」という立場を表明した場合，B国の本気度がそれほど高くないことをA国は知る。A国とB国の間の交渉は，秘匿情報の存在しない状況での交渉に近くなり，戦争の蓋然性は低くなる。ところが，B国が政党間競争の存在しない非民主主義国であった場合には，A国はB

第4章　国家間戦争　91

国の指導者がどの程度本気であるのかを推測するのが難しくなる。そのため，情報の非対称性下における最後通牒ゲームの分析で見たように，交渉が決裂して戦争が起こる可能性が高くなると考えられるのである。

◀国際機関による平和

　民主的政治体制が，情報の非対称性の解消というメカニズムによって戦争の抑止に貢献しているという議論には理論的説得力があり，また実証的証拠も確認されている（例えば，Schultz 1999）。ということは，図 4-2 で見たような民主化の傾向が今後も継続し，全世界の国々が民主主義体制になれば，戦争の危険をさらに減らしていくことができるかもしれない。

　ところが，他国の民主化を促進・支援することは，多大な時間と資源を必要とし，即効性に欠ける。また，民主化途上にある国は，成熟した民主主義国はおろか，専制体制を持つ国と比べてさえ，好戦的であるという報告もある（例えば，Mansfield & Snyder 2005）。

　今にも戦争が起こりかねない火種を抱えている 2 国があるとして，戦争を抑止するために国際社会ができることはないだろうか。以下では，国際連合をはじめとする，加盟国間の戦争の抑止を目的として創設された国際機関の戦争抑止効果について考察していこう。

　国際機関の数および国際機関に加盟する国の数は，20 世紀初頭から一貫して増加している。国際機関は，安全保障のみならず，貿易，開発，人権，環境保護など，多様な分野における国際協力を促進するために創設されるが，ここでは，集団安全保障を明示的な目的とする国際機関に注目する。

　加盟国が「他の加盟国との紛争の解決手段として戦争を用いない」という確約を要求する国際機関を，安全保障国際機関と呼ぼう。図 4-3 は，全世界の主権国家について，安全保障国際機関への加盟数を示している。主権国家のうち，安全保障国際機関への加盟件数が 0 である国は過去 100 年間ほぼ存在せず，現在では大多数の国が 5〜16 の安全保障国際機関に加盟していることがわかる。

　もちろん，紛争の平和的解決の取り決めに合意して国際機関に加盟するだけで戦争が回避できると考えるのはナイーブすぎるだろう。第 1 節の「コミットメント問題と交渉の失敗」の項で見た通り，パワー・シフトが起こる状況では

92　　第Ⅱ部　安全保障

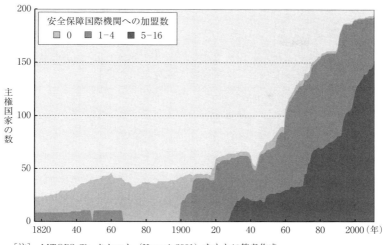

図4-3 安全保障国際機関に加盟する国の数

［注］ MTOPSデータセット（Hensel 2001）をもとに筆者作成。

特に約束の信頼性が失われやすい。そうした状況で，加盟国に約束の履行を強制するような権限を国際機関は持たないためである。

この点を踏まえたうえで，ボエマーらはシグナリングのメカニズムに注目し，紛争当事国が同じ安全保障国際機関に加盟している場合に，両者の間で秘匿情報の共有がしやすくなると論じた（Boehmer et al. 2004）。彼らの議論を検討してみよう。

第1節「情報の非対称性と交渉の失敗」の項の最後で，B国が「強い（＝本気度が高い）」のか「弱い（＝本気度が低い）」のか，A国が正確には把握できていない状況を分析した。「強い」B国はA国にそのことを伝えようとするのだが，「弱い」B国も自分を偽って同様の行動をとろうとするため，A国のジレンマは容易には解決されず，戦争が起こりやすくなる。

このとき，「強い」B国が，「弱い」国にはコストが高すぎて真似できないような行動をとってみせることができれば，「B国は実は弱いのではないか」というA国の疑念を払拭できるだろう。「強い」タイプと「弱い」タイプの峻別を可能にするような高コスト行動をとることを，シグナリングと呼ぶ。ボエ

第4章　国家間戦争　93

マーらは，A国・B国が同じ安全保障国際機関に加盟している場合に，シグナリングを行いやすくなると主張した。

「強い」B国は，例えば国際機関からの脱退を仄めかしたり，他の加盟国や国際機関からの助言や勧告をあえて無視したりするといった，加盟国コミュニティ内での自国の評判を危険に晒すような高コスト行動をとることで，自らの本気度が高いことをA国に伝えることができる。B国が普段からよい評判を保つことを心がけているような場合ほど，いざシグナリングを行ったときの有効性は高まるだろう。このメカニズムを実証的に検証するため，ボエマーらは，A国・B国がより多くの安全保障国際機関に加盟しているほど，両国間で軍事紛争が起こりにくくなることを統計的に示した（Boehmer et al. 2004）。

国際機関への加盟が，紛争の発生を抑えるだけでなく，発生した紛争の終結を早める効果がある可能性も検討されている。シャノンらは，安全保障国際機関や他の加盟国が紛争に能動的に介入して，紛争当事国間の情報の非対称性問題やコミットメント問題の解決を助けるメカニズムが存在すると主張した（Shannon et al. 2010）。

情報の非対称性問題とコミットメント問題は，それぞれ単独で紛争の発生要因となりうるため，戦争が終結するためには，その両者がともに解消されなければならない。国際機関は強制的に解決する権限や能力を持たないが，紛争当事国に情報を提供したり，コミットメントを履行するインセンティブを与えたりすることで，当事国間の交渉妥結の可能性を高めることができるかもしれない。シャノンらの研究は，紛争当事国がより多くの安全保障国際機関に加盟しているほど，いずれかの安全保障国際機関が介入する確率が高まると想定し，国際機関への加盟件数が増大すると国際紛争の持続時間が短くなることを発見した。

3 事例研究——国際機関の介入と戦争抑止メカニズムの実証

◀国際機関の戦争抑止効果

前節で紹介した2つの実証研究はいずれも，安全保障国際機関の戦争抑止効果を検証するために，国際機関への加盟数という間接的な変数を用いていること

94　第Ⅱ部　安全保障

とに注意してほしい。たしかに，加盟数が多いほどシグナリングがしやすい，あるいは加盟数が多いほど介入が起こりやすい，というような仮定は，それなりに信憑性があるとはいえる。しかし，実際に国際機関の介入があった場合に，それがどれほどの戦争抑止効果を持つのかを考察するためには，加盟の有無を見るだけではなく，国際機関の行動の有無を観察する必要があるだろう。

　また，紛争への介入を試みる国際機関が，情報の非対称性を解消したり，コミットメント問題を誘発するパワー・シフトを予防したりするだけの資源と能力を持っているのか，という疑問もある。例えば，紛争当事国すら持ちえないような相手の臨界点に関する情報を，国際機関がいかに入手するのか。また，たとえ国際機関がＢ国の臨界点に関する正確な情報を持っていたとしても，Ａ国はなぜ国際機関のいうことを信じるのか。安全保障国際機関の目的が戦争の抑止にあるとすれば，国際機関は，（たとえＢ国の本気度が低い場合であっても）「Ｂ国の本気度は高い」とＡ国に告げるインセンティブがあるため，Ａ国の疑念は依然として晴れないことになるだろう。

　この２点を踏まえたうえで，国際機関の戦争抑止効果について簡単な実証分析を行ってみよう。筆者が行った研究（Chiba & Fang 2014）に基づき，軍事化した領土紛争のデータを用いる。従属変数は，紛争が大規模な軍事衝突に至ったかどうかを測る二値変数（戦争が起こった・起こらなかった，などのように，２つの値のいずれかをとるような変数）である。領土紛争において，現状の領土配分に異議を唱える側を挑戦国とし，係争中の領土を保有している側を標的国とする。個々の領土紛争について，国際機関が介入を行ったかどうかを測る変数を独立変数とし，この変数が紛争の激化を抑制する効果を持つかどうかを検証していこう。

　ここで，国際機関の介入とは，「この紛争における挑戦国の要求は不当であり，挑戦国は紛争を速やかに終息させるべきだ」というような態度表明をすることと定義しよう。これは，加盟国による停戦勧告決議という形でなされることが一般的である。国際機関のこのような意思表明は，実効性のない空虚なジェスチャーに過ぎないようにもとれるが，この程度の介入でも戦争抑止効果を持つことがありうるということを以下に明らかにしていく。

　国際機関がこのような意思表示をした場合，どのような情報が誰に対して伝

わるだろうか。挑戦国側の政治指導者にとって，領土割譲の要求が国際社会から何らかの反発を受けかねないことは，事前にある程度織り込み済みであろう。国際社会には領土保全と主権不可侵の規範が存在するのであり（Zacher 2001），領土要求は既存の国際秩序への不当な挑戦とみなされかねないためである。

　ところが，規範は明示的な罰則規定を伴わないため，規範の侵害が，国際社会からどの程度の反発を呼び起こすのかを，事前に推測することは難しい。国際機関の意思表示は，国際社会が一致して挑戦国の領土要求行動に反対している，というシグナルになるといえるだろう。

　例えば，イギリス・フランス・イスラエルが共謀してエジプトに侵攻した1956年のスエズ危機では，3国の行動が国際社会からの強い非難を浴びることになった。英仏両国は，同じ西側陣営のアメリカまでもがエジプト側に付き，国連を通じて撤退を呼びかけたことに大きな衝撃を受けたといわれる。アメリカは，スエズ侵攻を思いとどまるよう英仏に対して水面下で事前に要請していたが，それだけでは侵攻を食い止めるのに十分ではなかった。アメリカが敵国ソ連とまで協力して採択させた国連安保理決議，およびその後の国連総会決議をもって初めて，国際社会の意向が表立って明らかになり，停戦がもたらされたといえる。

　国際機関による意思表示が，国際社会からの一致した強い反発という情報を伝えるとして，そのような情報は，挑戦国の行動にどのような影響を与えるだろうか。この情報は，（水面下の事前交渉などを通じて）ある程度の反発を予測していた挑戦国の政治指導者よりも，（国際政治に普段関心を払わない）挑戦国の一般市民に対して，より大きな影響を与えると考えるのが自然だろう。

　さらに，「自国の指導者が国際社会から非難されるような政策を行っている」という情報がもたらす効果は，挑戦国の政治体制によって異なることが予想される。第1に，挑戦国が非民主主義国であった場合，報道の自由が保障されていないために，国際機関による介入の情報が市民のもとまで正しく伝わらない可能性がある。第2に，非民主主義的な挑戦国では，たとえ市民がそのような情報を得たとしても，政権に対する不満を表明することが難しい，あるいは不満を表明できたとしても政権側にそれを聞き入れるインセンティブがないということが想定できる。

96　　第Ⅱ部　安全保障

これに対して，挑戦国が民主主義的であった場合，国際機関の介入の情報がより市民に伝わりやすいだろう。自国の政策が国際社会から強い非難を受けているという情報が明らかになれば，政権与党は野党や市民からの追及を受けることになるかもしれない。その結果，政治指導者が係争中の領土を追求する政策をあきらめる確率が高まるだろう。

政治指導者が国内政治アクターから受けるこのような圧力は，挑戦国の政治体制が民主主義的であるほど強くなると考えられる。一方，体制が民主主義的であったとしても，「国際社会からの反発」という外圧なしでは，国内アクターが政治指導者に停戦圧力をかけることは難しいかもしれない。実際，スエズ危機前夜のイギリスでは，保守党議員を中心に武力行使を支持する勢力が強かった（Carlton 1988）。

◀ **仮説とその検証**

ここまでの議論から，国際機関の介入および挑戦国の政治体制は，領土紛争の激化に対して以下のような影響を与えるという仮説が導ける。

> 仮説：国際機関の介入があった場合，挑戦者が民主主義的であるほど紛争
> 　　　激化の確率が低くなる。国際機関の介入がない場合，挑戦者の政治
> 　　　体制は紛争の激化に影響を与えない。

この仮説を実証的に検証するため，紛争の軍事的激化を測る二値変数を従属変数としてロジスティック回帰分析を行う。国際機関の介入の有無を測る変数のほかに，挑戦国の民主主義度，挑戦国と標的国が同盟関係にあるかどうか，挑戦国の標的国に対する軍事的優位度，係争中の領土に経済的・軍事的価値があるかどうか，挑戦国と標的国がライバル関係にあるかどうかの諸変数を独立変数として用いる（各変数の定義や測定方法について，詳しくは Chiba & Fang 2014 を参照のこと）。また，上記の仮説は条件付き仮説であるため，国際機関の介入と挑戦国の民主主義度の交絡項（2つの変数を掛け合わせた変数）を投入する。回帰分析の結果は，**表 4-1** の通りである。

交絡項を用いた回帰分析の結果は，回帰係数の符号や有意度のみを見て解釈することが困難であるため，推定結果をグラフにしたものを**図 4-4** に示した。

第 4 章　国家間戦争　　97

表 4-1　領土紛争の激化に関するロジスティック回帰分析

国際機関の介入	1.856***
	(0.470)
挑戦国の民主主義度（ポリティー・スコア）	0.003
	(0.032)
国際機関の介入×挑戦者の民主主義度	− 0.135**
	(0.063)
同盟	− 1.351***
	(0.413)
挑戦国の軍事的優越	1.157*
	(0.683)
軍事的価値のある領土	1.179***
	(0.442)
経済的価値のある領土	0.515
	(0.366)
ライバル関係	2.189***
	(0.796)
切片	− 0.537
	(0.493)
観察数	242

　［注］　カッコ内の数値は標準誤差である。***，**，*はそれぞ
　　　　れ1％，5％，10％水準で統計的に有意であることを示す。
　［出所］　筆者作成。

国際機関の介入があったケース（左），なかったケース（右）それぞれのパネル
において，横軸は挑戦国の民主主義度（ポリティー・スコア）を示し，縦軸は紛
争が激化する確率を示している。

　左側の図から明らかなように，国際機関の介入があった場合，挑戦国の民主
主義度は紛争の激化を抑える効果があることがわかる。一方，右側の図に示さ
れている通り，国際機関の介入がない場合，挑戦国の民主主義度にかかわらず
紛争が激化する確率はほぼ一定である。

　本節の冒頭で述べたように，国際機関による「反対の意思表示」は，それ自
体はなんら強制執行力を持たない行動である。それにもかかわらず挑戦国の政
治指導者が戦争を思いとどまっているとすれば，国際機関の介入に呼応した国
内政治アクターからの圧力のためである可能性が高い。同時に，国内政治アク

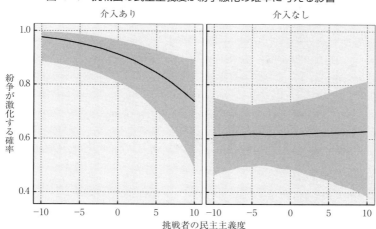

図 4-4 挑戦国の民主主義度が紛争激化の確率に与える影響

［注］　黒い実線は激化する確率．実線の回りの影は 95％ 信頼区間を示す．
［出所］　筆者作成．

ターが政権の行動に制約を課すことができる民主主義体制をとる国が挑戦国である場合であっても，国際機関の介入という外圧がないと，紛争の激化を抑止することは難しいことがわかる．

4　まとめと展望

　冒頭で述べたように，戦争の抑止を目的とするグローバル・ガバナンスは，第二次世界大戦後に大きな発展を遂げた．その効果と限界を理解し，さらなる発展の可能性を探るためには，戦争が発生する原因を理論的に解明する必要がある．本章では，交渉理論に基づいた戦争原因研究を紹介し，その枠組みの下でグローバル・ガバナンスの諸相を理解する視座を提供した．
　交渉理論は，国家間戦争だけでなく，内戦（→第 5 章）や貿易（→第 6 章），経済制裁，テロリズムなど，国際政治学の多くの研究分野で応用されている．関心がある読者は，以下の読書案内を参考にさらに読み進めてほしい．
　本章後半では，政治体制の民主化と国際機関の増加という 2 つの傾向が，戦

争をめぐるガバナンスに与える影響を考察するために，この 2 つの分野の最近の研究を紹介した。第 3 節の事例研究で見たように，国際機関からの（実質的なパワーを伴わない）介入が，民主主義体制国の軍事行動を制約する効果を持つという知見は，ガバナンスの可能性を探るうえで大きな含意を持つといえるだろう。

◆ さらに読み進める人のために ────────

石黒馨『インセンティブな国際政治学──戦争は合理的に選択される』日本評論社，2010 年。
> ＊国家間戦争だけでなく，内戦，民主化，国際介入，政治改革などの問題について，本章と同様の枠組みに基づいて分析した研究書。

森大輔『ゲーム理論で読み解く国際法──国際慣習法の機能』勁草書房，2010 年。
> ＊本章で取り上げた交渉理論は，ゲーム理論の一分野である。本書は，「世界政府」が存在しないアナーキーな国際社会において，国際法（特に国際慣習法）が果たす役割を，ゲーム理論を用いて明らかにしていく。

Andrew H. Kydd, *International Relations Theory: The Game-Theoretic Approach*, Cambridge University Press, 2015.
> ＊ゲーム理論に基づいた国際政治学の教科書（あるいは，国際政治を題材にした，ゲーム理論の教科書）。交渉理論だけでなく，情報の非対称性，シグナリング，繰り返しゲームなどについて詳しく学ぶことができる。

■ 引用・参考文献 ────────

ウォルツ，ケネス／河野勝・岡垣知子訳 2010『国際政治の理論』勁草書房。

ウォルツ，ケネス／渡邉昭夫・岡垣知子訳 2013『人間・国家・戦争──国際政治の 3 つのイメージ』勁草書房。

Boehmer, Charles, Erik Gartzke, and Timothy Nordstrom 2004, "Do Intergovernmental Organizations Promote Peace?," *World Politics*, 57(1): 1–38.

Carlton, David 1988, *Britain and the Suez Crisis*, Basil Blackwell.

Chiba, Daina, and Songying Fang 2014, "Institutional Opposition, Regime Accountability, and International Conflict," *Journal of Politics*, 76(3): 798–813.

Fang, Songying, Jesse C. Johnson, and Brett Ashley Leeds 2014, "To Concede or To Resist? The Restraining Effect of Military Alliances," *International Organization*, 68(4): 775–809.

Fearon, James D. 1995, "Rationalist Explanations for War," *International Organization*, 49(3): 379–414.

Gartzke, Erik, Quan Li, and Charles Boehmer 2001, "Investing in the Peace: Economic Interdependence and International Conflict," *International Organization*, 55(2): 391–438.

Hensel, Paul R. 2001, "Contentious Issues and World Politics: The Management of Territorial Claims in the Americas, 1816–1992," *International Studies Quarterly*, 45(1): 81–109.

Johnson, Jesse C. and Brett Ashley Leeds 2011, "Defense Pacts: A Prescription for Peace?," *Foreign Policy Analysis*, 7(1): 45–65.

Leeds, Brett Ashley 2003a, "Alliance Reliability in Times of War: Explaining State Decisions to Violate Treaties," *International Organization*, 57: 801–827.

Leeds, Brett Ashley 2003b, "Do Alliances Deter Aggression? The Influence of Military Alliances on the Initiation of Militarized Interstate Disputes," *American Journal of Political Science*, 47(3): 427–439.

Mansfield, Edward D. and Jack Snyder 2005, *Electing to Fight: Why Emerging Democracies Go to War*, MIT Press.

Reed, William 2003, "Information, Power, and War," *American Political Science Review*, 97(4): 633–641.

Reed, William, David H. Clark, Timothy Nordstrom, and Wonjae Hwang 2008, "War, Power, and Bargaining," *Journal of Politics*, 70(4): 1203–1216.

Reiter, Dan 2009, *How Wars End*, Princeton University Press.

Schultz, Kenneth A. 1998, "Domestic Opposition and Signaling in International Crises," *American Political Science Review*, 92(4): 829–44.

Schultz, Kenneth A. 1999. "Do Democratic Institutions Constrain or Inform? Contrasting Two Institutional Perspectives on Democracy and War," *International Organization*, 53(2): 233–266.

Shannon, Megan, Daniel S. Morey, and Frederick Boehmke 2010, "The Influence of International Organizations on Militarized Dispute Initiation and Duration," *International Studies Quarterly*, 54(4): 1123–1141.

Zacher, Mark W. 2001, "The Territorial Integrity Norm: International Boundaries and the Use of Force," *International Organization*, 55(2): 215–250.

［千葉大奈］

内　戦

グローバルとローカルの狭間

> 内戦や地域紛争は，主権国家体制や人間の安全保障にとって重要な脅威と認識されている。しかし，内戦にかかわる価値は多様であり，民主主義や正義などの追求が，秩序の回復を妨げる場合もある。国際社会の制度・政策が主に国家間のパワー・バランスや規範を反映し，内戦にかかわる局地的な要因に適切に対応できないことで，問題はさらに複雑になる。本章後半では，そのような一例として権力分有を取り上げ，分析を行う。

1　内戦とグローバル・ガバナンス

　内戦とは，主として一国の領域内で，国家と反乱軍との間で行われる継続的かつ激しい武力紛争である。現代の国際社会は，依然として主権国家体制を基軸としている。その中で，内戦の発生は2つの意味で脅威である。まず，近年の国際社会においては，伝統的な国家安全保障に加えて，人間の安全保障が重要な価値として認識されてきている。内戦は，市民への暴力などを通じて直接的に人間の安全保障を侵すだけでなく，当事国の経済発展や保健衛生システムなどを破壊することで，長期的にも人間の安全保障を損なう。また，主権国家体制の主要な構成要素である一国家の破綻は，グローバル・ガバナンスの一端を担う主体・制度の機能不全の症状の一つである。内戦は近隣諸国に伝染した

り大国間の対立に発展したりすることもあり，グローバル・ガバナンスを不安定にする。

第二次世界大戦後，特に冷戦が終結した後，国際社会は内戦の予防や抑制，終結，再発の防止，そして戦後社会の復興に努めるとともに，内戦当事国の統治機能を一部補完・代替してきた。そのための諸制度や政策の立案・実行には，多様な主体が関与してきた。これらの試みは一定の成果を生んでいる半面，その問題も明らかとなっている。これは，グローバル・ガバナンスに期待される価値が単に内戦当事国における秩序の回復にとどまらず，正義や民主主義，自由主義など，多岐にわたっており，両立が困難であることが一因である。同時に，国際社会における制度・政策の発展が主に国際的な要因を反映しており，個々の内戦の局地的な状況と齟齬をきたしていることも，原因の一つである。

◀ **内戦のパターン**

内戦は，冷戦の終結後に突然多発したわけではない（Hegre 2004）。第二次世界大戦後，植民地の独立と主権国家の増大に伴って，毎年2％程度の国家で内戦が発生している。これらのうち，一部の内戦が半年から数年で終結している一方で，ほかの内戦は10年間から数十年間という長期にわたって継続している。結果として，国際社会における内戦の数は1990年代半ばまで継続的に増加していた。その後，内戦の多くが終結したことによって，国際社会における内戦の数は減少したが，2000年代後半から，再度増加の傾向にある（Uppsala Conflict Data Program 2017）。

また，冷戦終結前後では，内戦当事者の用いる軍事技術（戦略）が変化した（Kalyvas & Balcells 2010）。冷戦期は国家が通常戦を行い，反乱軍側がゲリラ戦を挑む非正規戦（もしくは非対称戦）が多かった。しかし冷戦後は，双方が通常戦を行う正規戦や，双方が非通常戦を行う対称的非通常（symmetric non-conventional: SNC）戦の割合が増加している。もっとも，冷戦後の正規戦の増加は，ソヴィエト連邦やユーゴスラヴィアといった「帝国」の崩壊に伴う一時的な現象であった。2000年代に入って，正規戦は稀になっており，内戦の特徴や有効な対策にも変化が生じている。

◀内戦を取り巻くグローバル・ガバナンス

本節では，第1章で紹介した4つのガバナンス・モード（階層型，委任型，協働型，オーケストレーション型）に言及しつつ，主に冷戦期以降の国連を中心とする内戦にかかわるグローバル・ガバナンスを説明していく（→**第1章**）。国連安全保障理事会（安保理）を統治主体として内戦の文脈に沿って説明すれば（図5-1），階層型ガバナンスとは，安保理が国内紛争にかかわる諸問題に対して直接強制力を用いて関与することである。これに対して委任型とは，安保理が地域機構や企業，非政府組織（NGO）などの第三者に統治権限を一部委譲したうえで，その行動を強制力を持って管理していくことをいう。協働型は，安保理が紛争に直接かかわる点では階層型と同じであるが，その際，強制力に頼るのではなく，統治対象である紛争当事者や当事国市民の自主的な和平・復興への努力を促していく。そしてオーケストレーション型では，安保理は問題意識を共有する企業やNGOといった第三者の自主的な協力を得つつ，目的の達成を試みる。

冷戦期以前に，国際社会が内戦の管理に全く関与してこなかったわけではない。しかし，内戦への関与は主権国家体制の根幹をなす内政不干渉の原則に抵触する可能性がある。このため，主権概念や国際規範の歴史的変容に伴って，国際社会の内戦への関与の仕方も変化してきた。19世紀のヨーロッパでは，正統主義の下で諸大国が各国内の君主制維持のために協調したり（ウィーン体制），キリスト教徒の虐殺に対して人道介入を行ったりした（Finnemore 2003）。これらの活動は，内戦や国内での一方的暴力に対する国家中心の協働型ガバナンスの例といえよう。

冷戦期には，東西対立や植民地独立に伴う内政不干渉原則の強化が，国際機関などを通じた多国間主義的な介入を阻む一方で，米ソの同時介入が各地の内戦を激化・長期化させた。しかしこの時期にも，インドやベトナム，タンザニアは，それぞれ東パキスタン，カンボジア，ウガンダにおいて，実質的な人道的介入を単独で行っている。

冷戦後，東西対立が収束し，旧植民地の独立が一段落したこと，そして「国際の平和及び安全」に対する脅威に各国内での暴力を含むような新しい国際規範が台頭したことで，国際機関を中心とした多国間主義的な関与が積極的に行

第5章　内　戦　105

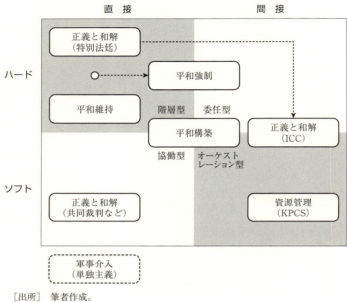

図 5-1 内戦とガバナンス・モード

[出所] 筆者作成。

われるようになった。この時期，国連が伝統的な平和維持活動（PKO）を平和創造や平和構築に拡大するとともに，紛争予防や紛争後の正義と和解の分野でも諸制度が発展した。興味深いことに，ガバナンス・モードは分野間で異なるだけでなく，同一分野でも複数のモードが併用されたり，時間とともに変化したりする場合がある。

◀ 平和維持から平和強制，平和構築，紛争予防へ

　冷戦終結以前から，国連が担っていた活動の一つは，PKO である。冷戦期，国連安全保障理事会（安保理）は，コンゴやキプロスなどの国内紛争に PKO を派遣した。主な任務は国連憲章第 6 条に基づく停戦監視であり，紛争当事者の合意・中立性の維持・自衛以外の武力不行使が派遣の原則であった。PKO は，安保理決議の下に国連が加盟国の協力を得て直接活動を行っており，階層型のガバナンスである。

1990 年代，ブトロス・ブトロス゠ガリ事務総長は，「平和への課題」におい
て PKO を少なくとも平和強制，平和構築，予防外交という 3 つの方向に拡大
することを提案した。ここでは，平和強制，平和構築，予防外交との関連で，
2000 年代に紛争予防のために発展した 2 つの資源管理の試みを紹介する。

（1）平和強制　　平和強制とは，武力紛争を収束させるために，紛争当事者
の合意がない場合でも，軍事力を用いて介入することを指す。平和強制の分野
では，国連は当初階層型のガバナンスを採用していたが，徐々に地域機構への
委任型も行われるようになった。1993 年 3 月，国連は，平和を強制するため
に，国連憲章第 7 章に基づく PKO（UNOSOM II）をソマリアに派遣した。ま
た，1992 年から旧ユーゴスラヴィアに派遣された国連保護軍（UNPROFOR）
も，紛争の継続に伴い，強制力の行使を認められた。しかし，これらの活動は，
現地勢力によって紛争の一当事者とみなされ，内戦の悪化を招いた。これらの
失敗を受け，ブトロス゠ガリ事務総長は，1995 年に発表した「平和への課題・
補遺」の中で，国連は少なくとも短期的には平和強制を行うために十分な能力
を持ちえないことを明言した。国連 PKO は，依然として国連憲章第 7 章の下
で強制力の行使を認められる場合も多いが，その目的は自衛や任務の遂行，そ
して文民保護に限られる場合が多い。

　国連の平和強制活動が縮小する一方で，同分野での活動を強化したのが，地
域機構の北大西洋条約機構（NATO）やアフリカ連合（AU），そして下位地域
機構の西アフリカ諸国経済共同体（ECOWAS）などであった。安保理構成国，
特に常任理事国と比べて，地域機構や下位地域機構の加盟国は，難民（→第 12
章）の流出や武装勢力の越境などを通じて内戦の負の影響を強く受ける傾向に
ある。このため，内戦の解決に強いインセンティブを持ち，迅速に対応できる
場合も多い。周辺地域の複雑な事情にも通じている。

　このため，安保理決議の下で地域機構が平和強制を担う場合や，国連と地域
機構が共同で内戦に対処する場合もある。スーダンへのダルフール国連・AU
合同ミッション（UNAMID）の派遣は，その一例である。また，欧州連合
（EU）は，危機管理のための戦闘任務の遂行を掲げるペータースベルク任務の
導入や戦闘グループの設立を通じて平和強制分野の能力を高めている。さらに
EU は，国連・EU 危機管理協力協同宣言（2003 年 9 月）や EU が NATO の能

力・資産を活用することを認めるベルリン・プラス協定（2002年12月）を通じて他の国際機関・地域機構との連携を強めている。東ティモール国際軍（INTERFET）のように，安保理が地域機構ではなく有志連合に平和強制を要請する場合もある。

　もっとも，地域機構や有志連合は安保理決議がなくとも活動する場合がある。ECOWAS軍事監視団のリベリア派遣や，コソヴォ紛争中のNATOによるベオグラード空爆，有志連合によるイラク戦争やシリア空爆は，その例である。このようにアメリカなどが安保理以外の枠組みで国際合意の形成と行動をめざすフォーラム・ショッピング（→**第1章**）への懸念は，中露が安保理でリビアへの人道的介入を支持したり，中国が国連PKOへの派兵を拡大したりする一因となっており（増田2011），同分野の多国間主義を強化している。他方で，ロシアのウクライナへの介入やシリアでの対抗介入など，単独主義的な措置にもつながっており，長期的には多国間主義の弱体化を招く懸念もある。

　(2)**平和構築**　　他方，1990年代後半，国連はアナン事務総長の主導によって，PKOの見直しを行った。1994年，ルワンダに駐留していたPKOがすぐにジェノサイドの防止・停止に動かず，大きな非難を浴びたことが一因であった。ルワンダでの国連の失敗の背後には，安保理構成国の利害だけでなく，ソマリアや旧ユーゴでの失敗を経た国連事務局の消極的な姿勢があった（Barnett & Finnemore 2004）。2000年に発表されたブラヒミ・レポートにおいては，国連は平和構築活動の大幅な拡大を掲げた。

　平和構築活動とは，内戦後の和平の安定化と復興，武力紛争再発の防止などを目的とする活動全般を指し，武装解除・動員解除・社会再統合（DDR）や法の支配の強化，選挙支援，保健衛生，教育，難民・国内避難民の帰還支援など，多岐にわたる（藤原ほか2011）。すでに1990年代初頭のカンボジアPKOにおいて，国連は平和構築に積極的に関与していた。しかし，同レポートの発表後，国連は平和構築活動を拡大する。

　平和構築においても，国連PKOが治安維持をはじめとして中心的な機能を担う場合には，安保理は階層的なガバナンスを行っているといえる。しかし，平和構築の活動は多岐にわたるため，各分野において他の国際機関や地域機構，国家，企業，NGOがかかわることになる。国連が内戦当事者である政府や元

反乱軍の協力を得つつ国軍の刷新や司法制度の整備などを進める協働型の統治
や，国際機関が他の国際機関や企業，NGO に保健衛生業務を発注するような
委任型の統治も多い。だが，国連に注目した場合，その最も重要な機能は，平
和構築にかかわるさまざまな組織が集い協議するための場を設けるオーケスト
レーションである。国連は，2005 年 12 月に設置された平和構築委員会のよう
な場を通じて，国際的な制度・政策を整備するための協議を支援するとともに，
個々の平和構築の現場でも組織間の調整の場を提供している。

(3) **紛争予防——資源管理**　　平和維持や平和強制，平和構築は，内戦の発
生を踏まえた，いわば対症療法である。これに対して，内戦の発生や長期化を
促す要因の根本的な解決に向けた取り組みとして，キンバリー・プロセス認証
制度（KPCS）（**→第 11 章**）や採取産業透明性イニシアティブ（EITI）のような
資源管理の試みがある。KPCS は，反乱軍が支配地域で生産されるダイヤモン
ドの国際取引によって収益を得るのを防ぐため，合法的に生産されたダイヤモ
ンドに刻印を入れる制度である（Haufler 2015）。国際機関や国家に加えて，問
題意識を共有する企業や NGO が制度の運営において中心的な役割を果たして
おり，（最終的な統治対象の反乱軍ではなく）第三者の自主的な協力に依存するオ
ーケストレーション型の統治といえる。

　また，国連の枠組みの外ではあるが，EITI は，石油などの採取産業で生じ
る資金の流れの透明性を高めることで，腐敗や紛争の発生を防ぐ試みである。
国際社会と産油国の政府などが問題意識を共有し，問題解決のために自主的に
協力しており，協働型のガバナンスということができる。

◀正義と和解

　冷戦終結後，国際関係の法化（規範や規則の義務化，精確さの向上，第三者への
権限の委譲などを伴う制度化の一形態）の潮流（Abbott et al. 2000）の中で，内戦
の過程で発生した暴力に対して，個人の刑事責任を問うための国際司法制度が
発展した。この分野では，直接型から協働型，そして委任型への移行が観察で
きる。1990 年代初頭，旧ユーゴやルワンダにおいて，安保理は特別法廷を設
立し，当事者の刑事責任を追及した。直接型のガバナンスである。

　だが，内戦中の犯罪を国際法廷と国内法廷のいずれで裁くべきかは，内戦当

第 5 章　内　　戦　　109

事国の主権や国内秩序の安定にかかわる機微を要する問題である。そのためカンボジアでは，クメール・ルージュによる虐殺の責任を問うために，同国と国連との協定の下，国内裁判所に特別法廷を設置し，国内判事と国際判事が合同で裁判を行う形式が採用された。同様の方式は，レバノンやシエラレオネでも採用されている。また，紛争中に起きた人権侵害など事実関係を調査するために真実和解委員会を設立する場合や，ルワンダのガチャチャのように当事国の地域共同体が中心となって裁判や和解の模索を行う場合もある。いずれも，国内での正義や和解を実現するために，国連などが当事国・社会のイニシアティブを支援する協働型のガバナンスといえる。ただしこれらの試みに対しては，安保理を中心とした直接型と内戦当事国・社会が中心となるオーケストレーション型の併存の中で，正義と和解の分野に新しく台頭したのが委任型の統治制度である。1998年，常設の国際刑事裁判所（ICC）を設立するローマ規約が採択され，2002年に発効した。ICC は，「国際社会全体の関心事である最も重大な犯罪（集団殺害犯罪，人道に対する犯罪，戦争犯罪，侵略犯罪）を犯した個人を，国際法に基づいて訴追・処罰するための，歴史上初の常設の国際刑事裁判機関」（外務省国際法局国際法課 2016: 1 頁）である。当事国の国家が犯罪者を裁く意思または能力を欠く場合（補完性の原則）に，締約国や安保理による付託，もしくは ICC 自身の主導により，管轄権を行使する。安保理による付託によって，ICC は調査を開始する義務を負うとともに，ICC の調査・訴追が安全保障の確保を阻害する場合には，安保理は ICC の当該事例に対する活動を一時停止できる。以上を踏まえると，ICC の事例は委任型とオーケストレーション型の組み合わせといえよう。

◀ 新たな問題の発生

　歴史的には，内戦にかかわるグローバル・ガバナンスは，19 世紀の国家中心の関与から戦間期・冷戦期の国際連盟や国連システム中心の階層型へと移行し，冷戦後には協働型や委任型，オーケストレーション型へと多様化が進んだ。ガバナンス・モードの多様化は，統治機能の強化につながる一方で，いくつかの新たな問題も生み出している。その一つは，協働や委任，オーケストレーションの対象となる主体の管理や正当性の問題である。

国際機関や NGO など，平和や正義といった目的を国連と共有しているはず
の組織でさえ，組織内文化や財政面の制約から，その目的に反する行動をとる
場合がある（Barnett & Finnemore 2004: Cooley & Ron 2002）。近年では，PKO 要
員による派遣先地域での性的暴力やヒト免疫不全ウイルス（HIV）の拡散も問
題視されている。民間軍事会社などは，治安の悪い地域でも活動する能力を持
つ一方で，その活用がアカウンタビリティの低下などの問題につながると指摘
されている（Avant 2005）。このような問題は，特に国内外の軍事組織と文民
組織との関係において，注意深い対応を必要とする（上杉・青井 2008）。また，
反乱軍が一定の地域を統治する場合（Arjona et al, 2015）には，人道支援などの
実効性を確保するために，国際機関が反乱軍と協力する必要が生じる（小林
2017）。しかし，そのような関係の構築は，反乱軍の正当性の向上につながり，
国際機関と内戦当事国との関係の悪化や内戦の長期化をもたらす危険がある。

また，ここでは国連を中心としたグローバル・ガバナンスについて説明した
が，国家や国連以外の国際機関，企業，NGO が国連の枠外で関与する場合も
多い。平和強制の項で言及したように，そのようなフォーラム・ショッピング
の動きがアクター間のパワー・バランスを反映しており，国連を中心とするガ
バナンスの発展に影響を与えていることにも，留意する必要がある。

2 研究動向——内戦研究の現状

内戦研究は，2000 年頃から急速に発展した。その理由としては，冷戦の終
結に伴い国家間戦争が減少したこと，1990 年代に旧ユーゴやチェチェンとい
った「ヨーロッパの裏庭」で内戦が発生したこと，そして世界銀行の研究グル
ープが内戦を開発の主要な障害の一つ（「紛争の罠」）と位置づけ，理論化や計
量データの収集・分析を行ったこと（コリアー 2008）などがある。

これ以前にも，比較政治学では反乱と革命についての研究が存在したし，
1990 年代には民族紛争についての研究が盛んになった。人類学でも，戦争に
ついてミクロ・レベルでの分析が行われていた（栗本 1996）。だが，近年の内
戦研究は，理論の構築や体系的なデータの収集，ミクロ・レベルの動態への注
目などを組み合わせて発展した点で，従来の研究とは大きく異なる。

第 5 章 内　戦　III

本節ではまず，国家と反乱軍の2つの陣営を想定した内戦の動態，すなわち内戦の発生や過程，終了に関する分析を紹介する。そのうえで，このような枠組みによって見逃されがちな2つの問題，すなわち反乱軍の設立と動員，そして国際的要因について，議論する。

◀国家と反乱軍

第4章では，国家間戦争について，交渉理論を用いた分析を紹介した。内戦の発生や終結の条件を探る際にも，情報の非対称性やコミットメント問題，利益の不可分性といった交渉理論の概念は，有用である（Walter 2009）。

例えば，土地の子（Sons of the Soil）と呼ばれる紛争においては，コミットメント問題が内戦終結の障害となる（Fearon & Laitin 2011）。土地の子とは，国家による多数派民族の移住政策によって，肥沃な土地を奪われた少数民族の農民たちのことである。土地の子は，自民族の土地を奪い返すために，国家に対して反乱を開始する。これに対して国家は，多数派民族の移住の停止や帰還政策を行うことを約束して，反乱を鎮めるインセンティブを持っている。だが，政権を維持するためには多数派民族の支持が不可欠である。そのため，国家は，反乱軍がいったん武装解除を行うと，約束を反故にして多数派民族の移住を再開するインセンティブを持つ。したがって，反乱軍は国家の約束を信頼することができず，土地の子紛争は長期化する傾向がある。実際，2009年のスリランカ内戦が国軍の勝利で終結した後，国家はタミル地域へのシンハラ民族の移住政策を促進した。長期化している民族紛争の多くは，土地の子紛争であるという指摘もある。

このほか，一つの内戦にかかわっている当事者の数が多いほど，相互の情報の非対称性やコミットメント問題の解決が困難となり，内戦は長引く傾向にあることが指摘されている（Cunningham 2011）。また，双方が和平に共通の利益を見出す場合でも，当事者の一方のみを動員解除・武装解除しようとすれば，当事者間のパワー・バランスを大きく変化させる。そのため，合意に対する抵抗を生みやすい。このとき，国連などの第三者の介入は，強者による裏切りのリスクを軽減し，合意内容の実現や和平の維持に貢献する（Walter 2009）。

もっとも，内戦の動態について分析する際には，当事者間の協議・合意と内

112　第Ⅱ部　安全保障

戦の開始・継続以外に各当事者が持つ選択肢についても，仔細に検討する必要がある。例えば，政権と対立する人々にとっては，反乱の開始・継続は，あくまで一つの手段である。一定の条件の下では，デモなどの非暴力的な抵抗手段のほうが，反乱よりも効率がよい（Chenoweth & Stephan 2013）。非暴力的な抵抗に訴えることで，国軍が政権を裏切ったり，国際社会が反政権側を支援する可能性が高まるためである。また，反乱の代わりに，テロリズムといった，他の暴力的手段を用いる場合もある。内戦の予防や終結のための政策を検討する際には，これらの代替策への影響も考慮する必要がある。

　さらに，内戦の終結に関しては，反乱軍もしくは国家が一方的な軍事勝利をおさめ，他方を葬り去る可能性もある。例えば，政治体制が非民主的であったり，国軍の機械化の割合が低く地域住民と緊密な関係を築けている場合は，国家が一方的な軍事的勝利を収める可能性が比較的高い（Lyall & Wilson 2009）。そのため，内戦の早期終結を求めるのであれば，国際社会はPKOの派遣によって対立関係を固定化するのではなく，一方が軍事的勝利を収めるのを待つべきだ，という議論もある（Luttwak 1999）。近年の研究によれば，PKOの派遣によって，内戦の長さや死者数は減少している（Fortna 2004; Hultman et al. 2014）。しかし，内戦が一方の軍事的勝利，特に反乱軍の軍事的勝利に終わった場合には，内戦後の和平は安定し，国内の統治はより民主的になる傾向にある（Toft 2010）。したがって，国際社会がPKOの派遣や和平合意による内戦の終結を進める場合には，同時に内戦再発を防ぐための手立て，つまり平和構築にも力を入れる必要がある。

◀ 反乱軍の設立と動員

　上記の分析枠組みは，紛争当事者の存在を所与としている。だが，そもそも，国家による弾圧のリスクが高いにもかかわらず，反乱軍はどのようにして人々を動員・維持するのだろうか。旧ユーゴやソ連のような帝国の崩壊に伴って正規戦が生じる場合には，行政機構が存在するため，反乱軍の設立は大きな問題ではない。しかし，非対称戦争やSNC戦争の場合には重要な問題である。

　この問いについては，そもそも内戦は，国家機構が脆弱で，反乱軍を組織する機会が豊富な国（新しく独立した国家や，人口が多い国，反乱軍が国家から隠れ

るための山岳地帯が広がっている国など）において発生リスクが高い，という指摘がある（Fearon & Laitin 2003）。また，経済的なインセンティブの重要性も指摘されている（Berdal & Malone 2000）。資本集約的産業が経済の基盤をなす国では，武力紛争が資本逃避につながるため，反乱を起こす経済的インセンティブが乏しい。これに対して，ダイヤモンドや木材，原油などの天然資源が豊富な国では，内戦下や内戦後にも経済的利益を確保し，その収益を用いて人々を動員することができる。そのため，反乱を起こすインセンティブや能力が高い。

さらに，民族間の経済的な格差（水平的格差）の存在を指摘する議論もある（Stewart 2008）。従来の研究では，ジニ係数など，世帯間の経済的格差についての変数を用いて計量分析が行われた結果，内戦の発生との間に相関関係は見つからなかった。しかし，民族間で構造的な経済格差が生じている場合には，被抑圧民族の人々が反乱軍に参加する可能性が高まるだろう。

もっとも，反乱軍の形成や維持を分析する際，構造的な説明では，限界がある。内戦の動態を理解するためには，個々人の主体性（エージェンシー）にも注目する必要がある。ルワンダや旧ユーゴといった典型的な民族紛争と目される事例でも，内戦の発生においては，権力の維持などをめざすエリートによる情報操作や圧力が重要な機能を果たした。また，国軍や反乱軍の戦闘員，協力者も，純粋に民族的・宗教的イデオロギーや憎しみの感情に支配されて行動しているわけではない。人々は，自分や家族の安全の保障のために，内戦当事者との協力を余儀なくされることがある。その一方で，私怨を晴らしたり，私的な経済的利益を追求したり，ローカルな政治的対立を清算したりするために，積極的に内戦が提供する機会を活用する場合もある（Mueller 2000; Straus 2006）。また，個人が自民族に対する裏切り（ethnic defection）を行う場合も多い。

したがって国軍も反乱軍も，個々人のこのような私的な動機を踏まえて，戦闘員や協力者の選抜・確保を行う（Gates 2002; Weinstein 2006）。また，裏切り者への懲罰や構成員の社会化も重要となる。失敗は，陣営の分裂や情報の漏洩などにつながり，時に壊滅的な結果をもたらす（Obayashi 2017）。社会ネットワークを通じたリクルートメント（Staniland 2012），脱走する能力が低い子ども兵の活用（Beber & Blattman 2013），そして非戦闘員に対する残虐な暴力（Kalyvas 2006）なども，このような観点からある程度説明できる。

国際社会による平和構築を考える際，現地の人々の主体性の問題は重要な意味を持つ。例えば内戦を民族紛争ととらえた場合，平和構築において重要なことは，民族間の利害の調整や正義の実現，和解である。しかし，内戦下で個々人が主体性を持って行動し，その結果，暴力が発生していたのであれば，実現すべきは必ずしも民族間の和解ではなく，個々人の間の利害関係の調整や和解である。コンゴ民主共和国では，国連を中心とする国際社会がマクロな対立軸のみに注目し，土地問題等のローカルな対立軸を見過ごしたため，平和構築の失敗につながった（Autesserre 2010）。

　また，内戦終結後は，各地域社会において人々の間の信頼関係や紛争解決能力を高めていく必要がある。これについては，国内外のNGOが多くの取り組みを実施しているが，その有効性についての体系的な分析は少ない。リベリアでは，代替的紛争解決トレーニングのプログラムや職業訓練プログラムの実施などが，コミュニティでの暴力の抑制や住民間の関係改善に有効であることが報告されている（Blattman et al. 2014）。援助プログラムの実施に合わせて，このようなフィールド実験に基づいた研究をさらに行う必要がある。

◀国際社会の役割

　内戦の発生や動態について分析する際には，国際的な要因にも注意を払う必要がある。

　そもそも，一部の国において内戦発生の機会が存在する背景には，国際システムにおける主権国家体制の拡大とそれに伴う脆弱国家の増加がある（Hironaka 2005）。中世から近代にかけてのヨーロッパでは，さまざまな政治的アクターが戦争を繰り返しながら，強力な国家制度を作り上げていった。しかし第二次世界大戦後の国際社会においては，アメリカの覇権の台頭や国民国家モデルの広がり，産業構造の変化などを背景に，植民地が独立し，主権国家が増加した。主権国家体制の中で成立したこれらの国家は，国内に内戦や比較的規模が小さい低強度紛争といった暴力を抱えつつも，激しい生存競争に晒されることはなかった。むしろ国家指導者同士が協調することで，権威主義的かつ脆弱な国家制度を互いに支え合っており，結果として各国で内戦や低強度紛争が頻発・恒常化している（Herbst 2000）。

このような脆弱な国家が集まっている地域では，一国の内戦が周辺国に波及したり，相互に増幅し合ったりする確率が高い。例えば一国の多数派民族が近隣諸国で少数派となっている場合には，前者は後者の反乱活動を支援する傾向がある（Cederman et al. 2013）。また，スーダン政府とウガンダ政府は，国家間対立の一手段として，互いの国内の反乱軍である神の抵抗軍（LRA）やスーダン人民解放運動・軍（SPLM/A）を支援していた。このような外国政府による反乱軍への支援は，内戦の発生と継続を促すだけでなく，反乱軍による非戦闘員への暴力も激化させる傾向がある（Salehyan et al. 2014）。もっとも，そのような状況において，近隣諸国が反乱軍への支援を停止し，対反乱政策に協力する場合，反乱軍が敗北する可能性は高まる。

ICCなど，国際刑事司法制度の発展がもたらす副作用についても，留意する必要がある。ICCの存在は，内戦中の市民に対する暴力を抑止する効果を持つ（Jo & Simmons 2016）。しかし，ICCによる反乱軍指導者の訴追が，彼らの和平実現のインセンティブを低下させ，内戦を長期化させるリスクもある（Snyder & Vinjamuri 2003・04）。ウガンダでは，政府がLRAの指導者たちをICCに訴えた。これが圧力となり，LRAは和平交渉の席に着いた。しかし，ICCが彼らの訴追撤回を拒んだために，LRAは和平合意への署名を取りやめ，反乱活動を再開した。

内戦の終結や再発防止のためには，時には恩赦の活用などを通して反乱軍メンバーの身の安全を保障することが必要である。各地域の国際人権裁判所や国内裁判所，民間制度など，ICCよりも柔軟性が高く，和平プロセスの機微を反映しやすい制度の活用も一案である。国際刑事司法制度は，紛争後の正義と和解の観点からとらえられがちだが，紛争後の秩序の維持や平和創造の観点からも検討が必要である。

3　事例研究——権力分有条項と内戦の再発

内戦を終結させ，その再発を防ぐために，和平合意に内戦当事者間の権力分有に関する条項を挿入することがある。権力分有条項とは，紛争当事者間で暫定政権の閣僚ポストの配分比率を決めたり（政治条項），国軍に反乱軍の戦闘員

を一部統合したり（軍事条項），反乱軍に領土の一部での自治を許可したり（領土条項）する約束である。これまで国際社会は，和平合意案への権力分有条項の挿入を積極的に進めてきた。しかし，権力分有条項は，本当に内戦の再発防止に有効なのだろうか。

　国際社会は，平和構築の一環として，民主主義の導入を進める場合も多い。しかし，拙速な民主主義の導入は，選挙戦でのヘイト・スピーチや落選陣営による暴力的な抵抗を誘発し，内戦の再発リスクを上昇させる傾向にある（Paris 2004）。権力分有協定は，このような民主主義制度の問題点を補完もしくは代替する制度である。

　既存研究の多くは，権力分有条項の挿入や実施によって，内戦当事者間の情報の非対称性やコミットメント問題が緩和される，と主張する（Hoddie & Hartzell 2003; Walter 2009）。これらの研究によれば，特に軍事条項や領土条項の実施は，内戦の再発リスクを大幅に軽減する。ただし，和平合意への各条項の挿入のみでは，あまり効果はない。また，政治条項については，和平合意への挿入・実施のいずれも戦後和平に影響を与えない。しかし，これらの研究は，権力分有条項が内戦終結後の権益をめぐる「平和の配当」の分配に与える影響を考慮していない。

　本節では，政治条項の和平合意への挿入が，内戦当事者間の利益分配をめぐる対立を煽り，結果として内戦の再発を促す場合があることを示す。そのために，ルワンダのアルーシャ合意（1993 年）とグアテマラの和平合意（1996 年）について，比較事例分析を行う。ルワンダでは，和平合意に政治条項が挿入された結果，和平合意が崩れ，内戦が再発した。グアテマラでは，同条項が挿入されなかったため，和平合意がスムーズに実施された。

◀ 強制の問題と分配の問題

　内戦を終わらせるための和平合意の署名と実施・遵守には，2 つの障害がある。一つは，合意内容の「強制の問題」，もう一つは利益の「分配の問題」である。前者は，交渉相手が合意を裏切ることへの懸念から生じる問題である。後者は，和平合意への署名や実施によって生じる利益を当事者間でどのように分配するべきかをめぐる交渉の問題である。一般的には，交渉の結果は当事者

間の交渉力のバランスに大きく依存する。より交渉力の大きいアクター，つまりより良いアウトサイド・オプション（交渉が決裂した場合に，各交渉当事者がとることができる選択肢）を持っているアクターが，利益の分配交渉で，より多くを得る傾向にある。

　重要なことに，強制の問題と分配の問題は，相互に強く結び付いている（Fearon 1998）。強制の問題の解決が比較的容易な場合，つまり内戦当事者の合意の実施を確保することが容易な場合，利益の分配をめぐる交渉の妥結は，より困難になる。交渉のテーブルでの一つの譲歩が，長期的には大きな損失につながる可能性が高いためである。だが，いったん合意が形成されれば，遵守の確保は容易であり，和平も維持しやすい。

　これに対して，強制の問題の解決が困難な場合，つまり，当事者の和平合意遵守の確保が困難な場合，利益の分配をめぐる交渉の妥結は比較的容易である。このような状況では，各当事者は，和平合意の内容が大きな損失を生むとわかった時点で合意を破棄すればよい，と考えるためである。したがって，和平合意の締結後も当事者の遵守を確保することは難しく，和平は不安定となる。もっとも，強制の問題の解決が極度に困難な場合には，当事者はそもそも交渉の席に着かないか，仮に着いたとしても，真剣に交渉に臨まない。

　和平合意におけるこうした問題を解決することの難しさは，和平合意に挿入される権力分有条項の種類や，その段階（署名・実施）によって異なる。そして，これらの違いは，合意締結後の和平の安定性に影響を与える（DeRouen et al. 2009）。特に，より強い側の選好や戦略は，内戦の再発リスクに大きな影響を与える。

　政治条項は，新政府の内閣やそれに対応する組織に，政府側と反乱軍側双方の指導者が入る合意である。利益の分配の観点からは，政治条項は，より強い側にとって費用の高い協定である。なぜなら，同条項は国土全体にかかわる権力の重要な一部分を対立勢力の指導者に委任する取り決めだからである。同時に，同条項の挿入は，当事者相互の合意遵守への懸念を高める。各陣営は，政治条項への署名後も軍事力を維持することで，同条項から離脱することができるためである。政治条項のこれらの特徴によって，内戦当事者は，政治条項を含む和平合意には，比較的簡単に署名する。しかし，軍事条項や領土条項と比

べると，政治条項の署名・実施後に遵守を確保するのは，難しい。

　和平合意への政治条項の挿入は，合意署名後の和平の安定にとってはむしろ
攪乱要因となる。政治条項は強者にとって不利な利益の分配を生み，その遵守
の確保も困難であるため，後日，強者が裏切るインセンティブを高める。その
ため，弱者は強者による同条項履行の意思や能力に，疑いを持つ傾向にある
（DeRouen et al. 2009）。強者が政治条項を含む和平合意に署名することが，弱者
にとっては強者が将来裏切る可能性を示すシグナルとなるのである。

　より精確には，政治条項を含む和平合意の締結は，次の３つの理由で和平を
不安定にする。まず，両陣営とも真剣に交渉しておらず，将来裏切ることを前
提として合意に署名している可能性がある。次に，弱者は合意を遵守するイン
センティブも能力もあるが，強者が自分たちに不利な条件であるとして，遵守
を拒む可能性がある。最後に，双方の指導者は遵守する意思を持っているが，
実際に合意を履行する能力を欠いている可能性がある。これは，各陣営内で合
意への反発が強い場合（高い批准費用）や，状況の変化などによって合意の遵
守が困難となる場合がある。

　和平破綻のプロセスとしては，次の３つの場合がある。まず，強者の指導者
が和平合意を破り，弱者に対して暴力を開始する場合がある。次に，強者の裏
切りを予測した弱者が，先制攻撃を行う場合がある。最後に，いずれかの不満
分子が指導者を挿げ替えたり，指導者の意向を無視して勝手に相手陣営に対し
て攻撃を仕掛ける場合がある。

　内戦の再発は，政府と反乱軍とのパワー・バランスが急速に変化するときや，
一方の陣営の内部でパワー・バランスが急速に変化するときに生じやすい（cf.
Werner 1999）。なぜなら，和平合意の内容は交渉の際の当事者間のパワー・バ
ランスに基づいて決定されており，急速なパワー・バランスの変化は，平和裏
に合意内容を変更することを難しくするからである。

　ただし，いったん政治条項が実施されれば，和平は安定する傾向にある。こ
れは，一つには，政治条項実施の選抜効果の結果である。同条項を遵守する意
思と能力を持った当事者は，政治条項を実施する可能性が高い。また，いった
ん和平が実現すると，経済発展や新政府の樹立によって，内戦状態に戻ること
の機会費用が高まる。

第5章　内　戦

◀ グアテマラとルワンダ

グアテマラでは，1996 年 12 月，政府と反乱軍のグアテマラ民族革命連合（URNG）が，和平合意を締結した。この 1996 年合意には，政治条項・軍事条項のいずれも含まれていなかった。領土条項は挿入されていたが，完全な実施には至らなかった。それにもかかわらず，1996 年合意の後，政府と URNG の間には武力衝突は起こらず，今日まで和平が維持されている。ルワンダでは，1993 年 8 月，ハビャリマナ政権とルワンダ愛国戦線（RPF）がアルーシャ協定に署名した。同協定は，政治条項を含んでいた。しかし，いずれの条項も実施には至らず，協定署名後 1 年と経たないうちに，内戦が再発した。

両国における和平合意締結を取り巻く環境は，いくつかの重要な点で似ていた。それぞれの内戦による死者の数は，1000 人を超えていた。国軍兵士の数は，グアテマラでは 3 万 6000 人，ルワンダでは 3 万人であった。各国において URNG と RPF は，実質的に唯一の反乱軍であった。いずれの国も，国際的な平和維持軍を受け入れていた。グアテマラは 1997 年 1 月から 5 月まで国連グアテマラ人権監視団（MINUGUA）を受け入れており，ルワンダは 92 年 8 月から 93 年 11 月までアフリカ統一機構（OAU）の中立軍事監視団 II（NMOG II）を，93 年 10 月から 96 年 3 月まで国連ルワンダ支援団（UNAMIR）を受け入れていた。他方，両事例の間には，内戦発生前の政治体制や和平合意締結時の軍事バランスについて違いがある。だが，既存研究の分析結果に照らせば，これらの変数も両事例の違いに影響を与えていない。

したがって，両国における和平合意の成否は，既存研究が指摘する要因では，説明できない。両合意の成否は，和平合意に政治条項（そして軍事条項）が入っていたか否かによって，説明できるのである。

グアテマラの 1996 年合意は，政治条項を含んでいなかった。このことは，和平合意締結時の政治状況を踏まえると，とても重要であった。中道右派の国民進歩党（PAN）政権は，支持基盤が不安定であった（Stanely & Holiday 2002）。同党は 1996 年 11 月の選挙でグアテマラ共和戦線（FRG）に勝利したばかりだったが，選挙結果は非常に僅差であった。また，グアテマラでは長く軍が政治に干渉しており，政党システムや国家の財政基盤は脆弱であった。実際，2000 年 1 月に行われた選挙では，FRG が PAN に勝利して与党となった。したが

120　　第 II 部　安全保障

って，PAN 政権は国内の政治的費用に非常に敏感であり，そのために，政治条項がなかったにもかかわらず，和平合意の実施はしばしば滞った。仮に和平合意に政治条項が含まれていれば，PAN 政権は国内の対立勢力から激しい突き上げを受け，合意を破棄した可能性が高い。また，政権側の裏切りを懸念する URNG が，動員解除に抵抗した可能性もある。現実には，和平合意の履行がさまざまな面で滞っていたにもかかわらず，URNG は迅速に動員解除を進め，和平合意締結の半年後，1997 年 5 月には動員解除を完了した。この背景には，政権側の和平合意へのコミットメントに対する URNG の信頼があったのである。

　これに対して，ルワンダの和平協定には，政治条項と軍事条項が含まれていた。そして両条項の存在が，和平協定の実施を阻んだのである。アルーシャ協定の政治条項は，大統領から暫定政権へと，大幅な権力の移譲を行うことを定めていた。暫定政権では，21 の閣僚ポストのうち，フツ族穏健派と RPF が首相・副首相ポストに加えて 14 ポストずつを占めることとなっていた。それに対してハビャリマナの政党には，国防大臣ポストを含む 6 ポストのみが約束されていた。また，RPF と政権側の兵士は国軍に統合され，指揮系統ポストの構成比率は 1：1，兵士の構成比率は 4：6 と定められた。

　アルーシャ協定の政治条項・軍事条項が実施されれば，内戦再発リスクは大幅に低下していたであろう。しかし実際には，ハビャリマナ大統領は RFP の軍事攻勢やフランス・世界銀行の経済的圧力を受けて協定締結を余儀なくされただけであった。また，フツ族過激派の共和国防衛同盟（CDR）は，アルーシャ協定の政治条項・軍事条項に強く反対した。彼らからすれば，これらの条項は CDR の権益を大幅に損なうと同時に，国軍の指揮権の移譲を通じて，彼らの身の安全をも脅かすものであった。1993 年 10 月，ブルンジでフツ族出身のンダダイェ大統領が暗殺されたことで，フツ族過激派の危惧は現実味を増していた（Cunningham 2011: 174–175; Khadiagala 2002）。そして，政権側にアルーシャ協定への強い反対があることを認識していた「RPF は，協定が実施されるとは考えていなかったのである」（Doyle & Sambanis 2006: 289）。

　アルーシャ協定の署名を受けて，フツ族過激派は民兵を動員し，暴力を激化させた。ハビャリマナは，フツ族過激派を暫定政府に含めることを主張し，和

第 5 章　内　　戦　　121

平協定の政治条項の修正を主張し続けた。この結果，軍の統合は遅れた（Khad-iagala 2002; Burgess 2014: 89-92）。他方，RPF は兵の徴募を継続し，その勢力は拡大していった（Des Forges 2010）。1994 年 4 月初め，ダル・エス・サラーム会合において，ハビャリマナはついに約束を守り，暫定政府を設置することに同意した。ハビャリマナの乗る飛行機が撃墜されたのは，同会合からの帰途であった。これを受けてフツ族過激派はジェノサイドを開始し，ルワンダは再度内戦に陥ったのである。

　グアテマラとルワンダの比較分析は，和平合意への政治的権力分有条項の挿入が，戦後和平を脅かす場合があることを示している。政治条項は，内戦の再発を防ぐ万能薬でもなければ，無害で安価な政治的シンボルでもない。誤った条件の下で政治条項を挿入すれば，内戦当事者間の利益の分配をめぐる対立を激化させ，内戦の再発リスクを高めてしまう。このようなリスクを軽減するためには，当事者間の利益の分配交渉を，双方の裏切りの懸念が少ない形で解決する必要がある。例えば各陣営の指導者に対する経済的利益の供与，関係地域への経済援助，領土条項の活用などがありうる。

4　まとめと展望

　内戦は，当事国やそこに住む市民だけでなく，国際社会全体にとっても大きな脅威の一つである。冷戦後，国内紛争に対処するためのグローバル・ガバナンスの試みは急速に拡大した。そして，その過程において，国家や国際機関，企業，そして NGO など，多様な主体がかかわる状況が生まれた。国内紛争のグローバル・ガバナンスの発展や，その中での個々の紛争への対応は，国家間のパワー・ポリティクスや国際規範の変化など，国際レベルでの要因に，強く規定されている。しかし，国内紛争の動態は，紛争当事国やその国内の一部地域のローカルな要因に規定される部分も大きい。この 2 つのレベルのズレは，時に壊滅的な結果をもたらす。ルワンダでの権力分有協定の破綻とジェノサイドの発生は，両者のズレが最も顕著に表れた例の一つである。

　今後の国内紛争とグローバル・ガバナンスの研究は，政策的な重要性も勘案しつつ，国内紛争を取り巻く国際環境と，国内紛争の動態を定めるローカルな

要因との間の接点に焦点を当てていく必要がある。そのような観点から，ここでは，特に2つの研究課題を指摘する。

一つは，内戦下の市民への人道アクセスの問題である。国際社会が内戦当事者による暴力や飢饉（ききん）などに晒されている人々を支援するためには，NGOの国際社会が問題を認識し，支援を行う意思と能力が必要である。同時に，内戦当事国政府や反乱軍が，国際社会の関与を承認する必要がある。だが，これらのアクターの承認を得ることは，容易ではない。政府は対反乱政策の一部として市民への暴力や飢饉を活用する場合があり，反乱軍も自らの組織や支配地域についての情報の漏洩を嫌う。いくつかの萌芽的な研究は出てきているが，（小林 2017），政策的な重要性を考えても，今後，さらなる研究の発展が必要である。

もう一つは，内戦やそれに伴う人道危機の発生や終了の予測の問題である。これまでの内戦についての研究は，主に過去の事例についてゲーム理論，事例研究，計量分析，実験などの手法を用いて分析を行っている。しかし，今後，内戦の発生を予防するためのグローバル・ガバナンスを整備していくうえでは，いつ，どこで内戦が発生するかを予測することが重要である。この分野でも，近年，計量手法を駆使した新しい研究が行われており（Hegre et al. 2013），さらなる発展が期待される。

◆　さらに読み進める人のために ─────

ポール・コリアー／中谷和男訳『最底辺の10億人──最も貧しい国々のために本当になすべきことは何か？』日経BP社，2008年。
　＊オックスフォード大学の開発経済学者であり，世界銀行で内戦研究チームを率いた著者が，開発問題の一つとして内戦を分析し，政策提案を行っている。

広瀬佳一・湯浅剛編『平和構築へのアプローチ──ユーラシア紛争研究の最前線』吉田書店，2013年
　＊主に政治学分野の国内紛争についての研究動向がカバーされており，ユーラシア以外の地域の紛争研究にも応用できる。

Stathis N. Kalyvas, *The Logic of Violence in Civil War*, Cambridge University Press, 2006.
　＊内戦の過程における暴力の行使について，ミクロ・レベルでの理論化と実証分析を行っている。近年の内戦研究の基礎をなす本。

遠藤貢編『武力紛争を越える──せめぎ合う制度と戦略のなかで』京都大学学術出版会，2016年。
　＊多様な学術分野の視点から紛争について分析している。自分が興味深いと感じた章の著者の他の本を探して読んでみるとよい。

■ 引用・参考文献

上杉勇司・青井千由紀編 2008『国家建設における民軍関係──破綻国家再建の理論と実践をつなぐ』国際書院。

外務省国際法局国際法課 2016「国際刑事裁判所（ICC）」http://www.mofa.go.jp/mofaj/files/000162093.pdf（アクセス日 2017 年 12 月 19 日）。

栗本英世 1996『民族紛争を生きる人びと──現代アフリカの国家とマイノリティ』世界思想社。

小林綾子 2017「アフリカの内戦における人道アクセス問題と反乱軍──南スーダンを事例として」『国際政治』186 号，80-96 頁。

コリアー，ポール／中谷和男訳 2008『最底辺の 10 億人──最も貧しい国々のために本当になすべきことは何か？』日経 BP 社。

増田雅之 2011「中国の国連 PKO 政策と兵員・部隊派遣をめぐる文脈変遷──国際貢献・責任論の萌芽と政策展開」『防衛研究所紀要』13 巻 2 号。

藤原帰一・大芝亮・山田哲也 2011『平和構築・入門』有斐閣コンパクト。

Abbott, Kenneth W., Robert O. Keohane, Andrew Moravcsik, Anne-Marie Slaughter, and Duncan Snidal 2000, "The Concept of Legalization," *International Organization*, 54(3): 401-419.

Arjona, Ana, Nelson Kasfir, and Zachariah Mampilly 2015, *Rebel Governance in Civil War*, Cambridge University Press.

Autesserre, Séverine 2010, *The Trouble with the Congo : Local Violence and the Failure of International Peacebuilding*, Cambridge University Press.

Avant, Deborah D. 2005, *The Market for Force: The Consequences of Privatizing Security*, Cambridge University Press.

Barnett, Michael N. and Martha Finnemore 2004, *Rules for the World: International Organizations in Global Politics*, Cornell University Press.

Beber, Bernd and Christopher Blattman 2013, "The Logic of Child Soldiering and Coercion," *International Organization*, 67(1): 65-104.

Berdal, Mats R. and David Malone, International Peace Academy 2000, *Greed & Grievance : Economic Agendas in Civil Wars*, Lynne Rienner Publishers.

Blattman, Christopher, Hartman Alexandra C., and Robert A. Blair 2014, "How to Promote Order and Property Rights under Weak Rule of Law? An Experiment in Changing Dispute Resolution Behavior through Community Education," *American Political Science Review*, 108(1): 100-120.

Burgess, Stephen 2014, "From Failed Power Sharing in Rwanda to Successful Top-Down Military Integration," in Roy Licklider ed, *New Armies from Old: Merging Competing Militaries after Civil Wars*, Georgetown University Press.

Cederman, Lars-Erik, Kristian Skrede Gleditsch, Idean Salehyan, and Julian Wucherpfennig 2013, "Transborder Ethnic Kin and Civil War," *International Organization*, 67(2): 389-410.

Chenoweth, Erica and Maria J. Stephan 2013, *Why Civil Resistance Works: The Strategic Logic of Nonviolent Conflict*, Columbia University Press.

Cooley, Alexander and James Ron 2002, "The NGO Scramble: Organizational Insecurity and the Political Economy of Transnational Action," *International Security*, 27(1): 5–39.

Cunningham, David E. 2011, *Barriers to Peace in Civil War*, Cambridge University Press.

Derouen, Karl, Jenna Lea, and Peter Wallensteen 2009, "The Duration of Civil War Peace Agreements," *Conflict Management and Peace Science*, 26(4): 367–387.

Des Forges, Alison 2010, *Leave None to Tell the Story: Genocide in Rwanda*, 2nd ed., Human Rights Watch.

Doyle, Michael W. and Nicholas Sambanis 2006, *Making War and Building Peace: United Nations Peace Operations*, Princeton University Press.

Fearon, James D. 1998, "Bargaining, Enforcement, and International Cooperation," *International Organization*, 52(2): 269–305.

Fearon, James D. and David D. Laitin 2003, "Ethnicity, Insurgency, and Civil War," *American Political Science Review*, 97(1): 75–90.

Fearon, James D. and David D. Laitin 2011, "Sons of the Soil, Migrants, and Civil War," *World Development*, 39(2): 199–211.

Finnemore, Martha 2003, *The Purpose of Intervention : Changing Beliefs About the Use of Force*, Cornell University Press.

Fortna, Virginia Page 2004, "Does Peacekeeping Keep Peace? International Intervention and the Duration of Peace after Civil War," *International Studies Quarterly*, 48(2): 269–292.

Gates, Scott 2002, "Recruitment and Allegiance: The Microfoundations of Rebellion," *Journal of Conflict Resolution*, 46(1): 111–130.

Haufler, Virginia 2015, "Orchestrating Peace? Civil War, Conflict Minerals, and the United Nations Security Council", in Kenneth W. Abbott, Philipp Genchel, Duncan Snidal, and Bernhard Zangle eds., *International Organizations as Orchestrators*, Cambridge University Press.

Hegre, Håvard 2004, "The Duration and Termination of Civil War," *Journal of Peace Research*, 41(3): 243–252.

Hegre, Håvard, Joakim Karlsen, Håvard Mokleiv Nygård, Håvard Strand, and Henrik Urdal 2013, "Predicting Armed Conflict, 2010–2051," *International Studies Quarterly*, 57(2): 250–270.

Herbst, Jeffrey I. 2000, *States and Power in Africa: Comparative Lessons in Authority and Control*, Princeton University Press.

Hironaka, Ann 2005, *Neverending Wars: The International Community, Weak States, and the Perpetuation of Civil War*, Harvard University Press.

Hoddie, Matthew and Caroline Hartzell 2003, "Civil War Settlements and the Implementation of Military Power-Sharing Arrangements," *Journal of Peace Research*, 40(3): 303–320.

Hultman, Lisa, Jacob Kathman, and Megan Shannon 2014, "Beyond Keeping Peace: United Nations Effectiveness in the Midst of Fighting," *American Political Science Review*, 108 (4): 737–753.

Jo, Hyeran and Beth A. Simmons 2016, "Can the International Criminal Court Deter Atrocity?," *International Organization*, 70(3): 443–475.

Kalyvas, S. N. 2006, *The Logic of Violence in Civil War*, Cambridge University Press.

Kalyvas, Stathis N. and Laia Balcells 2010, "International System and Technologies of Rebellion: How the End of the Cold War Shaped Internal Conflict," *American Political Science Review*, 104(3): 415–429.

Khadiagala, Gilbert M. 2002, "Implementing the Arusha Peace Agreement on Rwanda," in Stephen John Stedman, Donald S. Rothchild, and Elizabeth M. Cousens eds., *Ending Civil Wars: The Implementation of Peace Agreements*, Lynne Rienner.

Luttwak, Edward N. 1999, "Give War a Chance," *Foreign Affairs*, 78(4): 36–44.

Lyall, Jason and Isaiah Wilson 2009, "Rage against the Machines: Explaining Outcomes in Counterinsurgency Wars," *International Organization*, 63(1): 67–106.

Mueller, John 2000, "The Banality of Ethnic War," *International Security*, 25(1): 42–70.

Obayashi, Kazuhiro 2017, *Rebel Recruitment and Information Problems*, Routledge.

Paris, Roland 2004, *At War's End : Building Peace after Civil Conflict*, Cambridge University Press.

Salehyan, Idean, David Siroky, and Reed M. Wood 2014, "External Rebel Sponsorship and Civilian Abuse: A Principal-Agent Analysis of Wartime Atrocities," *International Organization*, 68(3): 633–661.

Snyder, Jack and Leslie Vinjamuri 2003・04, "Trials and Errors: Principle and Pragmatism in Strategies of International Justice," *International Security*, 28(3): 5–44.

Stanely, William and David Holiday 2002, "Broad Participation, Diffuse Responsibility: Peace Implementation in Guatemala," in Stedman, Stephen John, Donald S. Rothchild, and Elizabeth M. Cousens eds., *Ending Civil Wars : The Implementation of Peace Agreements*, Lynne Rienner.

Staniland, Paul 2012, "Organizing Insurgency: Networks, Resources, and Rebellion in South Asia," *International Security*, 37(1): 142–177.

Stewart, Frances 2008, *Horizontal Inequalities and Conflict: Understanding Group Violence in Multiethnic Societies*, Palgrave Macmillan.

Straus, Scott 2006, *The Order of Genocide: Race, Power, and War in Rwanda*, Cornell University Press.

Toft, Monica Duffy 2010, "Ending Civil Wars: A Case for Rebel Victory?," *International Security*, 34(4): 7–36.

Uppsala Conflict Data Program 2017, Ucdp Database, Retrieved from www.ucdp.uu.se/database

Walter, Barbara F. 2009, "Bargaining Failures and Civil War," *Annual Review of Political Science*, 12(1): 243–261.

Weinstein, Jeremy M. 2006, *Inside Rebellion: The Politics of Insurgent Violence*, Cambridge University Press.

Werner, Suzanne 1999, "The Precarious Nature of Peace: Resolving the Issues, Enforcing the Settlement, and Renegotiating the Terms," *American Journal of Political Science*, 43(3): 912–934.

［大林一広］

第Ⅲ部　政治経済

第 6 章

貿　　易

FTA が生み出すリージョナル・ガバナンス

> 近年，2 カ国または少数の国々が自由貿易協定（FTA）を締結する動きが活発である。世界貿易機関（WTO）を中心とする多国間の貿易自由化を重視してきた日本もその例外ではない。東アジア地域における FTA の増加は，どのような要因によるものか。本章では，東アジア各国の FTA 締結のパターンを概観したうえで，マクロな要因として同地域の国家間のパワー・バランスの変化を検討するとともに，ミクロな要因として各国の国内政治を検討する。最後に，アジア太平洋地域の新たな貿易秩序と環太平洋パートナーシップ（TPP）の行方を展望する。

1 貿易とグローバル・ガバナンス

◀貿易のグローバル・ガバナンス論

　本章では，貿易分野のガバナンスの特徴として，貿易の自由化を原則とする多国間制度から 2 国間協定に移りつつある現象に注目する。投資を行うホーム国と投資を受け入れるホスト国の間の 2 国間協定を中心とした投資分野のガバナンスについては，第 7 章を参照してほしい。

　経済のグローバル化によって，国境を越えて市場が統合されつつあり，国家が市場をコントロールすることが困難になっているとして，国家の役割の低下

が指摘されてきた。ストレンジは「かつて国家が市場の支配者であったところでは，今や市場が多くの重要な問題に関して国家の政府をさしおいて支配者となっている」と述べ，経済のグローバル化による国家の衰退を指摘した（ストレンジ 1998: 18）。国家の自律性が低下し，グローバル化された市場へのパワー・シフトが進む中で，最も重要な課題はグローバル・ガバナンスをどのように形成するかである。

21世紀のグローバル貿易体制は，投資や人権，環境といった従来の貿易問題を超える分野を包括するようになり，世界貿易機関（WTO）という一つの国際機関だけでは管理できないほどに複雑化している（毛利 2002）。覇権国を中心とする自由貿易体制ではなく，多様な主体による協調的な貿易体制が要請されるようになった。その背景には，アメリカの覇権の相対的な衰退や多国籍企業のグローバル・ネットワークの拡大，人権や環境にも配慮した持続可能な開発概念が生まれてきたことなどが複雑に絡んでいる（毛利 2002: 142）。

このように，かつての関税及び貿易に関する一般協定（GATT）における商品貿易だけではなく，サービス貿易や知的財産権についても同様の制度化が進み，自由貿易体制の対象範囲は広がった。しかし，多国間の国際貿易レジームによる自由貿易の制度化は遅々として進まず，国家から市場への相対的なパワー・シフトが野放しで進行している。一方で，グローバルな自由化に対する反グローバリゼーションの動きが市民社会で台頭してきている。貿易自由化の功罪が明らかとなり，貿易とその他の領域との調整の問題が提起されているのである。以下では，その歴史的背景を概観する。

◀ グローバル・ガバナンスの功罪と WTO の変容

第二次世界大戦後の国際経済秩序では1970年代初頭まで，物質的，制度的，理念的なレベルのすべてにおいて，アメリカのリーダーシップが大きな役割を果たしていた。物質面では，アメリカの軍事力と経済力は他を圧倒していた。制度的には，1944年のブレトンウッズ協定に基づいたGATT，国際通貨基金（IMF），世界銀行（World Bank）などの公式の政府間機構が主な役割を担っていた。理念的には，国際的自由経済体制と福祉国家（雇用の確保や経済成長の目標に対して国家が政策を自律的に決定する。詳しくは**第9章**）の共存，いわゆる「埋

め込まれた自由主義（embedded liberalism）」が支配した（Ruggie 1983）。この時期，自由貿易は物品の関税引き下げに限定され，国家間の資本の移動は厳しく統制されていた。国内における政策の自律性を保障するために，アメリカのドルを基軸通貨とする固定為替相場制度が導入された。

冷戦の終結に象徴される 1990 年代の国際政治体制の変化は，貿易をめぐる国際秩序の根本的変化を招いた。アメリカを中心とした一極体制がより強化され，貿易をめぐるグローバル・ガバナンスにも変化の兆しが現れた。ハートによれば，冷戦期は平和と安全というハイ・ポリティックスの問題が，国家間の政治的な関係を決定づける主な要因であった。経済の繁栄やその他の問題は，ロー・ポリティックスの対象とされ，テクノクラート（専門知識を持つ官僚）の間で話し合われていた。しかし冷戦が終わると，GATT の原則に基づいた貿易システムと多くの協定が，急速に国家間関係を規定するゲームの主要なルールになった（Hart 1997）。

対外経済政策の遂行において安全保障への考慮が相対的に低くなると，アメリカなどの先進国は途上国に対して，過去に貿易自由化の例外とした分野の開放を本格的に要求するようになった。ウルグアイ・ラウンドの妥結と WTO の船出は，国際貿易環境の変化を浮き彫りにした。GATT 体制の下では，農産物とサービス業の自由化をめぐる先進国と途上国間の対立が続いたが，1995 年に WTO が設立されると，貿易自由化の範囲が農産物，サービス，知的財産権などへ大幅に拡大・強化され，紛争解決のための新たな手続きも導入された。

しかし，議題の拡大と制度化の進展は，貿易自由化をめぐる先進国と途上国との利害対立をより浮き彫りにした。それは，WTO の貿易自由化交渉が依然として難航していることからも明らかである。WTO 交渉難航の原因としては，投資，競争，環境，労働などの新しい分野をめぐる対立，農業とサービス分野の市場アクセスをめぐる対立，ポジティブ・リスト方式（輸入自由品目表）など自由化交渉の方式に内在する問題などが挙げられる。中でもコンセンサス方式（全会一致方式），一括受諾方式（すべての分野で合意が成立して初めて交渉が妥結する方式）に基づく弱い意思決定メカニズムを見直すべきであるという意見が多い。従来は交渉の焦点は主に農業であったが，今はサービスや鉱工業製品などの非農産品の市場アクセス（NAMA：Non-Agricultural Market Access）の重要性

第6章　貿　易　131

が増し，それもまた現在のドーハ・ラウンドが難航している一因となっている。

　もっとも，グローバルなレベルの事象は，それ自身のダイナミックスを持っている。例えば，経済のグローバリゼーションが進めば，それを管理するグローバル・ガバナンスも強化されていく可能性がある。もちろん，その進展は，分野によって異なる。貿易の分野では，GATT から WTO への移行で，ルールが明確化・体系化され，またルールの適用に関して第三者機関の判断が重視されるなど，法化と呼ばれるまでにガバナンスが強化されている（Goldstein 1996）。ただし，ここまでの WTO での交渉の進捗は芳しくない。

◀オルタナティブ・グローバル・ガバナンスとしての FTA ／ TPP の台頭

　上述のような争点の多様化に伴う WTO 交渉の行き詰まりに対処するため，主要国は別の方策，すなわちオルタナティブ（代替的な）・グローバル・ガバナンスとして，自由貿易協定（FTA）を積極的に模索するようになった。FTA は，特定の 2 以上の国々の間において締結される，関税などの貿易障壁を撤廃・削減する合意であり，関税同盟と並んで，地域貿易協定（RTA）と称される。関税同盟が，非加盟国からの輸入に対して加盟国が共通関税を適用する制度なのに対して，FTA は，加盟国間の特恵的アクセスを可能にする貿易制度である。どちらも，WTO において正当な地域経済統合として認められている。先進国は自国市場への特恵的なアクセスを許す代わりに，途上国に農産物，サービス，知的財産権分野の開放を要求するなど，WTO 交渉では実現困難な問題の解決を FTA 交渉を通じて図っている。

　多数の国家が互いに FTA を結ぶことは，経済統合の「制度化」の更なる進展を意味した。モノ，サービス，資本，人の流れが増加・拡大する「事実上の（de facto）」統合だけでなく，ルールを定めた協定が支える「制度的・法的な（de jure）」統合へと発展したのである。1990 年代半ば以降，多くの国が FTA 政策を積極的に推進することによって，全世界での FTA 締結件数は急速に増加した。図6-1 からわかるように，WTO に通報されている RTA の数は，1990 年の 100 件から，2012 年には 550 件へと急増している。

　特に，アジア太平洋，東アジアにおける地域統合の動きは注目に値する。そこでは多くの 2 国間 FTA が形成されており，また多国間でも，東南アジア諸

132　第Ⅲ部　政治経済

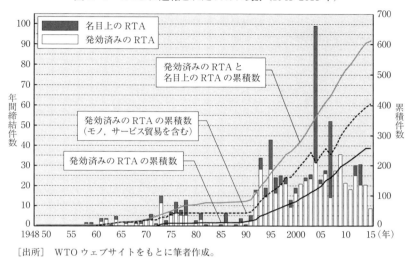

図6-1 WTOに通報されたRTAの数（1948-2015年）

［出所］　WTOウェブサイトをもとに筆者作成。

国連合（ASEAN）に日中韓を加えたASEAN+3のほか、2005年には東アジア・サミットが発足するなど、拡大の傾向にある。環太平洋パートナーシップ（TPP）、東アジア地域包括的経済連携（RCEP）、日中韓FTAなど、さまざまな枠組みが打ち出され、アジア太平洋地域の新秩序が構築されつつある。同時に、複数の国際制度の中でどの国際制度を活用するかという、「フォーラム・ショッピング」と呼ばれる問題が浮上している（→第1章）。

とりわけ、TPPは2015年10月に大筋合意に至り、広い地域にわたる「メガFTA」を通じた新通商秩序構築の議論を加速化させた。TPP大筋合意の翌月、停滞気味だった日中韓FTAの交渉を加速することで各国の首脳が一致したのは一例である。TPPは、単なる貿易協定にとどまらず、アジア太平洋地域におけるアメリカのプレゼンスを確保するという、より広い意味での安全保障上の意義も有する（大江 2016; Haftel 2007）。他方、中国は、日中韓とASEAN10カ国にオーストラリア、ニュージーランド、インドを加えた計16カ国が参加するRCEPを、アジアの自由貿易圏づくりの中心にしたいと考えている。RCEPが実現すれば、人口約34億人、国内総生産（GDP）約20兆ドル、

貿易総額10兆ドルに及ぶ広域経済圏が出現するといわれる（経済産業省 2013）。

② 研究動向——貿易をめぐるグローバル・ガバナンスとFTA

◀貿易のリージョナル・ガバナンスと「ドミノ効果」

　このように，グローバルなレベルでのガバナンスに対して，地域レベルのさまざまな問題に対する秩序形成として，リージョナル・ガバナンスが注目されている。リージョナリズム（地域主義）は統合のプロセスを通じて，隣接する諸国の間で貿易や投資を促進すると同時に，規模の経済を通じて経済成長を刺激することから，多くの国がこの方向に倣っている。特に，近年の地域統合の動きはニュー・リージョナリズム（新地域主義）ととらえられるようになった。

　古いリージョナリズムでは主権国家が主なアクター（主体）であったが，ニュー・リージョナリズムにおいては，国家とともに非国家主体も重要な役割を担っており，グローバル・レベルでの構造転換を視野に入れた動きも多い。したがって，ニュー・リージョナリズムは単一地域の内的状況のみから理解できるものではない。特定地域の地域化プロセスは，全世界にまたがるさまざまな地域間の関係および地域内部の状況を，体系的に反映しているのである（Hettne 1999）。こうして，ニュー・リージョナリズムは，国家のみならず非国家主体，とりわけ市民社会と民間企業の間における一連の公式・非公式な関係を含む新しい国際関係，あるいはトランスナショナルな関係の中心的なアジェンダとなっている（Söderbaum 2003）。

　では，このようなFTAの広がりは，どのように説明できるだろうか。ボールドウィンは，国際システム・レベルの要因として，「ドミノ効果」に注目した。「ドミノ効果」は，初期のFTAの貿易転換効果がFTA増加の連鎖反応を導くメカニズムである（Baldwin 1995）。この議論では，貿易自由化によって各国の輸入品に負ける産業は衰退し，輸出競争力の強い産業の政治力は強くなる。これらの輸出産業は，自国の参加しないFTAが締結された場合，貿易転換効果による損失を回避するために，そのFTAへの参加を自国政府に要求する。こうして，FTAがドミノのように拡散していく現象が発生する。

　ドミノ効果の議論は，東アジアにおける日中のFTA競争も説明できる。例

えば中国が 2001 年に ASEAN との FTA 交渉の開始を宣言すると，日本は翌年，ASEAN との交渉に入った。また，中国が東アジア自由貿易圏（EAFTA. ASEAN＋3〈日中韓〉の FTA）を提唱すると，日本は東アジア包括的経済連携（CEPEA. ASEAN＋6〈日中韓印豪ニュージーランド〉の EPA／FTA）を推進することで対応した。これらは東アジアにおける主導権争いとしてとらえられる。FTA は地域戦略の一つとして活用されてきたのである。

　近年，東アジアにおける中国の主導権を牽制（けんせい）するために，アメリカがこのような競争に本格的に参加するようになった。アメリカのオバマ政権が推進した東アジアに対する新戦略である「リバランス（rebalance）」もしくは中心軸移動（pivot）論は，TPP を主な媒介として推進されており，中国は中韓 FTA，日中 FTA，RCEP で対抗した。アジア太平洋地域秩序の主導権を握るために，米中は軍事と経済の両面でさまざまな手段を駆使している。

　このような日米中の競争構図は，いわば地域秩序構築（regional architecture）競争の一側面として解釈できる。日本は TPP 交渉参加を宣言し，日中韓 FTA と RCEP にも積極的である。「失われた 30 年」の長期不況から脱するために，TPP のような自由化のレベルが高いメガ FTA を推進することで，経済復興を図ると同時に，拡大する中国の東アジアにおける影響力を牽制する戦略である。2 国間 FTA を先取りすることで「グローバル FTA ハブ」戦略を追求してきた韓国も，その方向性を修正するか否かの岐路に立たされている。

◀ 国内政治アプローチと FTA

　次に，国内政治に注目した代表的な研究として，マンスフィールドとミルナーの研究を紹介しよう。彼らはリージョナリズムに関する議論を，国内政治要因と国際システム要因を強調するものに分け，前者，つまり国内政治分析の重要性を説いている（Mansfield & Milner 1999）。特に，利益団体の影響力などに注目し，国家の選好形成プロセスに焦点を当てている。彼らは，FTA 政策を進めるのも阻害するのも，国内の利益団体だと述べる。FTA 締結は，利益団体が政府に対してどの程度影響力を持っているのか，また，政府が有権者の福祉にどの程度の関心を持っているのか，によって決定されると主張する。

　国内の選好と制度に注目した古典的な研究として，カッツェンスタインの研

究がある（Katzenstein & Shiraishi 1997）。カッツェンスタインは対外政策の決定要因の一つとして，「政策ネットワーク（policy network）」の重要性を強調し，国内集団の政策連合によって対外政策が決められると説明した。政策ネットワークとは，国家の社会に対する役割や機能が拡大されるにつれて，国家が多様な社会的・政治的アクターの政策決定過程に参加することで，社会的・政治的イシューについて国家と社会が相互依存の関係になる様相を指す。このアプローチは，多元的アクターの相互作用に着目し，その相互作用が生じる場としてのネットワーク構造（＝制度）を分析対象とする。

　もっとも東アジアにおけるFTAの事例研究の大多数は，国際システム要因に主たる関心を向けている。国際システム以外に着目する研究の焦点は，文化や情緒などの要因に限られている。東アジアを対象とした研究においては，国内政治要因に関する研究は未開拓の領域として残っているのである。だが，FTAという課題は，構成国の国内政治問題と不可分である。

3 事例研究——東アジア地域のFTAへの対応と新通商秩序の構築

　そこで，本章では，国内政治要因に焦点を当てて，東アジアでFTAが進んでいる理由を明らかにする。その際，次の理由から日本，中国，韓国の3国のFTA事例を検証する。日本は，WTO一辺倒の通商政策からFTA推進へと政策転換し，TPPへの加入にも明らかなようにアジア太平洋地域を広くカバーするFTAの推進に積極的である。中国は，WTO加盟後，中国経済の市場化を加速化し，東アジア全域のFTAであるRCEPを積極的に推進している。韓国は，東アジアで最も多く2国間FTAを結んでいる国であり，近年の日中韓FTAへの高い関心からもわかる通り，東アジア地域主義への関心が高い。

　このように，日中韓3国の通商政策は従来FTAに重点を置いていたが，現在，本格的に「地域的な多国間主義（regional multilateralism）」（金 2016; Kim 2017）を進めようとする兆しが見られる。また，3国とも，地域および2国間FTAを通じた地域経済統合に積極的であるが，焦点としている地域は異なる。そこで本節では，日中韓のFTA推進において，最も重要な要因（同地域の国家間のパワー・バランスの変化や政治リーダーのイニシアティブなど）が国に

よって異なっていることを指摘する。

◀ 日本の FTA 政策

　1990 年代前半の FTA の世界的な増加にもかかわらず，東アジアにおいて
は，FTA 締結の動きは鈍かった。90 年代後半になっても，国内総生産（GDP）
が上位 30 カ国に入る日本，中国，韓国などの東アジアの主要国は FTA を結
んでいなかった。特に，日本は WTO に代表される多国間主義を一貫して重
視し，FTA 締結に慎重な態度をとっていた。ところが，90 年後半以降，日本
は FTA 重視の姿勢に転じる。2002 年，日本は東アジア初の FTA であるシン
ガポールとの経済連携協定（EPA）に署名し，それを手始めに 2005 年にはメ
キシコとの FTA が発効し，マレーシア，チリ，タイとの EPA も順に発効し
た。さらに，ASEAN，スイス，ベトナム，インド，ペルー，オーストラリア，
モンゴルとの EPA 締結に至っている。

　このように日本政府は 1990 年代後半以降，TPP には関心を示さず，2 国間
による FTA を積極的に推進してきた。しかし，最近の日本の FTA 政策には
新しい動向，すなわち 2 国間のものから「地域的な多国間主義（regional multi-
lateralism）」への転換がうかがえる。例えば，民主党政権下の 2013 年，従来の
2 国間重視の態度から一転して TPP への参加表明をし，その後政権交代を果
たした自民党の安倍晋三政権に至っては正式に TPP 交渉入りを果たしている。
すなわち，日本の通商政策の中心は，2 国間 FTA から，多国間 FTA の実現
をもめざすダブルレイヤー（二層式）通商政策へと転換しているのである。

　その背景として，次の 3 点が指摘できる。第 1 に，対米関係である（Solís &
Katada 2015；金 2016）。アメリカは，以前から日本の農産物市場の開放を求め
てきた。同時に，日本側には民主党（鳩山由起夫）政権下で不協和音が生じて
いた対米関係を修復する意向を明らかにすることで，日米同盟を強化する狙い
もあった。中国との関係を重視して東アジア共同体を唱えた鳩山政権では，沖
縄の米軍普天間基地代替施設移転問題に関して日米間で離齬が生じるなど，日
米関係全体が冷え切った状態にあった。TPP は，日米市場統合によってアメ
リカの日本の安全保障への関与を促進する政策とも解釈された。例えば，数多
くの研究が，TPP の締結を通じて日米関係が強化されることにより，アジア

第 6 章　貿　易　137

における中国の力を減じることにつながると論じている（Capling & Raven-hill 2011；Auslin 2012）。さらに対中戦略も見据え，TPP には単なる経済利益を超えた，長期的な安全保障上の大きな意義があると強調している。

　第2に，工業製品の輸出拡大を図ろうとする産業界の要求がある（浦田・木村 2005）。TPP は，東アジアの広域 FTA 構想に参加していなかったアメリカをはじめ，アジア太平洋地域の多数の国が参加し，高いレベルの貿易自由化をめざすとともに，新しいルールを含めた広範な分野のルールについて交渉していた。したがって TPP で定めたルールがアジア太平洋地域の貿易に関する，事実上のルールになる可能性が高い。日本経済団体連合会（経団連）はこのような「ルール作り」の重要性を指摘し，日本政府に TPP への早期加入を促した。経団連は，TPP への日本の参加は不可避であるという認識の下で，アジア太平洋地域におけるルール作りを主導することによって，域内の経済成長と雇用の創出に貢献するべきであると，早期加入の必要性を声高に叫んでいた。

　第3に，韓国の存在である。韓国は，日本の三大輸出市場であるアメリカ，欧州連合（EU），中国と FTA を締結し，FTA 政策を積極的に推進していた。もともと東アジアにおける FTA 競争におくれをとっているという認識があった日本政府は，日本が被る経済・外交上の不利益に対して危機感を抱いていた。例えば，2011 年の民主党の「経済連携プロジェクトチーム」座長の鉢呂吉雄元経済産業相は，米韓 FTA 承認を契機に日本も TPP を決断する時期になったと述べ，韓国におくれをとってしまうという懸念を強く示している。他方で，日韓の場合，競合する輸出品の割合が 7 割と高く，FTA の有無が日本にマイナスの影響を直接及ぼしかねないことが危惧された（寺田 2013: 260）。しかし，日本の TPP 参加は，韓国に追いつくという日本の輸出業界の要請に応えることを意味したのである。

　これらのインセンティブにもかかわらず，日本の TPP 参加は難航した。主たる要因は，農業者「戸別所得補償制度」の拡充・強化に反対する「全国農業協同組合中央会（JA 全中）」の存在であった。戸別所得補償とは，農産物の価格が生産コストを下回った場合に，国がその差額分を生産農家に補償する制度である。アメリカや EU は戸別所得補償を行っているが，日本では価格に応じて手数料収入が決まる JA 全中の存在が実施の妨げになっていた。

138　第Ⅲ部　政治経済

このように JA 全中・農林族・農水省を中心とする強力な「農政トライアングル」が，農産物貿易の自由化を困難にしていた。JA 全中に代表される農業団体の抵抗と政府内の農業関係集団が，TPP 交渉を妨げていたのである（Kim 2013）。そこで民主党の菅直人首相は TPP 交渉参加に向けて，民主党の農業政策の柱であった戸別所得補償制度の拡充を柱とした 2 兆円規模の農業支援策を検討した。続いて安倍首相は，「失われた 20 年」といわれる日本経済の課題を解決するため，TPP を新たな需要と雇用創出の契機とし，これを成長につなげる政策としてとらえた。そして TPP 参加によって，アメリカとのFTA への道を開き，高いレベルの「同時多発的 FTA」（後述）を進めてきた韓国に追いつくという，日本の輸出業界の要請に応えた。

◀ 中国の FTA 政策

中国の FTA 戦略は，政治・経済・安全保障政策を統合した戦略的な意味合いを持っている。その特徴は，東アジアを最重点地域として FTA を展開している点である。胡錦濤国家主席は，「与隣為善，以隣為伴（隣国と友好関係を結び，隣国をパートナーとする）」外交政策の一環として，中国の FTA における東アジア重視の路線を打ち出している。以下で詳しく見てみよう。

中国政府は，日本とほぼ同時期に FTA を推進し始めた。中国は WTO 加盟を果たした 2001 年前後から，アジア各国との FTA 交渉を積極化した。中国は 1978 年の改革開放以降，WTO 加盟を通商政策の第一目標に掲げていた。その背景には，市場経済と自由貿易を掲げる WTO への加盟を梃子に，計画経済のメカニズムを一掃し，国内経済の構造改革を促進するという狙いがあった（張 2007）。WTO 加盟によって，中国は自由貿易の多大なメリットを享受した。例えば，政府主導の国内改革の行き詰まりを打開するための外圧としての利用や，中国企業の海外進出機会の拡大，海外直接投資の受け入れ促進，国際経済問題における発言権の確保，多角的な最恵国待遇の享受などがメリットとして挙げられる。しかし WTO ではドーハ・ラウンドが決裂状態にあり，中国製品に対してアンチダンピング課税や相殺関税が多用されたことで，中国は WTO よりも FTA に対する関心を高めていった。

中国は日本が提案したアジア通貨基金（AMF）構想に反対するなど，

1997 年までは地域協力に消極的であった。しかし，FTA による経済関係の強化が，ASEAN 諸国に生じた中国脅威論を払拭（ふっしょく）するうえで有効だと認識した（大矢根・大西 2016）。2000 年 11 月に ASEAN に FTA の共同研究を提案し，01 年には 10 年以内の交渉完了を目標に掲げるなど，FTA 政策を積極的に推進し始めた。中国は現在，10 カ国・地域（ASEAN，シンガポール，パキスタン，ニュージーランド，チリ，ペルー，コスタリカ，香港，マカオ，台湾）と FTA 等を締結しているほか，6 カ国・地域（湾岸協力理事会（GCC），オーストラリア，アイスランド，ノルウェー，南部アフリカ関税同盟（SACU），スイス）と FTA 交渉中，中韓 FTA は研究中，日中韓 FTA は 2011 年 12 月に共同研究を終了している（2018 年 2 月時点）。

それと同時に，ASEAN ＋ 3 という枠組みの中で，東アジア地域を包摂する FTA 締結に向けての取り組みを提唱してきた。2003 年の第 7 回首脳会議で中国は東アジア自由貿易協定（EAFTA）の可能性を検討すべきだと提案した。これを契機に，05 年に ASEAN ＋ 3 専門家による EAFTA の実現可能性の調査が開始され，06 年には EAFTA 構築に向け政府間協議を進めていくべきとする報告書がまとめられた。

日本政府の TPP 参加表明は，中国政府に大きなインパクトを与えた。日本の参加は ASEAN 中心の緩慢だったアジア太平洋地域統合の動きに刺激を与えたのである。カナダとメキシコが TPP への参加意欲を示しただけでなく，これまで ASEAN ＋ 日中韓の枠組みに固執してきた中国が，日本提案の ASEAN ＋ 6 に対しても柔軟な姿勢に転じた（岡部 2012: 100）。例えば，2011 年の ASEAN ＋ 6 の非公式会合では，日中両国が自ら進めてきた統合枠組みにこだわらず，貿易，投資，サービスの自由化に向けた作業部会を設置することを共同で提言している。

さらに，中国はアメリカ主導で進められた TPP に対抗するために，自国が主導する RCEP の締結に積極的に乗り出した（大橋 2016）。TPP は，アジア太平洋地域の通商秩序にとどまらず，グローバル・ガバナンス全般にも影響を及ぼしうる新たな枠組みである（Petri & Plummer 2012）。また，TPP は計 12 カ国が参加する史上最大規模の多国間 FTA であり，日米が主導する事実上の「経済・安全保障同盟」ともいわれた。それにもかかわらず，TPP に加入する

ことは中国にとって短期的には難しい。TPP では，国有企業に対する規制，知的財産権，環境問題など，政府主導経済である中国が解決しづらい内容を扱っている。このため，中国市場を TPP の基準に合わせて大幅に開放することが困難であるからである。

RCEP について，中国商務部の高虎城部長は，「人口のカバー率が最も高く，メンバー構成が最も多様であり，経済発展レベルの違いが最も大きく，発展の活力に最も満ちた FTA」として，その重要性を強調している（経済産業省2013）。RCEP の中核として日中韓 FTA を取り上げ，2015 年 11 月の日中韓サミットでは，「包括的かつ高いレベルの FTA 実現のため日中韓 FTA 交渉の加速に向け一層努力」という文言が共同声明に盛り込まれた。実際に，中国指導部は「開放型経済新体制」構築というスローガンのもと，FTA の締結を加速させるという方針を発表している。その方針をより具体化した「自由貿易区戦略実施加速に関する若干の意見」を，2015 年 11 月の中央改革全面深化指導小組第 18 回会議で採択している。

さらに，習近平国家主席は，TPP への対抗策を重点的課題として全面に打ち出した，アメリカのオバマ政権の「アジア重視（Pivot to Asia）」政策に対抗し，「一帯一路」構想を打ち出したのである。それは「インフラ投資というアジアの実需」を取り込むことを目標に，港湾，鉄道，発電施設などインフラ投資を強化し，アジアに中国中心の経済圏をつくる構想を指す。中国からヨーロッパへと抜ける陸路と，中国沿岸から中東，アフリカに至る海路という 2 ルートで経済圏を築く国家戦略でもある。このように，中国は東アジア経済統合の実現をめざして，RCEP と日中韓 FTA，中韓 FTA を通じて TPP の影響力を制限する形のリージョナル・ガバナンスを模索している。

以上に見たように，中国は「FTA はかなりあからさまな手段として同盟に似た取り決めを構築または強化するという政治目的のために中国政府が他国に供与できる，経済的に魅力的な褒賞になりうる」として，FTA を経済外交と政治外交の両方のための重要な戦略として認識している（経済産業省 2016）。中国は WTO 交渉では支配的な役割を担えないが，FTA 交渉では中心的な役割を果たせるという認識から，自国の影響力を強め，政治・安全保障空間を拡大するために FTA を推進している。

第 6 章　貿　易　141

◀韓国の FTA 政策

韓国は日本と同様，1990 年代半ばまでは WTO を中心とする多角的貿易体制を堅持し，FTA や地域統合の動きには消極的であった。しかし，1997 年のアジア通貨危機以降，巨大・先進経済圏と「同時多発的」FTA 政策の推進へと政策転換した。このような韓国の FTA 戦略の特徴は，以下の 3 点にまとめられる。第 1 に，FTA の経済的・政治的効果の最大化のために，原則的に中国，アメリカ，EU 等の巨大先進経済圏と FTA を結ぶことをめざしている。第 2 に，内容面では「包括的」かつ「高いレベル」の FTA を追求する点である。WTO と整合的な FTA を追求することによって，WTO の根幹であるマルチラテラル（多国間）な貿易自由化を促進する高いレベルの FTA を追求している。第 3 に，さまざまな相手国と同時に交渉を進めるという「同時多発的FTA 推進戦略」である。韓国政府はこの戦略を用いて，今まで遅れていたFTA の締結進度を短期間で挽回することによって，交渉相手国の競争心理を誘発し，韓国側の交渉力を高めることを意図した（チェ 2007）。

韓国の FTA 戦略を分析する際には，次の 3 点に留意する必要がある。1 点目として，韓国は東アジアで，最も多く 2 国間 FTA を締結している国である。2004 年にチリとの間で初の FTA を締結して以来，16 年末までにアメリカ，EU，中国，ASEAN，インドなど，14 カ国・地域との FTA を発効させた。また，コロンビア，トルコとの署名を済ませ，日本，インドネシア，日中韓，RCEP，メキシコ，GCC など 8 カ国・地域との交渉を進めている。このように韓国は 2 国間 FTA を積極的に推進してきており，最近ではアジアの地域的な枠組みである日中韓 FTA にも積極的に参加している。

2 点目に，韓国政府は，多国間主義・地域主義への関心が高い。それは，金大中大統領の東アジア・ビジョン・グループ（EAVG）提案や東アジア・スタディ・グループ（EASG）提案からもわかる。EAVG は，1999 年の ASEAN＋3 会議の場で，地域協力メカニズム形成の第一歩として，ASEAN＋3 をより恒久的な地域制度とするために提案された。EASG は，2000 年 11 月，同会議において東アジア経済共同体を構築するための予備段階として提案されている。さらに，韓国政府は，日韓 FTA，韓中 FTA，日中韓 FTA などの域内FTA ネットワークを重層的に構築することによって，東アジア全域の FTA

が結成され，東アジア経済共同体につながるというビジョンを掲げている。

　3点目に，韓国は大統領制のトップ・ダウン型意思決定システムであるため，議院内閣制の日本より政策決定過程において強力なリーダーシップを行使しやすい（中野・廉 1998；飯尾・増山 2004）。韓国の政策決定グループの中には，FTA のような少数の国々による貿易自由化へのアプローチは，多国間主義を補完するきわめて重要な政策である，というコンセンサスが生まれている。

　1998 年に金大中大統領（在任：1998-2003 年）は，韓国初の FTA をチリと締結し，FTA を推進する方針に政策転換した。アジア通貨危機は，改革志向の金大統領の台頭と韓国の経済政策一般，特に貿易政策に頭を悩ませてきた国内の利益団体の弱体化をもたらした。当時，金融危機後に行われた大幅な経済再編によって，農業など，伝統的に市場開放に反対してきた勢力が組織力を失っており，金政権にとっては絶好の政治的機会であった。金大統領は，外務部，財政経済部，通商部の 3 部署に分散されていた通商機能を統廃合して，外交通商部の中に通商交渉本部を設置し，一本化した。行政府の強い権力と国民の新自由主義改革への支持によって，FTA 戦略の開始が可能となった。

　続く盧武鉉大統領（在任：2003-08 年）は，2003 年に就任すると通商交渉本部（OMT）の機能を強化し，シンガポールからアメリカに至るまで，小国と大国の双方を対象として FTA を拡大した。06 年 8 月には元通商交渉本部長かつ元副首相である韓悳洙の主導によって米韓 FTA を促進し，反対派を説得するための大統領委員会を設置することで，OMT を批判から守ることに成功した（Koo 2006）。さらに通商交渉の窓口を通商交渉本部に一本化して強い権限を与え，迅速な交渉を可能にした。例えば，米韓 FTA は盧大統領と外交通商部が独自で進めたため，国家経済諮問委員会などの他の政府省庁は，この意思決定について知らされなかった。この事実も，韓国の通商政策が高度に集権化されていたことを示している。

　上記の要因以外に，国際政治上の側面からも FTA の寄与するところは大きいと考えられた。冷戦終結後は，既存の安全保障協力体制のみでは，アメリカなどと友邦国家としての関係を維持するには限界があった。特に米韓 FTA 交渉当時の盧政権は，米韓軍事同盟において両国を平等な関係とすることを意図して，北朝鮮に対する「太陽政策」を行い，米韓関係は揺らいでいた。FTA

には，このような米韓関係を修復する効果があると考えられていた。

　さらに，2008年に就任した李明博大統領（在任：2008-13年）は，議会に米韓FTAへの合意を求めたほか，「グローバル・コリア」の概念を打ち出し，韓国の総輸出高の70％に達する規模の貿易協定網の構築をめざした。政権の終盤数カ月で妥結を見たEUとの貿易交渉や，中国との2国間協定，日中韓FTAやRCEPなど，アジアにおけるさまざまな貿易交渉は，いずれも李政権のFTA推進の重要な要素であった。

　2013年に就任した朴槿惠大統領（在任：2013-17年）は，通商政策の制度改革に乗り出した。大規模な官僚機構再編に向けた取り組みの一環として，通商・産業政策のさらなる統合を図るという目標を掲げ，再編によって新たに発足させた産業通商資源部に通商交渉の権限を委譲した。同省が2013年6月に発表した新たなFTA工程表では，中国との2国間FTAやRCEPを最優先事項と位置づけ，これにより韓国が「中国を中心とする東アジアの統合市場と，アメリカが主導する環太平洋市場をつなぐくさび」としての役割を果たすとした。

　以上に見てきたように，韓国のFTA戦略は利益集団の要求が変化するさなかにも，大統領のリーダーシップと政府組織によるトップダウン型のイニシアティブによって進められた。

4　まとめと展望

　本章では，東アジア各国がWTOからFTAへと政策転換した要因を探ることによって，パワー・シフトと貿易をめぐる地域的なガバナンスの変容について考察してきた。WTOの多国間貿易交渉の停滞は，日中韓がFTAに取り組む要因となった。日本は，中国やアメリカとのFTAは避け，東南アジアで2国間および地域的FTAネットワークを拡大している。菅首相や安倍首相のイニシアティブが日本のFTA推進を促したとされる。中国は，2001年末にWTO加盟を果たした後にFTAへの熱意を示し，その後，多くのFTAを締結している。その背景には，市場経済を掲げるWTOへの加盟を梃子に，計画経済のメカニズムを一掃し，国内経済の構造改革を促進するという中国政府の狙いがあった。韓国は，2007年にアメリカとのFTAに署名し，積極的な

FTA 推進国かつ域内の意欲的な FTA の連結点となった。韓国政府が短期間で FTA を次々に締結できたのは，政策決定過程において FTA 専用担当部局を設置し，政府主導で積極的に FTA 推進政策を実施した側面が大きい。

さらに今日，アジア太平洋地域の秩序のパラダイムは 2 国間 FTA を超えて，メガ FTA をベースとした広域経済統合の時代に入っている。TPP，RCEP，「一帯一路」構想など，さまざまな枠組みが打ち出され，アジア太平洋地域の新秩序が構築されつつある。とりわけ TPP は 2015 年 10 月に大筋合意に至り，アジア太平洋地域最大の地域経済統合体として注目を集めた。

日本にとって TPP の意義は，アメリカのアジア回帰，中国の経済的および軍事的台頭，日本の存在感の低下といった，新たな国際環境におけるアジア太平洋地域経済秩序の形成に参加することにあった。それは，アメリカとの FTA への道を開き，それによって高いレベルの「同時多発的 FTA 交渉」を進めてきた韓国に追いつくという日本の輸出業界の要請に応えることでもあった。

中国は「運命共同体」「一帯一路」などを声高に叫びながら，地域秩序の主導権を勝ち取ろうとしている。中国は，金融面でもアジアインフラ投資銀行（AIIB）を立ち上げ，アメリカを除外した経済統合のガバナンスを推進している。中国は東アジア経済統合を実現するために RCEP と日中韓 FTA，中韓 FTA を稼働し，TPP の影響力を制限する形の FTAAP を模索している。

韓国でも，TPP は単なる貿易協定にとどまらず，同国の外交・安全保障にとっても有益であると認識されており，韓国政府による加入の意思表明は，このような考えに基づいている。韓国は，TPP に加盟することによって，日本に対する交渉力強化，FTA が増えすぎたことによって複雑化した状況の整理など，多くの便益を得ることができるだろう。

2017 年に入り，TPP はアメリカのトランプ大統領が離脱を表明したことで暗礁に乗り上げた。しかし，TPP は自由貿易を主目的としたうえで，経済連携によって地域の政治的安定を実現し，ガバナンスの向上をめざすという理念に基づいており，その意義を過少に評価してはならないだろう。TPP は，アジア太平洋地域の通商秩序にとどまらず，グローバル・ガバナンス全般にも影響を及ぼしうる新たな枠組みであり，事実上の「経済・安全保障同盟」という側面が強い。すなわち，TPP は WTO ドーハ・ラウンドの停滞に伴い，貿易

交渉の中心的な舞台として地域レベルの自由化に向けた主要な推進力となると同時に，参加国同士の関係強化にもつながる戦略的価値がある。将来的にはTPPはWTOにおける合意を形成するための布石ともなりうる。アジア太平洋地域秩序の構築におけるTPPの行方が注目されている。

◆ さらに読み進める人のために

藤原帰一・李鍾元・古城佳子・石田淳編『経済のグローバル化と国際政治』（国際政治講座3）東京大学出版会，2004年。
＊増大する経済の相互依存関係によって，国家や国際関係がいかなる変容を迫られているのか，その要因を探る。国際制度や国際交渉を検討することにより，グローバル化時代における国際政治と経済の関係を論証している。

大矢根聡・大西裕編『FTA・TPPの政治学──貿易自由化と安全保障・社会保障』有斐閣，2016年。
＊政治学の観点から，各国が貿易自由化を追求する理由について，経済的要因のみならず安全保障・社会保障などの要因を分析している。

ミレヤ・ソリース＝バーバラ・スターリングス＝片田さおり編『アジア太平洋のFTA競争』勁草書房，2009年。
＊FTAの急増は「模倣」と「競争」という拡散メカニズムに起因するとの分析視角から，アジア太平洋各国の貿易政策の変遷を政治的文脈で解説している。

Lloyd Gruber, *Ruling the World: Power Politics and the Rise of Supranational Institutions*, Princeton University Press, 2000.
＊欧州通貨制度や北米自由貿易協定など協力的な超国家制度が浮上している要因として，レジームの受益者の「独力のパワー」に注目し，制度の拡散・維持プロセスを考察している。

■ 引用・参考文献

飯尾潤・増山幹高 2004「日韓における弱い議院内閣制と強い大統領制」曽根泰教・崔章集編『変動期の日韓政治比較』慶應義塾大学出版会。

馬田啓一 2016「ポストTPPとアジア太平洋の新秩序──日本の役割」『国際問題』652号，5-15頁。

浦田秀次郎・木村福成編 2005『日本の新通商戦略──WTOとFTAへの対応』文眞堂。

大江博 2016「TPP合意とアジア太平洋通商秩序」『国際問題』652号，1-4頁。

大橋英夫 2016「TPPと中国の「一帯一路」構想」『国際問題』652号，29-39頁。

大矢根聡 2004「東アジアFTA：日本の政策転換と地域構想──「政策バンドワゴニング」から「複雑な学習へ」『国際問題』第528号。

大矢根聡・大西裕編 2016『FTA・TPPの政治学──貿易自由化と安全保障・社会保障』有斐閣。

岡部直明 2012「TPPと東アジアの結合目指せ──歴史の転換で問われる日本の戦略」『海外

事情』60 巻 4 号，93-103 頁。

金ゼンマ 2016『日本の通商政策転換の政治経済学——FTA/TPP と国内政治』有信堂。

経済産業省 2013「東アジア地域包括的経済連携（RCEP）」http://www.meti.go.jp/policy/trade_policy/east_asia/activity/rcep.html（2017 年 2 月 15 日アクセス）。

経済産業省 2016「第 11 回日中韓経済貿易大臣会合」http://www.meti.go.jp/press/2016/10/20161031006/20161031006.html（2017 年 10 月 20 日アクセス）。

ストレンジ，スーザン／櫻井公人訳 2011『国家の退場——グローバル経済の新しい主役たち』岩波人文書セレクション。

チェ・ヨンゾン 2007「한국 정부의 FTA 추진전략과 문제점（邦訳：韓国政府の FTA 推進戦略と問題点）」『国際関係研究』12 巻，1 号。

張鴻 2007「中国の FTA 戦略」『国際開発研究フォーラム』33 号，99-109 頁。

寺田貴 2013『東アジアとアジア太平洋——競合する地域主義』東京大学出版会。

中野実・廉載鎬 1998「政策決定構造の日韓比較——分析枠組と事例分析」『レヴァイアサン』23 号，78-109 頁。

宗像直子 2004「日本の FTA 戦略」添谷芳秀・田所昌幸編『日本の東アジア構想』慶應義塾大学出版会。

毛利勝彦 2002『グローバル・ガバナンスの世紀——国際政治経済学からの接近』東信堂。

渡邊頼純 2004「WTO 新ラウンドの可能性と FTA の動向」『国際問題』532 号，2-17 頁。

Auslin, Michael 2012, "Getting It Right: Japan and Trans-Pacific Partnership," *Asia-Pacific Review*, 19(1): 21-36.

Baldwin, Richard 1995, "A Domino Theory of Regionalism," in Richard Baldwin, Petri Haaparanranta and Jaakko Kiander eds., *Expanding European Regionalism: The EU's New Members*, Cambridge University Press.

Capling, Ann and John Ravenhill 2011, "Multilateralising Regionalism: What Role for the Trans-Pacific Partnership Agreement?" *The Pacific Review*, 24(5): 553-575.

Caporaso, James 1998, "Regional Integration Theory: Understanding Our Past and Antipating Our Future," in Wayne Sandholtz and Alec Stone Sweet eds., *European Integration and Supranational Governance*, Oxford University Press.

Gilpin, Robert 1981, *War and Change in International Politics*, Cambridge University Press.

Goldstein, Judith 1996, "International Law and Domestic Institutions: Reconciling North American 'Unfair' Trade Laws," *International Organization*, 50(4): 541-564.

Gourevitch, Peter 1977, "International Trade, Domestic Coalitions, and Liberty: Comparative Responses to the Crisis of 1873-1896," *Journal of Interdisciplinary History*, 8(2): 281-313.

Grossman, Gene M. and Elhanan Helpman 1995. "The Politics of Free-Trade Agreements," *The American Economic Review*, 85(4): 667-690.

Haas, Ernst B. 1961, "International Integration: The European and the Universal Process," *International Organization*, 15(3): 366-392.

Haftel, Yoram Z. 2007, "Designing for Peace: Regional Integration Arrangements, Institutional Variation, and Militarized Interstate Disputes," *International Organization*, 61(1): 217-237.

Hart, Michael 1997, "The WTO and the Political Economy of Globalization," *Journal of World Trade*, 31(5): 75-93.

Hettne, Björn 1999, "Globalization and the New Regionalism: The Second Great Transformation," in Björn Hettne, Andrās Inotai and Osvaldo Sunkel eds. *Globalism and the New Regionalism,* Palgrave MacMillan.

Holton, Robert J. 1998, *Globalization and the Nation-State*, Palgrave MacMillan.

Katzenstein, Peter J. and Takashi Shiraishi 1997, *Network Power: Japan and Asia*, Cornell University Press.

Kim, Jemma 2013, "Japan and the Trans-Pacific Partnership (TPP): Rule Setter or Follower?" *Journal of Asia-Pacific Studies*, 21: 193-203.

Kim, Jemma 2017, *Japan and East Asian Integration: Trade and Domestic Politics*, Routledge.

Kindleberger, Charles P. 1973, *The World in Depression, 1929-1939*, University of California Press.

Koo, Min-Gyo 2006, "From Multilateralism to Bilateralism? A Shift in South Korea's Trade Strategy," in Vinod K. Aggarwal and Shujiro Urata eds., *Bilateral Trade Agreements in the Asia-Pacific: Origins, Evolution, and Implication*, Routledge.

Mansfield, Edward D. 1998, "The Proliferation of Preferential Trading Arrangements," *The Journal of Conflict Resolution*, 42(5): 523-543.

Mansfield, Edward D. and Eric Reinhardt 2003, "Multilateral Determinants of Regionalism: The Effects of GATT/WTO on the Formation of Preferential Trading Arrangements," *International Organization*, 57(4): 829-862.

Mansfield, Edward D. and Helen V. Milner 1999, "The New Wave of Regionalism," *International Organization*, 53(3): 589-627.

Mulgan, Aurelia George 2008, "Japan's FTA Politics and the Problem of Agricultural Trade Liberalisation," *Australia Journal of International Affairs*, 62(2): 164-178.

Munakata, Naoko 2006, "Has Politics Caught Up with Markets?" in Peter J. Katzenstein, and Takashi Shiraishi eds., *Beyond Japan: The Dynamics of East Asian Regionalism*, Cornell University Press.

Park, Sung-Hoon and Min-Gyo Koo 2008, "Forming a Cross-regional Partnership: The South Korea-Chile FTA and Its Implications," *Pacific Affairs*, 80(2): 259-278.

Petri, Peter A. and Michael G. Plummer 2012, "The Trans-Pacific Partnership and Asia-Pacific Integration: Policy Implications," *Peterson Institute for International Economics, Policy Brief*, 12-16.

Ruggie, John Gerard 1983, "International Regimes, Transactions, and Change: Embedded Liberalism in the Postwar Economic Order," in Stephen D. Krasner ed., *International Regimes*, Cornell University Press.

Söderbaum, Fredrik 2003, "Introduction: Theories of New Regionalism," *Theories of New Regionalism: A Palgrave Reader*, Palgrave Macmillan.

Solís, Mireya 2013, "South Korea's Fateful Decision on the Trans-Pacific Partnership," *Foreign Policy*, 31.

Solís, Mireya and Saori N. Katada 2007, "The Japan-Mexico FTA: A Cross-Regional Step in the Path towards Asian Regionalism," *Pacific Affairs*, 80(2): 279-301.

Solís, Mireya and Saori N. Katada 2015, "Unlikely Pivotal States in Competitive Free Trade Agreement Diffusion: The Effect of Japan's Trans-Pacific Partnership Participation on Asia-Pacific Regional Integration," *New Political Economy*, 20(2): 155-177.

[金ゼンマ]

直接投資

2国間投資協定によるガバナンス

> 投資分野のガバナンスの特徴は，特定の国際機関や多国間枠組みではなく，投資家（企業）が本社を置くホーム国と投資を受け入れるホスト国の間の2国間協定を中心に展開していることである。本章ではまず，2国間投資協定がなぜ活用されているのかを，各アクターの視点から整理する。そのうえで，「投資協定はホスト国への投資を増やすのか」という問いを立て簡単な実証分析を行う。また，投資協定を結ぶことの弊害として，協定に基づく国際仲裁裁判の増加についてふれる。

1 直接投資をめぐるガバナンス

◆ガバナンスの主体──企業，ホスト国，ホーム国

　海外直接投資（FDI）とは，企業による海外での直接生産を中心とする事業活動である。日本のトヨタ自動車がアメリカでの現地生産のためにケンタッキー州に子会社の工場を設立したケースは，その典型である。さらに，企業の海外進出だけではなく，三菱東京 UFJ 銀行が事業拡大のためにタイのアユタヤ銀行を買収するケースなど，合弁・買収も海外直接投資の一つの形態である（清田 2015: 5）。海外直接投資は，外国での経営権の取得や経営への参加権をともなう投資であり，資産運用を目的として行われる国際的な証券投資や銀行貸

し付けのような間接投資とは区別されている。

　海外直接投資は，企業が国境を越えて事業活動を行う点では，企業や個人の間でカネやモノを交換する貿易と似ているが，企業が事業を外国で行い，しかもそれを長期的に継続するという点で大きく異なる（→**第6章**）。国際連合貿易開発会議（UNCTAD）が発表する「世界投資報告書」（*World Investment Report 2017*）によれば，対外直接投資残高と対内直接投資残高が国内総生産（GDP）に占める割合は，1990年には9.6％と9.4％であったのに対し，2016年にはそれぞれ34.8％と35.5％に伸びている。このような海外直接投資の著しい増加は，1980年代以降の国際経済において注目すべきことの一つといえよう（UNCTAD 2017: 26 Table I.4 より筆者算出）。

　この海外直接投資にかかわる主なアクター（行為主体）は，投資を行う企業（または投資家），ホスト国，ホーム国の三者である。海外で投資活動を行う企業は多国籍企業と呼ばれ，2010年時点で世界には10万3786社程度存在し，89万2114の海外子会社を持つといわれる。このうち約72％は先進国の企業であるが，途上国の企業も着実に割合を伸ばしている（UNCTAD 2011: Web Table 34）。他方，企業の投資先，すなわち投資を受け入れる側の国はホスト国と呼ばれ，2000年代以降は，欧米の先進国に加えてアジアや中南米の途上国も主要なホスト国になりつつある。その他，企業が本社を置くホーム国も重要なアクターである。したがって，投資分野のガバナンスを分析する場合，この三者間での秩序と秩序形成のあり方に着目する必要がある。特に，企業という国家以外のアクターが大きな影響を及ぼしているのが，投資分野のガバナンスの特徴である。

◀2 国間投資協定を中心とするガバナンス

　本章では，この三者間の秩序形成を分析する視角として国際投資協定に注目する。国際投資協定とは，投資家保護や投資自由化に関する国家間の取り決めである。協定を結ぶことでアクター間の権利義務が明確化されるだけでなく，アクターの行動が拘束される（と期待される）ため，協定にはアクター間の利害関係やパワー・バランスが如実に表れる。そのため，協定の交渉過程，内容，そして履行状況を観察することで，投資分野の秩序形成の特徴をつかむことが

図7-1 2国間投資協定の推移

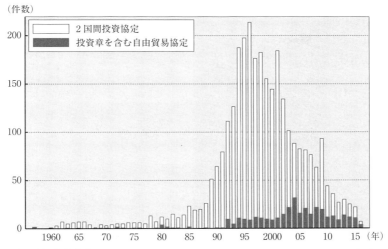

［出所］筆者作成。データは UNCTAD International Investment Agreements Navigator から取得した（2017年3月取得）。

できる。さらに近年，協定を履行させる手段として国際機関による仲裁が活用されており，投資協定を視角とすることで投資分野のガバナンスにおける法の役割や，法へのアクセスの重要性を検討することも可能である。

さて，投資協定の形態には，締結する国の数によって多国間・地域間・2国間の3つのレベルが考えられるが，世界に存在する投資協定は2国間投資協定（BIT）が圧倒的に多い。図7-1は2国間投資協定の数の推移を表したものである。2017年10月現在，締結済みの2国間投資協定は少なくとも2950に達する。また最近では，自由貿易協定（FTA）の中に投資の章が設けられる場合も増えている。北米自由貿易協定（NAFTA）（→**第6章**）や環太平洋（経済連携）パートナーシップ（TPP）（→**第6章**）などは，投資の自由化や保護について詳細なルールを定める自由貿易協定である。このように投資に関する章を設ける2国間自由貿易協定も含めると，2国間投資協定の数は3322あまりになる。

世界初の2国間投資協定は1959年にドイツとパキスタンの間で結ばれたとされるが，2国間投資協定の広がりは第二次世界大戦後の現象である。経済活動のグローバル化に伴って，慣習国際法を基礎とする従来の投資ルールが曖昧

かつ実効性を欠くものとして認識されるようになったことが背景にある（Sala-cuse 2010: 439）。1950年代末からヨーロッパ各国と途上国との間で投資協定の締結が進んだが，80年代末からはアメリカが投資家保護のために2国間協定を活用することになったこと（Vandevelde 1998）や，途上国が投資誘致のために締結を増やし（Elkins et al. 2006），途上国間で締結競争が進んだこと（Jandhyala et al. 2011: 1048）などによって，90年代以降は世界規模で飛躍的に増大していく。最近では，途上国同士で締結されるケースも増えており，例えば，中国，インド，マレーシアなどは，先進国だけではなく多くの途上国と投資協定を結んでいる。ちなみに，日本は2017年2月末現在，24の投資協定と投資の章を含む11の経済連携協定（EPA）を発効している（経済産業省 2017: 675-676）。

　他方で，3つ以上の国を締約国とする多国間投資協定や海外直接投資を一元的かつ包括的に管理することを目的とする国際機関の数はごくわずかである。多国間投資協定の典型としては「エネルギー憲章に関する条約」（1998年4月16日発効）が挙げられる。この条約は，旧ソヴィエト連邦諸国（ロシア，ベラルーシを除く），東欧および欧州連合（EU）加盟国など48カ国および1国際機関を加盟国としており，日本も2002年から加盟している（10月21日発効）。しかし，この条約は名称の通り，締約国のエネルギー分野における投資の自由化と保護に特化した協定であり，それ以外の分野への投資も対象とする包括的なものではない。

　もちろん，今までに多国間の投資協定や国際機関の設立をめざした動きがなかったわけではない。例えば，世界貿易機関（WTO）のウルグアイ・ラウンド交渉（1986～94年）では，投資が交渉議題として取り上げられ，結果として「サービスの貿易に関する一般協定（GATS）」や「貿易に関連する投資措置に関する協定（TRIMs）」など，投資に関するいくつかの協定が成立している。しかし，それ以降のラウンド交渉では，投資家保護や投資自由化についてのより踏み込んだルールの策定には至っていない。これは，先進国の多国籍企業による支配を恐れる途上国の反発が大きかったためである（藤田・若杉 2011: 115）。また，経済協力開発機構（OECD）においても，1995年に「多数国間投資協定」構想が提案されたが，98年に話し合いが決裂し，実現していない。

　このように，投資分野のルール作りの特徴は，特定の国際機関の指揮のもと

152　第Ⅲ部　政治経済

行われる多国間交渉ではなく，企業のホーム国とホスト国との間の２国間交渉を中心に進められてきたことである。その意味で，非集権的な秩序が形成されているといえる。これは，第二次世界大戦後，「関税及び貿易に関する一般協定（GATT）」とWTOを中心に多角的にルールが策定されてきた貿易分野とは異なる（Simmons 2014）。

② 研究動向──投資協定の政治的側面

◖企業とホスト国のパワー・バランスと投資協定の役割

　この２国間投資協定を中心とするガバナンスは何を意味するのであろうか。通常，２国間あるいは企業とホスト国の二者の関係には，両者のパワーがより明確に反映されると考えられる。本節では，投資における企業とホスト国とのパワー・バランスに言及しながら，投資協定の存在がこのバランスに，どのような影響を及ぼすかを整理する。

　先に述べた通り，投資協定とは，投資に関するルール，特に投資家の保護と投資の自由化に関するルールを定めたものである。協定が定める内容は多岐にわたる。例えば，ホスト国の国内の企業との差別的な扱いを禁止した内国民待遇，第三国の企業との差別的な扱いを禁止する最恵国待遇，企業の財産・投資活動に対する公平かつ平等な扱いを定める公正衡平原則，ホスト国の収奪からの保護や補償などは，その一例である（福永 2013: 21）。なぜ，投資家とホスト国は，投資のルールを事前に取り決め，口約束ではなく協定として明文化する必要があるのだろうか。

　企業にとって，投資協定の第１の役割は投資の円滑化である。投資活動や財産に該当するものは何かを定義しておくことで，ホスト国との間に共通の理解を築くことができる。第２の役割は，投資に伴うリスクの軽減である。企業が投資先を決める際には，ホスト国における需要，生産コスト，為替レートなど経済的な要因を考慮するのは当然であるが，同時に社会・政治的なリスクも勘案するだろう。一般的に，外国企業はホスト国の言語や経済，文化，法律，および政治に関する詳しい情報を持ち合わせておらず，現地企業と比べてホスト国から差別的な規制や妨害（賄賂の要求など）を受けやすい。そのため，投資家

第7章　直接投資　153

の権利，経営活動に関する制約，投資の保護などを事前に取り決めることで，ホスト国の行動に対する予見可能性を高め，投資リスクを下げることが重要である。

　まとまった資本を初期段階で投下し，それを長い年月をかけて回収していく投資は，リスクが高い経済活動である。一例として，油田開発事業への投資を考えてみよう。油田の開発には，掘削したり，原油を輸送したり，精製したりするために大規模な施設の建設が必要である。自力で開発が難しいホスト国は，技術や資金力のある外国企業を誘致して開発を進める必要があるが，その際，企業に対して大幅な譲歩を示さざるをえない。しかし，投資が始まり油田の開発がある程度進むと，ホスト国は油田の国有化など一方的な収奪を行うことが可能となる。この場合，すでに莫大な資金を投下している外国企業は，それらを手放してホスト国から撤退することはできないため，ホスト国の政策をある程度受け入れざるをえない。このように，投資の前後で企業とホスト国の交渉の優位性が逆転してしまう場合がある（Vernon 1971）。

　もっとも，投資財産を移動しやすい場合や複数の国に活動拠点を持つ企業であれば，ホスト国からの撤退は容易であり，ホスト国に対して移転の脅しをかけることによって，不当な扱いを回避することができる。しかし，投資は一般的に埋没費用（回収できない費用）が高い活動であり，即時に撤退しにくい。さらに，投資分野においては企業とホスト国の間の互恵性は乏しく，貿易分野のように他国の貿易障壁に対して貿易障壁で対抗する（しっぺ返し）というような戦略が使えないため，制裁によってホスト国の行動を牽制するということも難しいのである。したがって企業は，投資協定を結ぶことでホスト国との長期的な関係を継続させるとともに，投資前後でホスト国が政策を変化させる可能性に対処することが必要である。

　それでは，ホスト国にとっての投資協定の役割は何であろうか。第1に，自国の投資環境の良さや投資家保護の意志を示すシグナルとしての役割である。企業が投資協定に価値を見出しているならば，投資協定は投資を呼び込む手段として有効である。投資とホスト国の国内政治制度の関係に着目した研究では，政府に対する抑制が弱く，法の支配や司法機関の中立性に問題を抱える国では，政治指導者の機会主義的な行動によって経済政策の不透明感が強く，投資が低

調であるということが指摘されている（Henisz 2000; Jensen 2003; Li & Ren-sick 2003）。このような国が自国の経済発展のために投資を呼び込むには，企業が抱く投資リスクを下げることが必要である。実際，国内政治制度に問題を抱える国のほうが投資協定の締結に積極的であると指摘する研究もある（Neu-mayer & Spess 2005; Salacuse & Sullivan 2005）。

第2に，経済改革を進める手段としての役割である。投資家保護の性格の強い協定を作るということ自体が，国営企業の民営化や経済改革を進める推進力となる。例えば，投資に積極的とされる右派政権から左派政権に政権が交代するなど，現政権の経済政策が将来的に反故にされる可能性が高い場合，現政権は政策を固定するために協定を結ぶという指摘がある（Ginsburg 2005）。これは，いったん締結した協定を破ると，投資家や市場に対する自国の評判を落とすので，次期政権も前政権が締結した協定を容易に破ることができないからである。

ただし，ホスト国の政治制度の特徴と協定締結との相関については，ホスト国が国内制度の弱点を克服するために自ら進んで投資協定を結んでいるのか，それとも企業やホーム国が締結を迫っているのかは，吟味する必要がある。アリーとペインハートは，協定交渉における資本輸出国（ホーム国）と資本輸入国（ホスト国）の経済力や軍事力の差に着目し，その差が大きい場合に，より強制力の強い内容の協定が結ばれることを実証している（Allee & Pein-hardt 2014: 47-87）。さらにガズマンは，資本輸出国の圧力がない場合でも，資本輸入国同士の協調の失敗として，企業に有利な協定が結ばれることを指摘している。例えば，複数の資本輸入国が結束して資本輸出国に対して非妥協的な態度をとることができれば，自らの手を縛るような協定を結ばなくても，自国の安価な労働力や天然資源を武器に投資を呼び込むことは可能である。しかし，個々の資本輸入国は他国よりも多くの投資を呼び込む動機にかられるため，資本輸入国間の協調は破綻し，資本輸出国に有利な内容の協定ができあがってしまうのである（Guzman 1997）。

◀投資協定と仲裁条項
このように投資協定の締結によって投資環境の不確実性を減らすことは，企

業とホスト国の双方にとって，ある程度合理的な選択である。しかし，ここで
注意すべきは，投資協定の効果は締結によって自動的に担保されるわけではな
いということである。守られない協定はただの紙切れに過ぎないため，履行を
確保することが企業にとって重要であることはもちろん，投資協定を投資家保
護のシグナルとして活用したいホスト国にとっても重要である。そこで，ホス
ト国の投資協定の履行を確実にするものとして注目されているのが，投資家と
ホスト国の紛争解決手続きを定めた ISDS（投資家対国家の紛争解決手続き）条項
である。

　ISDS 条項とは，ホスト国による投資協定の違反が疑われる場合に，企業が
第三者仲裁機関に申し立てる権利を認めるものである。なお，申し立てること
ができるのは，原則としてホスト国と ISDS 条項を付帯する投資協定を結ぶホ
ーム国を持つ企業である。企業がホスト国の協定違反を仲裁機関に提訴した場
合，仲裁機関は違反の有無を判断し，必要に応じて救済のための保障や損害賠
償をホスト国に命ずるのである。企業は，ホスト国の事前同意を得ずに仲裁機
関に提訴することができる。これは，ISDS 条項を付帯する投資協定を結んだ
時点で，ホスト国は協定に関する紛争についての仲裁機関の管轄権に同意した
ものとみなされるためである（福永 2013: 90）。このように ISDS 条項は，協定
違反に対する可罰の可能性を高め，ホスト国の協定の履行を促すものと期待さ
れている。

　ISDS 条項が明記する仲裁機関は協定ごとに異なるが，ホスト国の国内裁判
所ではなく国際仲裁機関を指定する協定が増えている。これは，国内裁判では
ホスト国に有利な裁定が出される可能性があるが，国際機関であれば法の支配
に基づいた公正な仲裁を期待できるためである。ISDS 条項は，私人である企
業が公人であるホスト国を直接相手取って仲裁法廷を要求できるメカニズムで
あり，国際仲裁の形態として非常に珍しい。例えば，貿易分野においても国家
による貿易協定違反を申し立てることのできる機関として，WTO の紛争処理
パネルが存在するが，同パネルの利用は貿易に従事する企業ではなく国家（政
府）に限定されている。したがって，ある国家の貿易制限措置などによって被
害を受けた企業は，その損害をまず自国の政府に通報し，通報を受けた政府が
同パネルに提訴するのである。

156　第Ⅲ部　政治経済

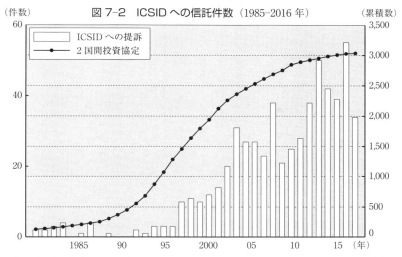

図 7-2 ICSID への信託件数（1985-2016 年）

［出所］ 筆者作成。提訴案件のデータは，ICSID の Case Database から，2 国間投資協定のデータは UNCTAD の Investment Dispute Settlement Navigator から取得した（2017 年 3 月取得）。

　ここで，投資分野での国際仲裁機関にふれておきたい。現在，最も頻繁に利用されている国際仲裁機関は，投資紛争解決国際センター（ICSID）である。ICSID は 1965 年 3 月の世界銀行理事会で設立された機関であり，世界銀行内に置かれている。投資紛争のみを扱う常設の仲裁機関であり，常勤スタッフや調査のシステムを備えている点で，他の仲裁機関と比べて制度化が進んでいる。その他の国際仲裁機関としては，国連国際商取引委員会，ストックフォルム商業会議所，ロンドン国際仲裁裁判所，常設仲裁裁判所，国際商業会議所などあるが，これらの仲裁機関は ICSID ほど頻繁に利用されていない。

　図 7-2 は，ICSID への投資紛争案件の信託件数をまとめたものである。2016 年末までに ICSID に登録された紛争案件は 565 件に上る。ICSID が扱った仲裁案件は 1972 年が最初であるが，1997 年以降，信託数が飛躍的に増えている。申し立ての対象は，中南米諸国や市場経済移行国が大半で，上位はアルゼンチン 56 件，ベネズエラ 36 件，チェコ 29 件，エジプト 24 件，カナダ 23 件，エクアドル 21 件，メキシコ 21 件，インド 16 件，ウクライナ 16 件，ポー

第 7 章　直接投資　157

ランド 15 件，アメリカ 15 件などとなっている（2014 年末現在）。他方，申立人である企業の登記国は先進国が圧倒的に多い。信託件数については，ホスト国との将来の取引を考えて仲裁裁判ではなく，話し合いで解決がめざされる場合が多く，国際仲裁にまで至るケースの特殊性は割り引いて考える必要がある。

仲裁内容は公開されないことが多いため，勝訴率や敗訴時のホスト国が支払う賠償金額などを正確に知ることは難しいが，2016 年 6 月末日までに ICSID が下した判断のうち 46% の事例で，企業の請求の一部または全部が認められている（ICSID 2016: 14）。この数字は，相当の確率で企業の主張が認められると見ることもできるが，実際の賠償金は企業の請求額のごく一部であり，企業が裁判のために負担するコストや労力を考えると，割に合わないという評価もできる（Franck 2007; Wellhausen 2016）。

◀仲裁条項とホスト国

ISDS 条項については，投資家保護の点から肯定的な意見が出される一方で，重要な懸念事項も多く出されている。まず，ホスト国の主権を制限する問題である。特に，ISDS 条項によって，国際機関による仲裁が可能になることで，ホスト国内の司法機関が関与する余地が少なくなり，結果として国際機関の判断がホスト国政府の政策に大きな影響を及ぼしてしまうのではないかという懸念である。

例えば，アルゼンチンでは，2000 年前後に発生した経済危機に対する緊急対応措置として，自国通貨とドルの交換比率を一時的に凍結する金融政策がとられた。この政策によってアルゼンチンの投資財産の価値が著しく落ちたことを理由に，アルゼンチンに対して複数の外国企業が ICSID に訴訟を起こす事態となった。別のケースでは，国家が国民の健康増進のために整備した法律に対して，外国企業への差別的措置であるとして訴えが起こされている。マルボロというたばこで有名なフィリップ・モリスの香港法人は，オーストラリア政府のたばこ包装の広告規制をオーストラリア・香港間の 2 国間投資協定に違反するとして，国連国際商取引委員会に提訴した。結局，オーストラリア政府が勝訴したために法律は改正されなかったが，敗訴の場合には何らかの措置がとられたはずである。

さらに，国際機関の介入がもたらすホスト国への間接的な影響も無視できない。例えば，アリーとペインハートは，ICSID の提訴案件を標本とする実証分析で，提訴自体がホスト国への投資の流れに負の効果を及ぼすことを明らかにしている。この研究では，提訴の負の効果は，ホスト国が裁判に勝訴した場合であっても確認されている（Allee & Peinhardt 2011）。これは，ホスト国の非が認められない場合でも，国際機関を使う仲裁では，提訴によって投資紛争の存在が公になるため，紛争に直接かかわらない企業もホスト国への投資を手控えるようになるからだと考えられる。また，シモンズは，1980 年から 2006 年の ICSID の提訴案件を標本として，2 国間投資協定を結ぶと ISDS 条項に基づく国際仲裁法廷の利用が増えることを実証している（Simmons 2014）。

提訴案件の増加を受けて，ISDS 条項を付帯する投資協定から一方的に離脱を表明する動きも見られる。例えば，エクアドルは 2008 年に中南米諸国との 9 つの 2 国間投資協定を停止したほか，2010 年には同国の憲法裁判所によって中国，フィンランド，ドイツ，イギリス，ベネズエラ，そしてアメリカとの 2 国間投資協定について違憲性が指摘されており，これらの協定も停止に追い込まれる可能性が高い。中南米の国以外では，南アフリカとインドネシアがオランダとの 2 国間投資協定を停止している。これは，租税回避地的な性格を利用して，多くの多国籍企業がオランダに子会社を設立しており，ISDS 条項を含むオランダとの投資協定を根拠に，企業が仲裁裁判を起こすことを恐れているからである。同様の懸念から，新規の投資協定に ISDS 条項を盛り込まない動きも見られる。例えば，日本・フィリピン EPA においては，フィリピン側の反対によって仲裁の規定は置かれず，「投資紛争解決のための仕組みを設けるための交渉を開始する」とだけ定められている（日本・フィリピン EPA の第 107 条）（清水 2010: 284）。

3 事例研究——投資協定は投資の誘致に役立つのか

◀ 仮　説

このように見てくると，2 国間投資協定の締結から実利を得ているのは企業だけであり，ホスト国にとって協定を結ぶ意義は小さいのではないかという疑

第 7 章　直接投資　159

問が出るかもしれない。この疑問に対しては，さまざまな回答が考えられるが，本節では，「2国間投資協定はホスト国の投資誘致に役立っているのか」というリサーチ・クエスチョンを分析しながら，ホスト国が投資協定を結ぶ実質的な意義を考えてみたい。投資協定は，ホスト国の手を縛り，主権を制限するといった側面を持つものである。しかし，投資協定の締結によってホスト国への投資が拡大するのであれば，ホスト国にとって2国間投資協定を結ぶ意義は大きいといえる。

　第2節で紹介した議論に基づけば，投資協定は企業がホスト国に対して抱く投資リスクを軽減させるため，投資協定を結んだホスト国に対して，より多くの投資が行われると考えられる。さらに，この議論を拡張すれば，ISDS条項を付帯する投資協定は，そのような条項を含まない協定と比較して，投資リスクを減らす効果が強く，投資を引き付ける効果が高いと考えられる。これはISDS条項によって，協定を破った際の可罰が確実になるため，協定で結んだ約束は単なる口約束ではないということを企業に対して強く発信できるからである。

　しかし現時点において，これらの議論に基づく実証研究の結果は一様ではない。すなわち，2国間投資協定の署名や批准によってホスト国への投資額が増加するという結果を指摘する研究（Büthe & Milner 2009; Kerner 2009; Zeng & Lu 2016）がある一方で，協定の締結と対内投資額の間には関係がないという結果を指摘する研究もある（Tobin & Rose-Ackermen 2011; Berger et al. 2010, 2013）。また，条約が結ばれるか否かではなく，結ばれた協定の内容に着目する研究（Yackee 2009; Allee & Peinhardt 2011）においても，ISDS条項を付帯した投資協定と投資額の間に強い相関関係は確認されていない。

　実証研究において仮説が支持されない場合，いくつかの理由が考えられる。その一つは，仮説をテストするリサーチ・デザインが適切でないことである。そこで，本節ではこの可能性を念頭に，先行研究とは異なる従属変数*を用いる。多くの先行研究は，従属変数としてホスト国への投資の総額を使っているが，これは企業が投資対象に関係なく投資リスクを一律に見積もるという前提を置いていることになる。しかし実際，企業にとって投資リスクは産業の種類によって異なるだろう。例えば，ホスト国による財産の没収や国有化の対象と

160　　第Ⅲ部　政治経済

なりやすい産業への投資を考えている企業は，その他の産業に投資する企業よりも投資リスクを高く見積もるだろうし，投資協定の内容に敏感であろう。他方，その他の企業にとっては，投資リスクはそもそも低いため，協定の内容にそれほど注意を払わないかもしれない。であるならば，投資協定の効果は投資の総額ではなく，特定の産業分野への投資額により明確に表れると考えられる。したがって，本節の分析では，特定の産業分野に対する投資額を従属変数とする。

　本節で検証する仮説は，(1)2国間投資協定は特定の産業分野（収奪のリスクが高い分野）への投資を拡大させるという仮説と，(2)2国間投資協定の中でも，強い投資家保護を規定する協定は，特定の産業分野への投資を促進する効果がより強いという仮説である。

◀仮説検証

　仮説の検証は，1968年から2007年を観察期間とするデータを用いて統計的な手法で行う。従属変数は，ホスト国による収奪のリスクが高い分野への投資として，公共インフラ分野への投資額（年間）を用いる。公共インフラには，港湾道路建設，ガス供給サービス，通信事業が含まれる。ホスト国の介入が多く，企業が投資リスクを高く見積もるとされる分野である。データは世界銀行から取得した。この公共インフラへの投資額は，どの国の企業からの投資であるかということを特定しないデータである。特定の国の企業から特定のホスト国への投資というように，2国間関係をとらえるデータを用いるのが理想的であるが，公共インフラ投資に関しては，観察期間と標本を広く含むデータは残念ながら整備されていない。

　独立変数*については，投資協定の締結について2種類の操作化を行う。1つ目は，ホスト国が2国間投資協定をいくつ締結しているかであり，2つ目は，

---

*　用語解説 ───────────────────

　従属変数・独立変数　　政治学の一つの目的は，社会で起こる政治現象についてその原因を探すことである。この場合，分析したい現象の原因として定義する変数を独立変数，結果として定義する変数を従属変数と呼ぶ。独立変数のことを説明変数，従属変数のことを目的変数などと呼ぶこともある。

2 国間投資協定の中でも，ISDS 条項を含む投資協定（強い協定）をいくつ締結しているかである。理論的には，ISDS 条項を含む投資協定のほうが，ホスト国に対する拘束力が強く，投資家のリスク低減に役立つはずである。変数は，アリーとペインハートのデータを使う（Allee & Peinhardt 2014）。彼らのデータは，投資協定の具体的な内容に着目した先駆的なもので，1956 年から 2006 年末の間に締結された 149 の途上国をホスト国とする 1469 の 2 国間投資協定について，ISDS 条項の内容によって 3 種類に分類している。

　この 3 種類の分類について説明しよう。投資家保護のレベルが最も高い協定は，国際仲裁法廷を無制限に利用することを許可する ISDS 条項を含んでいる協定である。次にレベルが高い協定は，国内法廷の利用と国際法廷の利用を限定的に許可する条項を含むものである。最もレベルが低い協定は，ISDS 条項を含まない協定である。分析では，投資家保護のレベルが高い協定の数を独立変数として用いる。彼らのデータでは，2 国間投資協定の約 28％（412 協定）がそのような協定である。

　統計モデルには，独立変数に加えて，公共インフラへの投資額の増減に影響を与える他の要因と，見せかけの相関の可能性を回避するため，投資額と投資協定の締結の双方に影響を与えるような要因についての変数も入れる。推定には，国と年に固定効果を入れた回帰モデル*を用いる。

　推定結果は，**表 7-1** に示した。まず，モデル 1 を見ていただきたい。強い投資協定という変数の係数は正で，統計的に有意である。これは，投資家保護のレベルが高い投資協定を結んだ国に対しては，締結の翌年に公共インフラ・プロジェクトへの投資が増加するということを示している。対して，投資家保護の低いものも含めたすべての投資協定の係数は有意ではない。この結果は，仮説を支持するものである。ここからいえることは，公共インフラ投資を引き

＊　用語解説

　回帰モデル　　「原因」となる変数（独立変数）と「結果」となる変数（従属変数）の間の関係を，数式で表現した回帰式である。回帰分析の主な目的は，独立変数の値の変化によって，従属変数の値がどれくらい変化するのかを予測することである。回帰分析の詳細や実際の利用ついては，森田（2014），浅野・矢内（2013），畑農・水落（2017）が参考になる。

162　　第Ⅲ部　政治経済

表 7-1　2 国間投資協定のインフラ投資への影響

	モデル 1 従属変数：インフラ投資額	モデル 2 従属変数：投資額の総額
強い投資協定（投資家保護の レベルが高い投資協定）の数	0.33*** (0.11)	−0.12 (0.11)
すべての投資協定の数	−0.07 (0.04)	0.07 (0.05)
前年の対内インフラ投資額	0.17*** (0.03)	— —
前年の対内投資額の総額	— —	0.22*** (0.03)
GDP	0.32 (0.37)	1.03** (0.43)
GDP 成長率	0.04*** (0.01)	0.02 (0.02)
インフレ率	0.00 (0.05)	0.06 (0.06)
貿易額	0.60* (0.35)	−0.58 (0.39)
国内総貯蓄額の対 GDP 比	0.50 (0.91)	−2.02** (1.01)
政治体制（民主主義国＝1, 非民主主義国＝0）	0.02 (0.22)	0.06 (0.25)
政権のタイプ（右派＝1, 中 道, 左派＝0）	0.27 (0.18)	−0.27 (0.20)
法の支配	0.22** (0.09)	0.09 (0.10)
政治的安定性（政治体制の継 続性）	−0.02*** (0.01)	−0.02** (0.01)
定数項	−20.00*** (6.53)	−9.12 (6.81)
観察数	1,141	1,238

［注］　カッコ内の数値は標準誤差である。＊＊＊, ＊＊, ＊はそれぞれ 1%, 5%,
　　　10% 水準で統計的に有意であることを示す。

［出所］　GDP, GDP 成長率, 貿易額, および国内総貯蓄額についてのデータは世界銀
　　　行の World Development Indicators から, 政治体制と政治的安定性については
　　　Polity IV Project（Marshall et al. 2012）から, 政権のタイプは Database of Po-
　　　litical Institutions（Beck et al. 2001）, 法の支配は The Political Constraint
　　　Index（POLCON）Database から取得した。

付けるには，投資協定の数ではなく，どのような内容の協定を結ぶかが重要だということである。このモデルを使って2国間投資協定の実質的効果を予測すると，ISDS条項を持つ投資協定を1つ結んだ場合，翌年のインフラ投資が平均1.3億ドル増加するという結果が得られた（投資協定以外の変数の値を中央値に設定した場合）。

次に，投資家保護のレベルが高い投資協定は，インフラ投資以外の投資も引き付けるのかという点を検証した。この分析の従属変数は，ホスト国への投資総額（年間）である。推定結果は**表7-1**のモデル2に示した。強い投資協定という変数であるが，正の効果を示しているが有意ではない。その他の投資協定についても結果は同様である。ここから，強い投資協定であっても，インフラ投資以外の投資を引き付ける効果は薄いということがいえそうである。これは裏を返せば，投資協定の内容をそれほど気にしない企業もいるということを示唆している。

以上の分析結果から政策的な含意を引き出すとすれば，ホスト国は呼び込みたい投資の種類を考えたうえで，投資協定を作成する必要があるということだろう。本節の分析では，2国間投資協定の中でも，投資家保護の性格の強い協定は，公共インフラ・プロジェクトへの投資を引き付けるのに役に立っているが，他の投資には影響しないという結果が示された。したがって，ホスト国は投資協定を結ぶことに伴う損得を認識し，訴訟リスクが高い場合や公共インフラ・プロジェクトへの投資誘致の必要性が小さい場合には，投資家保護のレベルが高い協定を結ぶ必要はないともいえる。本節で用いた統計モデルは，非常に初歩的なものであるため，リサーチ・クエスチョンに対する断定的な結論を出すことはできない。今後，サンプルやモデルを精緻化させていくことが望まれる。

4　まとめと展望

本章では，海外直接投資における主要なアクターである，企業・ホスト国・ホーム国の間の秩序形成について，2国間投資協定と協定に含まれるISDS条項に基づく仲裁裁判に焦点を当てて検討を行った。国際社会における経済主体

が国境を越えた投資の機会に恵まれる中，投資をどのように規律していくかは国際社会のガバナンスの重要な課題である。

2国間投資協定によって投資のルールを明確化することは，投資を行う側の企業にとっても，投資を受け入れる側のホーム国にとってもメリットが大きい。ISDS条項を活用すれば，企業が海外投資を行う際に，ホスト国の政策変更などによって不測の損害を被ることを回避したり抑止したりしやすくなる。また，自国の開発政策として外資誘致による工業化を進める途上国にとっては，国内法を整備し，2国間投資協定を結んで投資家保護を確実にし，投資を呼び込むことは必要である。前節の分析では，2国間投資協定の締結によって，特定のタイプの直接投資が促されることも確認された。協定締結による投資の増加は，ホスト国にとって意図する結果であり，好ましいといえるだろう。

しかし，2国間投資協定を中心とするガバナンスの問題も浮き彫りになっている。多国間制度がないことの弊害があるとすれば，アクター間の力関係が明確に表れやすいということである。投資協定のデザインにおいては，ホスト国とホーム国の間の力の差や，ホスト国同士の外資獲得合戦の結果の一部が，ISDS条項の挿入に表れているといえる。ISDS条項は私人である企業が直接，公人であるホスト国を国際仲裁機関に訴える権利を認めるものであり，企業の立場を強めるものである。これについては，国際機関がホスト国政府の各種政策や規制措置に干渉することで，国内の司法府が関与する余地が狭まるという懸念が出されている。2000年代以降の仲裁裁判の急増は，ホスト国が投資協定を締結したときには，必ずしも予測されていなかった。そこで，投資家保護を充実させることはもちろんであるが，同時に，濫訴の防止措置を設けるなど，ISDS条項の濫用に対する加盟国の懸念に配慮する必要がある。

投資をめぐるガバナンスは，本章で注目した企業やホーム国だけではなく，投資仲裁を行う国際機関，国際機関で実際に仲裁を担当する仲裁人，企業やホーム国が仲裁裁判のために雇う弁護士や弁護士事務所などの非国家主体の役割の重要性が増すと考えられる。さらに，今後，仲裁裁判が蓄積されていく中で，判例の積み重ねの効果など，各国際法廷の相互作用も重要な研究対象となる。

第7章 直接投資 165

◆ さらに読み進める人のために

阿部克則監修，末冨純子・濵井宏之『国際投資仲裁ガイドブック』中央経済社，2016 年。

＊近年の ISDS 条項をめぐる議論や ISDS 条項に関係する投資仲裁案件の事例をわかりやすく説明した良書。専門的なトピックを扱っているが，一般の読者にも読みやすい。

小寺彰編『国際投資協定——仲裁による法的保護』三省堂，2010 年。

＊投資協定に付帯する重要な条項や投資紛争，仲裁裁判について詳細に分析する良書。

福永有夏『国際経済協定の遵守確保と紛争処理——WTO 紛争処理制度及び投資仲裁制度の意義と限界』有斐閣，2013 年。

＊投資と貿易分野にかかわる紛争処理制度に関する研究書。国際法の視点から両分野の経済協定を詳細に解釈するほか，紛争処理制度についての類似点と相違点を分析する。

Karl P. Sauvant and Lisa E. Sachs eds., *The Effect of Treaties on Foreign Direct Investment: Bilateral Investment Treaties, Double Taxation Treaties, and Investment Flows*, Oxford University Press, 2009.

＊国際投資協定と直接投資に関する論文集。複数の筆者がさまざまな方法論や理論を使って議論を展開している。当該分野の研究の全体像を把握するのに役に立つ。

Nathan M. Jensen, *Nation-States and the Multinational Cooperation: A Political Economy of Foreign Direct Investment*, Princeton University Press, 2006.

＊民主主義などの政治体制と海外直接投資の関係について，データを用いて実証的に研究した研究書。

■ 引用・参考文献

浅野正彦・矢内勇生 2013『Stata による計量政治学』オーム社。

経済産業省 2017『2017 年版不公正貿易報告書』(http://www.meti.go.jp/committee/summary/0004532/2017/houkoku01.html　2017 年 10 月 18 日アクセス)。

清田耕造 2015『拡大する直接投資と日本企業』NTT 出版。

福永有夏 2013『国際経済協定の遵守確保と紛争処理——WTO 紛争処理制度及び投資仲裁制度の意義と限界』有斐閣。

藤田昌久・若杉隆平 2011『グローバル化と国際経済戦略』(経済政策分析のフロンティア　第 3 巻) 日本評論社。

清水剛 2010「投資協定仲裁は何をもたらすのか？——法と経済学の視点から」小寺彰編『国際投資協定——仲裁による法的保護』三省堂。

畑農鋭矢・水落正明 2017『データ分析をマスターする 12 のレッスン』有斐閣。

森田果 2014『実証分析入門——データから「因果関係」読み解く作法』日本評論社。

Allee, Todd and Clint Peinhardt 2011, "Contingent Credibility: The Impact of Investment

Treaty Violations on Foreign Direct Investment," *International Organization*, 65(3): 401–432.

Allee, Todd and Clint Peinhardt 2014, "Evaluating Three Explanations for the Design of Bilateral Investment Treaties," *World Politics*, 66(1): 47–87.

Beck, Thorsten, George Clarke, Alberto Groff, Philip Keefer and Patrick Walsh 2001, "New Tools in Comparative Political Economy: The Database of Political Institutions, *World Bank Economic Review*, 15(1): 165–176.

Berger, Axel, Matthias Busse, Peter Nunnenkamp and Martin Royd 2011, "More stringent BITs, Less Ambiguous Effects on FDI? Not a Bit!," *Economic Letters*, 112 (3): 270–272.

Berger, Axel, Matthias Busse, Peter Nunnenkamp and Martin Roy 2013, "Do Trade and Investment Agreements lead to More FDI? Accounting of Key Provisions Inside the Black Box," *International Economics and Economic Policy*, 10(2): 247–275.

Büthe, Tim and Helen V. Milner 2009, "Bilateral Investment Treaties and Foreign Direct Investment: A Political Analysis," in Karl P. Sauvant and Lisa E. Sachs eds., *The Effect of Treaties on Foreign Direct Investment: Bilateral Investment Treaties, Double Taxation Treaties, and Investment Flows*, Oxford University Press.

Elkins, Zachary, Andrew T. Guzman and Beth A. Simmons 2006, "Competing for Capital: The Diffusion of Bilateral Investment Treaties, 1960–2000," *International Organization*, 60 (4): 811–846.

Franck, Susan D. 2007, "Empirically Evaluating Claims About Investment Treaty Arbitration," *North Carolina Law Review*, 86(1): 49–50.

Ginsburg, Tom 2005, "International Substitutes for Domestic Institutions: Bilateral Investment Treaties and Governance," *International Review of Law and Economics*, 25(1): 107–123.

Guzman, Andrew T. 1997, "Why LDCs Sign Treaties That Hurt Them: Explaining the Popularity of Bilateral Investment Treaties," *Virginia Journal of International Law*, 38: 639–687.

Henisz, Witold 2000, "The Institutional Environment for Economic Growth," *Economics and Politics*, 2(1): 1–31.

ICSID 2016, The ICSID Caseload-Statistics (Issue 2016-2) (https://icsid.worldbank.org/en/Documents/resources/ICSID%20Web%20Stats%202016-2%20 (English) %20Sept%20 20%20-%20corrected.pdf　2017年3月7日アクセス).

Jandhyala, Srividya, Witold J. Henisz, and Edward D. Mansfield 2011, "Three Waves of BITs: The Global Diffusion of Foreign Investment Policy," *Journal of Conflict Resolution*, 55(6): 1047–1073.

Jensen, Nathan M. 2003, "Democratic Governance and Multinational Corporations: Political Regimes and Inflows of Foreign Direct Investment," *International Organization*, 57(3): 587–616.

Kerner, Andrew 2009, "Why Should I Believe You: The Costs and Consequences of Bilateral Investment Treaties," *International Studies Quarterly*, 53(1): 73–102.

Li, Quan and Adam Resnick 2003, "Reversal of Fortunes: Democratic Institutions and Foreign Direct Investment Inflows to Developing Countries," *International Organization*, 57 (1): 175–211.

Marshall, Monty G, Ted Robert Gurr and Keith Jaggers 2012, *Polity IV Project: Dataset Users' Manual*, College Park, ML: University of Maryland (http://www.systemicpeace.org/inscr/p4manualv2012.pdf).

Neumayer, Eric and Laura Spess 2005, "Do Bilateral Investment Treaties Increase Foreign Direct Investment to Developing Countries?" *World Development*, 33: 1567–1585.

Salacuse, Jeswald W. 2010, "The Emerging Global Regime for Investment," *Harvard International Law Journal*, 51(2): 427–473.

Salacuse, Jeswald W. and Nicholas P. Sullivan 2005, "Do Bits Really Work?: An Evaluation of Bilateral Investment Treaties and Their Grand Bargain," *Harvard International Law Journal*, 46: 67–130.

Simmons, Beth A. 2014, "Bargaining over BITs, Arbitrating Awards The Regime for Protection and Promotion of International Investment," *World Politics*, 66(1): 12–46.

Tobin, Jennifer and Susan Rose-Ackerman 2011, "When BITs Have Some Bite: The Political-Economic Environment for Bilateral Investment Treaties," *The Review of International Organizations*, 6(1): 1–32.

UNCTAD 2011, *World Investment Report 2011*, Web Table 34. Number of Parent Cooperations and Foreign Affiliates, by Region and Economy, 2010. (http://unctad.org/sections/dite_dir/docs/WIR11_web%20tab%2034.pdf 2017 年 3 月 7 日アクセス).

UNCTAD 2017, *World Investment Report 2017* (http://unctad.org/en/PublicationsLibrary/wir2017_en.pdf 2017 年 10 月 18 日アクセス).

UNCTAD International Investment Agreements Navigator (http://investmentpolicyhub.unctad.org/IIA 2017 年 3 月 7 日アクセス).

Vandevelde, Kenneth J. 1998, "The Political Economy of a Bilateral Investment Treaty," *The American Journal of International Law*, 92(4): 621–641.

Vernon, Raymond 1971, "Sovereignty at Bay: The Multinational Spread of US Enterprises, *The International Executive*," 13(4): 46–53.

Wellhausen, Racheal 2016, "Recent Trends in Investor-State Dispute Settlement," *Journal of International Dispute Settlement*, 7(1): 117–135.

Yackee, Jason Webb 2009, "Bilateral Investment Treaties, Credible Commitment, and the Rule of (International) Law: Do BITs Promote Foreign Direct Investment?" *Law and Society Review*, 42(4): 805–832.

Zeng, Ka and Yue Lu 2016, "Variation in Bilateral Investment Treaty Provisions and Foreign Direct Investment Flows to China, 1997–2011," *International Interactions*, 42(6) (http://dx.doi.org/10.1080/03050629.2016.1164460).

［松村尚子］

科学技術

インターネット・ガバナンスを例に

> 地球全体に進歩と厄災をもたらしうる科学技術――そのガバナンスは誰が，どのように担うべきか。本章ではまず，科学技術のグローバル・ガバナンスが，いかに喫緊の課題であるかを広く論じる。続いてより詳細に，私たちの誰もが利用するインターネットを例に，なぜそのガバナンスが思うように進まないのかをみる。国家，国際機関，企業，科学者，市民社会のすべてが参加するグローバル・ガバナンスの理想と現実が明らかになるだろう。

1　科学技術のグローバル・ガバナンス

◀さまざまな課題

　無限に広がる宇宙空間を，国家間紛争の舞台とせず，平和利用の共有地としていくためには，いかなる国際ルールが必要か。核開発疑惑国やテロリストへ核の技術拡散を防ぐうえで，現行の国際体制は十分なものといえるだろうか。各国で万能細胞の研究が進み，ヒト・クローンの誕生が現実味を増す中，生命倫理の国際規範をどのように確立すべきか。国境を越えて人々を瞬時に結び付けるサイバー空間は，誰が，どのように自由と安全を保障するべきか……。

　これらはいずれも，科学技術の発展によって国際社会が対応を迫られるようになった問題，すなわち「科学技術のグローバル・ガバナンス」の諸課題であ

る。もちろん問題はこれらだけにとどまらない。科学技術は日進月歩であるので，すぐにも新たな課題が浮上するかもしれない。また，本書で注目する「パワー・シフト」，すなわち科学技術の諸分野における国家同士やアクター（主体）同士の力関係の変容が，問題への対応を複雑にしている。さらに，それぞれの問題に別々の取り組み方が必要とされ，対応が進んでいる分野もあれば手つかずの分野もある。それゆえ，科学技術のグローバル・ガバナンスを一概に論じることは難しい。

とはいえ以下では，まず科学技術のグローバル・ガバナンスに共通の特徴を描き出すことから始めたい。

◀ グローバルな課題

第1に，科学技術のグローバル・ガバナンスは，文字通りグローバル規模の課題である。核関連技術，バイオテクノロジー，宇宙技術，情報通信技術（ICT）など，いずれも国境を越えて，地球全体の将来を左右しうる。

将来を左右しうるというのは，私たちを幸せにも不幸にもするという意味である。核関連技術は，核兵器の開発につながる一方で，原子力発電にも利用できる。バイオテクノロジーは，生物兵器の開発にも，エイズ治療薬の開発にも応用できる。宇宙技術は，大陸間弾道ミサイルの発射にも，通信衛星や国際宇宙ステーションの運用にも利用できる。このように軍事利用と平和利用（または民生利用）のどちらも可能な技術を，両用技術（dual-use technology）と呼ぶ（→**第3章**）。今日の科学技術は，ほぼ例外なく両用性を持ち，その利用は世界各国で進んでいるので，世界が不幸な道を進むことがないように，世界全体で取り組んでいく必要がある。

◀ さまざまなアクター

第2に，科学技術のグローバル・ガバナンスは，そこにかかわるアクターがきわめて幅広く多様である。各国政府，国際機関，産業界，科学者・技術者，市民団体など，いずれも深く関与する。

例えば遺伝子組み換え作物（GMO）は，生命科学やバイオテクノロジーの研究者が基礎をつくり，アメリカのモンサント社などバイオ企業が商品化した。

食品としての認可は各国の政府機関が担い，国際的には国際食品規格委員会（コーデックス委員会）が表示の統一などルールづくりに取り組んでいる。GMOを栽培する農家，GMOを原材料とする食品メーカー，それを店頭に並べるスーパー，それを手に取る消費者も，GMO規制のあり方に関心を寄せざるをえない。生態系への影響を懸念する環境団体や，食糧問題にかかわる開発・援助団体も，話し合いに加わろうとする。

　このように多様な利害関係者（ステークホルダー）がガバナンスに参加する進め方を，マルチステークホルダー方式と呼ぶ。それは後述するインターネット・ガバナンスの顕著な特徴でもある。科学技術のグローバル・ガバナンスは，科学技術をつくる側と使う側がともに関与せざるをえないので，利害関係者の幅がきわめて広い。

◀急激なパワー・シフト

　第3に，科学技術は日進月歩であるため，パワー・シフトが急激に生じうる。それゆえ科学技術のグローバル・ガバナンスは，絶えず変化の波に晒（さら）されている。

　技術革新とパワー・シフトが最も顕著なのが，のちに事例で取り上げるインターネットの世界である。世界のインターネット利用者数は2017年（3月末現在），約37億人と推計される。2000年から10倍以上の増加である。国別ランキングでは，長らくアメリカが世界一であったが，2017年には中国が第1位（約7億3000万人），インドが第2位（約4億6000万人）で，アメリカは第3位（約2億9000万人）に後退した（Internet World Stats）。

　こうした変動は，ICT分野で技術革新が続き，性能向上とコスト低下が進んできたことによる。その原動力は，巨大企業からベンチャー企業まで，続々と市場に参入する無数の民間企業である。インターネットは国の通信インフラストラクチャーの一つであるため，国家（政府）が整備してきた面がある一方，その基幹技術は民間企業が担ってきた。ユーザーも圧倒的多数が民間（企業や市民）である。すなわち民間アクターの発言権や影響力が，国家に比して増大する傾向にある。このことは，インターネットの管理・運営を誰が担うべきかという問題において，官民関係を複雑にしている。

さらに，企業同士の関係も，技術革新とともに変化する。ICT 分野で「巨人」と称される企業は，IBM，マイクロソフト，グーグルへと世代交代した。それぞれが得意とする技術も，ハードウェア，ソフトウェア，そしてインターネット関連へとシフトしている。

このように，国家同士，官民関係，企業同士のすべてにおいて，技術革新を背景にしてパワー・シフトが急速に進みうること，そしてそれがアクターの影響力や相互関係を変化させうることが，科学技術のグローバル・ガバナンスの特徴である。

2 　研究動向——さまざまなガバナンス論

地球全体の将来を左右しうるがゆえに，科学技術のグローバル・ガバナンスについては，さまざまな立場から，さまざまな議論がなされてきた。以下では，科学者，国家，企業，市民社会の順に，それぞれの立場からのガバナンス論を整理する。

◀科学者たちの論理

ほとんどの科学技術において，つくり手と使い手は異なる。福島第一原子力発電所事故の直後，経済学者の齊藤誠は「原発技術に限らず，あらゆる科学技術は，それが社会で実現されていくためには，その技術の専門家でない人々の意思決定や，そうした人々の間での合意形成を経なければならない」と指摘した（齊藤 2011: 2）。原発では，研究開発者だけでなく，エネルギー政策を担う政府の省庁，原発事業に携わる電力会社，資金を供給する投資家や金融機関，原発施設のある地方自治体や地元住民，電力を利用する消費者など，多様なアクターが関与する。それらすべてが将来に向かってガバナンスに参画することが，「自然の摂理に挑む原発技術をこしらえてしまった人間の責任」であると齊藤は訴える（齊藤 2011: iv）。

科学技術がつくる側の手を離れて利用されやすいことは，核兵器開発の歴史をみれば明らかだろう。冷戦時代を通じ，多くの科学者は社会的責任を強く自覚するようになった（武谷 1982）。第二次世界大戦中に，原子爆弾を開発する

172　第Ⅲ部　政治経済

マンハッタン計画を主導して「原爆の父」と呼ばれたオッペンハイマーは，戦後は水素爆弾の開発に反対の立場に転じたことで知られる。旧ソ連で「水爆の父」と呼ばれた物理学者サハロフも，のちには反体制・人権活動家としてペレストロイカの実現に貢献した。彼らの講演録や回顧録は，科学技術は誰のものであるべきかという問いを投げかけている（オッペンハイマー 2002；サハロフ 2002）。

　科学者たちはまた，集団として，国際政治の為政者たちに向かって声を上げるようになった。例えば，核兵器廃絶を訴える科学者たちの国際会議「パグウォシュ会議」は，ラッセルとアインシュタインの呼びかけで 1957 年に開始され，95 年にはノーベル平和賞を受賞した。日本では，自然・社会・人文科学の研究者が「九条科学者の会」を 2005 年に設立し，戦争につながりかねないという危惧から憲法改正の動きに反対し続けている。

　現代になって，科学技術は資金，人員，手段のすべてで巨大化し，ごく少数の専門家を除けば理解できなくなった。2008 年にノーベル物理学賞を受賞した益川敏英は，巨大化した科学が一般市民から遠のいていく現状を「科学疎外」と呼ぶ。そして，科学技術は使う人間によって平和利用も軍事利用も可能であることを示し，そのことを科学者はもちろん，一般市民も認識しなければならないと説く（益川 2015）。

　このように科学者たちは，自分たちの生み出した科学技術によって安全や平和が脅かされることに危機感を覚え，科学技術のグローバル・ガバナンスの必要性を訴える規範的議論を展開してきた。

◀国家の論理

　では，科学技術を利用する側のうち，国家はどのように科学技術に向かい合っているのだろうか。

　まずは，いうまでもなく，国家にとって科学技術は軍事力の礎である。とりわけ戦時において，科学技術研究は戦争の一部となる。原爆開発のマンハッタン計画は，アメリカの最優秀の人材に亡命ユダヤ人研究者を加え，未曾有の国家的プロジェクトとして実施された（歌田 2005）。冷戦期ソ連もまた，あらゆる資源を投入して，アメリカに対抗するための軍事研究を急いだ（市川 2007）。

近年では湾岸戦争，コソヴォ空爆，イラク戦争などで，情報革命を利用したアメリカの「軍事革命（RMA）」の威力が示された（中村 2001）。

科学技術の軍事利用は，民生用（産業用）技術へと波及（スピルオーバー）する。したがって国家にとって科学技術は，軍事力のみならず経済力の基礎ともなる。資源とともに科学技術が経済安全保障の基盤とされるゆえんである（村山 2003）。

しかしこうした科学技術の利用は，国家間の対立や競争を生み出すのみである。協力してグローバル・ガバナンスに向かう誘因にはならない。協力があるとしても，敵国に対抗するために同盟を組む場合のみである（→**第3章**）。

とはいえ，科学技術のグローバル・ガバナンスに一定の前進が見られてきたことも確かである。例えば，宇宙空間の平和利用に関して，共通の規範やルールを定めた「国際レジーム」がつくられてきた（Peterson 2005）。核関連技術のガバナンスも，核不拡散レジームのもとで進んできた（秋山 2012）（→**第2章**）。次節で詳述するインターネット・ガバナンスの始まりを，国際レジームの形成として描き出した研究もある（Franda 2001）。

一方，科学技術を戦争の手段としてではなく，外交の手段としてとらえ，国家間協力に寄与する側面を強調する見方もある。それは「科学技術外交」と呼ばれ，一般に2つに区分される。一つは「外交のための科学技術」であり，科学技術を外交の手段として使うことをいう。科学技術分野の国際交流によって信頼醸成を図ったり，途上国支援のために科学技術面で援助したりすることである。もう一つは「科学技術のための外交」で，科学技術の発展に寄与するための外交活動である。科学技術協力を強化する2国間協定の締結や，国際宇宙ステーションのような多国間プロジェクトの推進などが含まれる（角南・北場 2011；山田敦 2013）。

さらに，科学技術は国家にとってハード・パワーだけでなくソフト・パワーの源泉ともなる。「科学技術に優れた国」というイメージは，「民主主義の国」「歴史のある国」「自然の豊かな国」などとともに，その国への好意的評価を高める（ナイ 2004）。それゆえ科学技術は，パブリック・ディプロマシー（広報外交）における重要なセールスポイントとなる。

国家にとって，科学技術はこのような多面性を持っており，多国間協調へと

174　第Ⅲ部　政治経済

向かわせる誘因にもなれば，そこから遠ざける誘因にもなりうる。

◀企業の論理

　企業は，科学技術の使い手であると同時に，つくり手でもある。先進諸国では，国全体の研究開発費に占める割合は公的資金よりも民間資金のほうが大きく，特許出願件数でも民間企業のほうが公的研究機関よりも圧倒的に多い。

　営利を追求する企業が，他の企業やアクターと協調して科学技術のガバナンスに乗り出すとしたら，それはなぜか。大きな理由の一つは「標準化」の必要性である。グローバル市場で事業展開していくためには，グローバル規模で自社の技術規格が通用する必要がある。それに失敗すると，例えば日本の移動通信規格が海外で通用しなくなったように「ガラパゴス化」を招くことになる（吉川 2010）。

　世界標準（グローバル・スタンダード）がつくられるプロセスには大別して2種類ある。一つはデジューレ・スタンダードと呼ばれ，国際機関が主導して規格を統一し，加盟国にその採用を義務づける場合である（渡部・中北 2001）。技術標準化を担当する国際機関には，情報通信技術の国際電気通信連合（ITU），工業製品規格や環境基準の国際標準化機構（ISO）などがある。ITU は政府間，ISO は民間の国際機関である。世界中のどこでもインターネットを利用できるようにするための技術標準化も，民間国際機関が多くを担ってきた（次節で詳述）。

　もう一つはデファクト・スタンダードと呼ばれ，市場における競争を通じて優勢を占めた規格が勝ち残っていくプロセスをいう。家庭用ビデオ規格のVHS，DVD 規格のブルーレイ，パソコン OS のウィンドウズ，スマホ OS のアンドロイドなどがよく知られる。競争において企業はしばしばライバル企業と提携し，自陣営の規格を普及させるために努力する（山田英夫 2008）。

　どちらのプロセスで世界標準を狙うか，どの国際機関に働きかけを行うかは，企業が戦略的に決定する（ブーテェ＝マットリ 2013）。

　また，企業の栄枯盛衰は，その企業が持つ技術の栄枯盛衰と軌を一にする。革新的技術が生まれ，世界標準が入れ替わることは常にありうる。それゆえ標準化のプロセスは，産業界におけるパワー・シフトを反映したものとなる。

第8章　科学技術　175

◀ 市民社会の論理

　市民社会は，科学技術のいわばエンドユーザーである。専門知識の点では，科学者や技術官僚，企業の研究開発者らに遠く及ばない。しかし専門家でないからこそ，目に見えないところで科学技術が社会に与える影響にとりわけ敏感になっているのが市民社会なのである。食の安全，放射能の危険，環境破壊，インターネットにおける言論の自由とプライバシーなど，いずれもエンドユーザーである市民社会のアクターたち，つまり非営利組織（NPO）や非政府組織（NGO）が中心となってグローバル・ガバナンスの中心的課題に押し上げてきた感が強い。

　とはいえ，選挙で選ばれたわけではないという意味で正統性が不確かな市民団体に，公共政策領域でどこまで権限を与えるべきか。これはグローバル・ガバナンス論において，ずっと問われ続けてきた問題である。

　市民社会がグローバル・ガバナンスに参加するうえでの正統性は，選挙の有無ではなく，その立場の独立性に求められるであろう。国家の枠にとらわれない「グローバル市民社会」として，公共問題に異議申し立てをするアクターとして存在感を増し続けているのである（カルドー 2007）。

　核兵器廃絶運動のように，市民社会はしばしば科学技術をつくる側（科学者）と連携する。しかしいつも同じ立場であるわけではない。インターネット・ガバナンスでは，研究開発者はインターネットが世界中で機能する「安定」を，市民社会はすべてのユーザーにとっての「公正」を強調し，意見の対立やすれ違いが見られる。

　国家との関係では，より独立性がはっきりする。国家が「国家安全保障」を最重視するのに対し，市民社会は「人間の安全保障」の価値を訴える（吉田 2004; 長 2012）。サイバー空間では，国家にとっての安全と，利用者にとっての安全が決して同一ではなく，むしろ大きく衝突している。

　企業との関係でも，市民社会は科学技術に関する問題で，しばしば異議申し立てをする。遺伝子組み換え食品メーカーには，消費者団体が安全性への懸念を表する。製薬企業に対しては，特許制度のために必須医薬品（エイズ治療薬など）の価格が高止まりであることに，人道・開発援助団体が抗議の声を上げている（山根 2008）。電力会社には，環境団体が発電施設の環境破壊や危険性

を訴える。ICT 企業に対しては，独裁国家のインターネット検閲に荷担していると人権団体が非難している。

　では，以上にみた多様な立場のアクターが，科学技術のグローバル・ガバナンスという共通の目標に向かってどのように協働しているのか。あるいは同床異夢にすぎないのか。次節でその具体例を見ていこう。

3　事例研究——インターネット・ガバナンス

◀インターネット・ガバナンスとは

　インターネット・ガバナンスとは，世界中を結び付けているインターネットを，誰が，どのように管理・運営するべきかという問題である。インターネットは今や世界にとって不可欠な公共財であるにもかかわらず，すべてに責任や権限を持つ管理運営者はいない。技術面で一元的管理が必要な部分もあるが，全体として見れば，政府，国際機関，民間企業，研究開発者，市民団体といった多様な利害関係者が意見を出し合って決定がなされる。すなわち，マルチステークホルダー型ガバナンスの典型といえる。

　インターネットの急速な発展とともに，対応が求められる問題が増え，複雑化し，ステークホルダーの意見も多様化してきた。それゆえ，インターネット・ガバナンスは混沌とした世界に見えるかもしれない。そう前置きしたうえで，以下では主なイシュー別にインターネット・ガバナンスの実態を眺めてみたい。

◀技術的問題の国際政治化

　インターネット・ガバナンスの課題としてはじめに浮上したのは，インターネットを機能させるための技術的な諸問題であった。とはいえ，専門家たちだけに解決が委ねられたわけではなく，すぐに多様なアクターが多様な立場で関与し，国際政治問題化する。

　インターネットは，個々の端末を結ぶネットワークを互いに（inter）つないだ「ネットワークのネットワーク」である。この巨大なネットワークにおいて情報の受け渡しが正確になされるよう，個々の端末に「住所」が割り当てられ

第8章　科学技術　177

ている。それはドメインネーム・システム（DNS）と呼ばれ，数字を組み合わせた IP アドレス（例えば 123.4.56.7）と，英数字で記載されたドメインネーム（例えば whitehouse.gov）から成る。両者は一対一で対応させ，他の端末と重複がないように登録・管理していく必要がある。それは誰が担当すべきか。これが 1 つ目の問題となる。

また，インターネットの急速な普及によって，IP アドレスが不足する懸念が出てきた。従来の IPv4 という方式では約 40 億個までアドレスを割り当てることができるが，利用者の数が爆発的に増える中，枯渇するのは時間の問題と考えられるようになった。特に，遅れてインターネット利用が始まった開発途上国から，公正な配分を求める声が上がり始めた。では，その配分は誰がどのように行うべきか。これが 2 つ目の問題である。

インターネットが誕生したばかりの頃は，こうした問題が生じることはなかった。インターネットは 1960 年代末，アメリカ国防総省高等計画局（ARPA）の研究プロジェクトとして複数のアメリカの大学のコンピュータを接続した ARPANET を起源とする。当初は台数が限られていたため，「住所」を開発者たちが一元管理すれば済んでいた。しかし規模が大きくなると，分散した管理体制が考案された。それが DNS である。その仕組みは，最上位（トップレベル・ドメイン）に企業（com），教育機関（edu），政府機関（gov），国際機関（int）などのカテゴリーを設け，その下位に企業や大学の名前を付し，最下位に個々の端末があるというように，階層的につくられている。そして，アドレスの割り当ては個々のネットワークの管理者に委ねられた。

このように分散された運営体制は，インターネットが世界各地で発展していくための原動力となった。ただし，全体にかかわる問題もいくつか残る。例えば上述したアドレスの登録と配分の問題であり，それについては ICANN を中心に，幾多のアクターがガバナンスの主導権を競い合う構図となっている。

ICANN は 1998 年に設立された民間国際組織で，IP アドレスとドメインネームを世界全体に割り当てるためのルールづくりや調整を主要業務としている。アメリカの開発者たちが行っていた業務が，グローバルな組織である ICANN に移管された形である。多様な利害関係者（途上国を含む各国政府，インターネット関連企業，研究開発者，市民団体など）が参画する。誰もが参加できることが理

178　第Ⅲ部　政治経済

念とされたものの，現実には意見対立が交錯している（ICANN設立前後の経緯と論争点は会津 2004：第3章に詳しい）。

対立軸の第1は，先端技術の性質に起因する。インターネット技術はますます高度化・複雑化しており，イノベーションの大半は企業が牽引（けんいん）している。テクノロジーやビジネスの専門家に主導権を委ねてインターネットの「安定」を優先すべきか，それともネティズンと呼ばれる利用者の声も入れて「公正」を重視すべきか，立場が2つに分かれたのである。

第2の対立軸は，国際関係に起因する。IPアドレスの希少性が認識され始めると，途上国が配分の見直しを要求するようになった。「先発国」対「後発国」の構図が表れたのである。また，アメリカの覇権を問題視する国々も少なくない。ICANNはカリフォルニア州に本拠を置いており，アメリカ政府の息がかかっていると批判されてきた。

第3の対立軸は，国家の役割に関する。ロシアや中国をはじめとする一部の国々は，サイバー空間における国家主権を重視する立場をとり，ICANNのような民間の組織ではなく，政府間の国際機関に権限を持たせて議論を主導しようとする。それに対し，政府の介入はインターネットの発展を阻害するという意見が，産業界，技術者コミュニティ，市民社会には根強い。

ICANNはこうした対立を抱えながら，インターネット・ガバナンスの一翼を担い続けている。例えばアドレス不足の解消のため，天文学的な数の割り当てを可能にするIPv6という新規格の普及に努めている。2016年にはアメリカ商務省とのつながりを絶ち，アメリカの影響下にはないことを示そうとした。ただし，膨らみ続ける課題（例えば次にみる「格差」の問題）には，別のフォーラムが必要とされてきた。

◀デジタル・デバイド

インターネットの利用は，1990年代に一般利用が本格化してから，瞬く間に世界に広がった。だが，どこでも一律に普及したわけではない。格差の存在が明らかになり，さらに広がっていることが問題視されるようになった。「デジタル・デバイド」の問題である。

2000年代に入る頃には，デジタル・デバイドは「情報化時代の南北問題」

と強く認識されるようになった。インターネットの利用，それも高速・大容量のブロードバンド（光ファイバーやケーブル）の利用は先進国に限られ，後発開発途上国ではごくわずかな利用率のまま推移していた。国家間だけでなく，国内でも居住地域，所得，学歴，年齢，ジェンダー，人種などによって，格差が顕在化した（山田敦 2007）。

デジタル・デバイドは，インターネットを利用できるかどうかという利便性の問題にとどまらない。個人にとっては教育や就職の機会が広がり，国や企業にとっては生産性の向上，雇用の創出，経済の発展が促進されうる。それゆえ「開発」「教育」などのアジェンダと絡めて議論されるようになっていく。

2000 年 7 月，九州・沖縄サミット（主要国首脳会議）で発表された「グローバルな情報社会に関する沖縄憲章（IT 憲章）」は，デジタル・デバイドへのグローバルな取り組みを呼びかけた。直後の同年 9 月には，国連ミレニアム・サミットにおいて「ミレニアム開発目標（MDGs）」が採択され，2015 年までに達成すべき目標の一つとして，「民間セクターと協力し，新しい技術，特に情報通信技術の恩恵を行き渡らせる」ことが宣言された（Target 8F）。

こうした動きを背景に，国連は 2003 年と 05 年の 2 回，「世界情報社会サミット（WSIS）」を開催する。国連主催のサミットは，地球サミット（1992 年のリオデジャネイロ「環境と開発に関する国連会議」および 2002 年のヨハネスブルグ「持続可能な開発に関する世界首脳会議」），そして上記のミレニアム・サミットのように，グローバルな重要課題に国際社会が取り組むために開催される。WSIS の開催は，インターネット・ガバナンスが技術的な問題としてだけではなく，国際社会の重要課題として認知されたことを意味した。

国連サミットでは，環境問題でも開発問題でも，政府以外の視点を入れたマルチステークホルダー型の討議が重視されている。WSIS にも首脳・大臣レベルの政府代表のほか，国際機関，産業界，市民社会，研究開発者コミュニティからの代表が広く参加した。第 1 回 WSIS は 2003 年 12 月にジュネーヴ（スイス）で開かれ，望ましい情報社会のあり方に関する「基本宣言」と，その実現に向けた「行動計画」を採択した。第 2 回 WSIS は 2005 年 11 月にチュニス（チュニジア）で開かれ，行動計画の具体化について討議した（会津 2007）。

いうまでもなく，デジタル・デバイドの是正には多年の取り組みを要する。

継続的に審議するために，2006年に「インターネット・ガバナンス・フォーラム（IGF）」が設置され，現在に至っている。各ステークホルダーから代表を出して「マルチステークホルダー・アドバイザリー・グループ（MAG）」がつくられ，IGF運営の中心を担う。毎年1回，総会が開かれ，第1回（2006年）のギリシャを皮切りに，ブラジル，インド，エジプト，リトアニア，ケニア，アゼルバイジャン，インドネシア，トルコ，メキシコなど各国で開催されてきた。参加する国・地域，参加者の立場，取り上げる議題など，すべての面で包摂的（inclusive）であることを指針としている。

こうして国際社会の取り組みは制度化・継続化されてきたが，その成果はどうか。国連総会は2015年11月，WSISから10年後の実施成果を検討した。報告書は「いまだにかなりのデジタル・デバイドがある」と指摘し，特に後発開発途上国，社会的弱者などへの配慮が必要であるとした。その直前（9月）に開かれた国連総会では，2030年までの「持続可能な開発目標（SDGs）」が採択され，人材育成をはじめとする情報通信技術のキャパシティ・ビルディング（能力構築）支援を強化することが盛り込まれた（Target 17.8）。デジタル・デバイドは，ジェンダー格差，教育格差，経済格差などの問題に広くつながるものであるため，その是正はSDGs全体にとって不可欠と考えられている。

ITUの推計によれば，2016年末時点で世界全体で見ると，約半数（53％，39億人）がインターネットを利用できずにいる。アフリカ地域の平均では4人に3人が今なお「オフライン」の状況である（図8-1）。

◀サイバー・セキュリティ

サイバー空間の安全，すなわちサイバー・セキュリティも，インターネットの発展とともに浮上した課題である。インターネットが社会の隅々に浸透するようになるほど，それが正常に機能しなくなったときの被害は甚大なものとなる。今やサイバー空間の安全は，仮想世界にとどまらず現実世界の安全と不可分である。それゆえサイバー空間は，陸，海，空，宇宙に次ぐ「第5の戦場」といわれる（伊東 2012; クラーク＝ネイク 2011）。

しかし，そもそもサイバー空間では，何がその安全を脅かし，誰がどのように安全を守るべきなのか。サイバー・セキュリティに関しては，そのようなガ

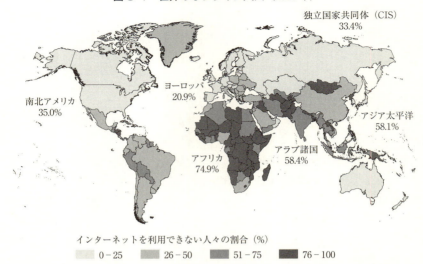

図8-1 世界のオフライン人口（2016年）

［出所］　ITU, *ICT Facts and Figures 2016*: 2（https://www.itu.int/en/ITU-D/Statistics/Documents/facts/ICTFactsFigures2016.pdf）.

バランスの出発点から国際的合意が得られていない。

　サイバー空間にはさまざまな脅威が潜み，ときに顕在化する。それらはサイバー犯罪，サイバー攻撃，サイバーテロ，サイバー戦争などと呼ばれる。攻撃する側は個人（ハッカー）であるかもしれないし，犯罪組織や軍事機関であるかもしれない。攻撃を受ける側も，一般利用者，企業，通信や電力のようなインフラ施設，政府機関など，さまざまである。

　いずれにせよ大きな特徴は，攻撃や犯罪の主体が誰であるのかが特定しにくいこと，そして国境を易々と越えて攻撃や犯罪がなされることである。それゆえ一国での対応には限界があり，多国間で協力体制を築く必要がある。グローバル・ガバナンスが最も必要とされる問題領域の一つであるわけだが，少なくとも2つの大きく根深い亀裂が存在する。

　1つ目は，サイバー空間において「何を守るか」をめぐる対立軸である。サイバー・セキュリティに関するガバナンス体制を最初に構築したのは，欧米先進国の主導で2004年に発効した「サイバー犯罪に関する条約（サイバー犯罪条

約）」である。1997年に欧州評議会で起草が始まったものだが，交渉にはアメリカ，カナダ，日本などもオブザーバー参加し，練り上げた条約をすべての国々が調印できるものとして2001年に公開して，すぐにそれら30カ国が調印した。条約では，どのような行為をサイバー犯罪とみなすべきかを定義し，その取り締まりのために締約国が連携する方法などを定めた（須田康治 2007; 王志安 2003）。

　しかし実際には，すべての国々が調印したわけではない。特に，ロシアと中国は，欧米主導の条約に参加意志を示さず，別のフォーラムで独自案をまとめた。上海協力機構（SCO）——中ロのほかカザフスタン，キルギス，タジキスタン，ウズベキスタンが2001年に設立した地域協力機構——で検討を重ね，2011年に発表した「情報セキュリティのための国際行動規範」である。それにはサイバー犯罪条約と決定的に異なる点があった。欧米諸国は情報の保護を重視し，サイバー空間で情報が盗まれたり改竄されたりすることを犯罪とみなしている。それに対し，中ロ主導の行動規範は，体制を脅かすような情報の取り締まりを重視していた。例えば条文に「テロリズム，分離主義，過激主義を煽動する，あるいは他国の政治，経済，社会の安定や精神的，文化的環境を弱体化させる情報の配布を阻止するために協力すること」とある。さらに行動規範は，国家主権の尊重（情報を政府がコントロールする権利）を強調する内容だった。言論の自由を標榜する欧米諸国にとって，とうてい受け入れがたいものだった（須田祐子 2015）。

　要するに，情報そのものを守るか，（不都合な）情報から体制を守るかという対立だが，後者が少数派であるとは言い切れない。インターネットの利用はすでに開発途上国にも広がり，中には治安や体制の維持を最重要視する国も少なくない。イスラム諸国も，イスラム教の戒律に反する情報の取り締まりに敏感である（山本 2008）。一方で，サイバー犯罪条約の締約国は2017年現在，約50カ国にとどまる。

　中ロは行動規範を作成後，国連に議論の場を移した。国連総会第1委員会（安全保障担当）のもとで政府専門家会合（GGE）の検討に委ね，ゆくゆくは国連総会決議として採択されることをめざしている。サイバー・セキュリティに関するGGEは2017年までに5ラウンド開催されているが，上述の対立軸は

第8章　科学技術　183

残されたままである。

　2つ目は，サイバー空間における「安全と自由」をめぐる対立である。1つ目は国家間の対立だが，この2つ目では国家と市民社会が対峙する。安全の名のもとに国家が統制を強めるとき，市民社会は自由とプライバシーの侵害を憂慮せざるをえない。サイバー空間においても同じである。市民社会の懐疑の目は，自由であるはずの欧米先進諸国の政府に対しても向けられている。

　先進諸国では，とりわけ2001年の9.11テロの発生後，情報機関がサイバー空間における監視活動を強化した。犯罪やテロを未然に防ぐために，情報機関がデジタル技術を駆使して，文字通り「すべてを傍受する」時代が到来した。それは一方で，一般市民の個人情報や通信記録が国家によって，それと気づかれないうちに，大がかりに収集されていることへの危惧を生み出す。2013年のスノーデン事件（アメリカ国家安全保障局〈NSA〉による広範な個人情報取得の手口を元職員が告発した事件）は，それがすでに現実であることを世界に知らしめた（土屋 2015）。そうした市民社会の危惧をよそに，政府間だけでサイバー・セキュリティのガバナンス体制がつくられようとしている動きに対し，サイバー空間の自由を尊重する立場から反発する声が近年ますます大きくなっている。

　世界のジャーナリストがつくるNGO「国境なき記者団」は，インターネットの検閲や監視を恒常的に行う「インターネットの敵」として，世界中の国や機関を列挙しているが，その中には，ロシア，中国をはじめ，アジアや中東，アフリカの独裁政権などと並び，NSAを擁するアメリカと，同じく監視活動が活発なイギリスが含まれている（Reporters Without Borders 2014）。安全と自由の綱引きは，今後もインターネット・ガバナンスの大いなるジレンマとして残るだろう。

4）まとめと展望

　インターネットはますます便利になって，世界中で利用者の数も用途も拡大し続けている。その意味では，インターネット・ガバナンスはうまくいっているといえるかもしれない。これほど潤滑に世界をつなぎ合わせることができるようになるとは，おそらく開発者ですら当初は予想できなかったことだろう。

しかし本章でみたように，インターネット・ガバナンスの道のりは決して平坦ではなかったし，今後も難航が予想される。その根底にある理由を，第1節の議論に戻って整理してみよう。

第1に，インターネット・ガバナンスはいうまでもなくグローバルな課題である。サイバー空間における国境は，完全に消滅したわけではないものの，世界がかつて経験したことがないほど希薄になっている。インターネットの問題は，ネットワークで結び付いた世界全体の問題である。すべての国々で合意形成していく必要があるが，立場は決して一様ではない。

第2に，インターネット・ガバナンスには，さまざまなアクターが深くかかわる。一握りの開発者が管理・運営していた時代は急速に去り，世界数十億のユーザー，インターネットをビジネスに不可欠とする企業，法整備や犯罪捜査を担う政府機関など，多種多様なアクターが，多種多様なフォーラムで協議している。当初からマルチステークホルダー型ガバナンスが志向され，それがうまくいった部分もあれば，相違が埋められずに残る部分もある。

第3に，パワー・シフトによって次々に課題が浮上する。一部の先進国から，開発途上国へも利用が急速に広がったことで，アドレス不足の懸念が生じ，格差（デジタル・デバイド）是正の要求が強まり，サイバー空間における安全と自由についても問い直されることとなった。一気にサイバー大国となった中国が，ロシアとともに，欧米諸国とは異なる価値観をインターネット・ガバナンスに持ち込んだことの影響も大きい。

これらの点は，インターネットだけでなく，発展し続けるすべての科学技術に当てはまりうる。核関連技術，宇宙開発技術，バイオテクノロジー，ロボット技術，人工知能（AI）など，人類の将来を左右しうる科学技術のガバナンスに，私たちは今まで以上に注意深く目を向けなければならない。

◆ さらに読み進める人のために ─────────
城山英明編『科学技術ガバナンス』（未来を拓く人文・社会科学シリーズ1）東信堂，2007年。
　＊多様なステークホルダーの連携によって，科学技術のリスク制御が必要であることを説く。

第8章　科学技術　185

ローラ・デナルディス／岡部晋太郎訳『インターネットガバナンス——世界を決める見えざる戦い』河出書房新社，2015 年。
　＊本章では取り上げきれなかった問題を含め，インターネット・ガバナンスの諸課題を広範に論じている。

土屋大洋『サイバーセキュリティーと国際政治』千倉書房，2015 年。
　＊サイバー空間の安全を守ろうとする主要国それぞれの取り組みと，国際的な対立と協調について詳しい。

鈴木一人『宇宙開発と国際政治』岩波書店，2011 年。
　＊本章では取り上げなかった宇宙空間をめぐるグローバル・ガバナンスも，非常に興味深い研究対象である。

■ 引用・参考文献

会津泉 2004『インターネットガバナンス——理念と現実』NTT 出版。
会津泉 2007「情報化時代のガバナンス——WSIS におけるインターネットガバナンスの動向，グローバルガバナンスの試金石」原田泉・山内康英編『ネット戦争——サイバー空間の国際秩序』NTT 出版。
秋山信将 2012『核不拡散をめぐる国際政治——規範の遵守，秩序の変容』有信堂。
市川浩 2007『冷戦と科学技術——旧ソ連邦 1945〜1955 年』ミネルヴァ書房。
伊木寛 2012『「第 5 の戦場」サイバー戦の脅威』祥伝社新書。
歌田明弘 2002『科学大国アメリカは原爆投下によって生まれた——巨大プロジェクトで国を変えた男』平凡社。
王志安 2003「条約によるサイバー空間の規制——新しい国際協力レジームの現実性と課題」『駒澤法学』3 巻 1 号，131-167 頁。
長有紀枝 2012『入門 人間の安全保障——恐怖と欠乏からの自由を求めて』中公新書。
オッペンハイマー，ロバート／美作太郎・矢島敬二訳 2002『原子力は誰のものか』中公文庫。
カルドー，メアリー／山本武彦ほか訳 2007『グローバル市民社会論——戦争へのひとつの回答』法政大学出版局。
クラーク，リチャード＝ロバート・ネイク／北川知子・峯村利哉訳 2011『世界サイバー戦争——核を超える脅威　見えない軍拡が始まった』徳間書店。
齊藤誠 2011『原発危機の経済学——社会科学者として考えたこと』日本評論社。
サハロフ，アンドレイ／金光不二夫・木村晃三訳 2002『サハロフ回顧録』上・下，中公文庫。
須田康司 2007「サイバー犯罪条約の現状と課題」国際社会経済研究所監修，原田泉・山内康英編著『ネット戦争——サイバー空間の国際秩序』NTT 出版。
須田祐子 2015「サイバーセキュリティの国際政治——サイバー空間の安全をめぐる対立と協調」『国際政治』179 号，57-68 頁。
角南篤・北場林 2011「外交・国際協力」国立国会図書館調査及び立法考査局・調査報告書『科学技術政策の国際的な動向』3 月，237-255 頁。
武谷三男 1982『科学者の社会的責任——核兵器に関して』勁草書房。
土屋大洋 2015『サイバーセキュリティと国際政治』千倉書房。
ナイ，ジョセフ・S／山岡洋一訳 2004『ソフト・パワー——21 世紀国際政治を制する見えざる力』日本経済新聞社。
中村好寿 2001『軍事革命（RMA）——"情報"が戦争を変える』中公新書。

ブーテ，ティム＝ウォルター・マットリ／小形健介訳 2013『国際ルールの形成メカニズム』中央経済社。

益川敏英 2015『科学者は戦争で何をしたか』集英社新書。

村山裕三 2003『経済安全保障を考える──海洋国家日本の選択』NHK ブックス。

山田敦 2007「デジタル・デバイドの現在」『海外事情』55 巻 11 号，32-49 頁。

山田敦 2013「科学技術と外交──知財と人財をめぐって」大芝亮編『日本の外交 第 5 巻 対外政策 課題編』岩波書店。

山田英夫 2008『デファクト・スタンダードの競争戦略〔第 2 版〕』白桃書房。

山根裕子 2008『知的財産権のグローバル化──医療品アクセスと TRIPS 協定』岩波書店。

山本達也 2008『アラブ諸国の情報統制──インターネット・コントロールの政治学』慶應義塾大学出版会。

吉川尚宏 2010『ガラパゴス化する日本』講談社現代新書。

吉田文彦 2004『「人間の安全保障」戦略──平和と開発のパラダイムシフトをめざして』岩波書店。

渡部福太郎・中北徹編 2001『世界標準の形成と戦略──デジューレ・スタンダードの分析』日本国際問題研究所。

Franda, Marcus 2001, *Governing the Internet: The Emergence of an International Regime*, Lynne Rienner.

Internet World Stats, "Top 20 Countries with the Highest Number of Internet Users, March 31, 2017" (http://www.internetworldstats.com/top20.htm 2017 年 5 月 31 日アクセス).

Peterson, M.J. 2005, *International Regimes for the Final Frontier*, State University of New York Press.

Reporters Without Borders 2014, *Enemies of the Internet 2014* (http://12mars.rsf.org/wp-content/uploads/EN_RAPPORT_INTERNET_BD.pdf 2017 年 5 月 31 日アクセス).

［山田 敦］

福　祉

新自由主義時代に変容するグローバル・ガバナンス

> 戦後の自由主義経済の下で，福祉国家はいかに成立・発展してきたのか。また，ブレトンウッズ体制の崩壊後，「新自由主義」へと国際経済秩序がシフトしていく中で，福祉国家はいかなる変化を迫られているのか。本章では，国内問題と思われがちな福祉政策が，国際政治経済と不可分な関係にあることを説明する。そして新自由主義の広がりは，「小さな政府」を一律に生み出してきたわけではなく，グローバルな市場の競争ルールを変更させることで，国家の多様性のあり方を変容させてきたことを指摘する。

1　福祉国家とグローバル・ガバナンス

　福祉国家は，戦後の自由主義経済の下で，いかに発展し，国際経済秩序のパワー・シフトの中でどのように変化を迫られてきたのか。本節では，まず福祉国家とは何かという点を確認し，それがブレトンウッズ体制を中心とした戦後の国際経済秩序の一環を成してきたことを指摘する。そのうえで，ブレトンウッズ体制の崩壊後，今日に至る「福祉国家の危機」の背景を追っていく。

◀ 福祉国家とは

　福祉国家とは，一般に，国民に生存権を保障し，完全雇用と社会保障を軸と

した社会政策を通じて，リスク分散と再分配を実現する国家を指す。通常，労働能力のある国民（18歳以上65歳未満）の多くは，労働によって自身や家族の生計を立てている。同時に，すべての人は疾病やけが，妊娠，加齢，そして失業といった要因によって，就労の継続が困難となるリスクを抱えている。福祉国家は，一方では失業率5%未満という完全雇用を達成し，他方ではリスクに直面した人の生活を保障しようとする。例えば，アルバイトをするときにかかわってくる最低賃金や残業代の規定など，労働関連法は，福祉国家を支える制度の一部である。また，病院に行ったとき，健康保険証を提示することで診療費を一部負担するのみで済むのは，医療保険制度によるものである。さらに，高齢になったときに生活を支える年金保険制度，失職したときに失業保険を受給できる雇用保険制度など，私たちの生活は福祉国家を支える社会保障制度と密接に結び付いている。

　福祉国家は，国民の生活に国家が大きくかかわることから，国家の役割を防衛や警察に限定する夜警国家＝「小さな政府」と対比して「大きな政府」と呼ばれることがある。このように理解すると，福祉国家とは，よくイメージされるスウェーデンやノルウェーなどの北欧諸国だけでなく，イギリスやドイツ，日本なども含む西側先進諸国の政治経済体制のこといえる。

　さて，福祉国家や，それを支える社会政策は，一国内で完結しているように見える。しかし，第二次世界大戦後，1950年代から60年代にかけて，ほぼすべての先進諸国で福祉国家は成立し，発展してきた。国内的な現象としてのみ福祉国家を理解すると，戦後，多くの先進諸国で福祉国家が同時期に発展した理由を説明することが難しくなる。なぜ，第二次世界大戦前には存在しなかった福祉国家が，戦後，多くの先進諸国で発展してきたのだろうか。

　福祉国家発展の理由の一つは，社会権が確立したことにある。「人間が人間らしく生きるための権利」である社会権は，生存権や労働基本権，教育を受ける権利などを包括する概念である。多くの先進国では，基本的人権として18世紀に自由権が，19世紀に参政権が確立し，20世紀半ば以降に社会権が認められるようになった。自由権は，国家から不当に利益を侵害されない「国家からの自由」，参政権は民主的政治への参加を求める「国家への自由」の体現である。これに対し，社会権は，国家による物質的基盤の提供によって人が真に

190　第Ⅲ部　政治経済

自由たりうるという「国家による自由」の考えに基づいている。

　では，戦後の先進諸国では，この理念を実現するために福祉国家を構築して
きたのだろうか。必ずしもそうではない。

　福祉国家は，理念の実現をめざした制度というよりも，きわめて現実主義的
な選択の結果として採用されたシステムである。まず，福祉国家は，リスク分
散や再分配を通じて，平等や人権尊重といった理念を実現するものであると同
時に，経済成長を達成するためのシステムであった。リスク分散と再分配はそ
れ自体が社会的な目的であっただけでなく，国民全体の購買力を高め，需要を
喚起するための一つの手段であり，その意味で高度に経済合理的なシステムと
して設計されていた。さらに，このような福祉国家は，一国で完結するもので
はなく，福祉国家体制という西側先進諸国の政治経済レジームとして，戦後の
国際経済秩序を支えるものでもあった。この観点に立つと，今日，福祉国家に
起きている変化は，世界金融危機などの国際的な動きとつながっているという
ことが理解できる。

◀グローバル・ガバナンスとしてのブレトンウッズ体制

　戦後の国際経済秩序を形作ったのはブレトンウッズ体制である。1929 年の
世界恐慌を契機に，ブロック経済や保護貿易主義が台頭した結果，大国間で植
民地獲得競争が生じ，第二次世界大戦が勃発した。1944 年のブレトンウッズ
協定は，この反省に立ち，安定した為替相場の下で自由貿易を発展させること
で世界経済を安定させ，国際的な平和を達成することを目的にしていた。ここ
では，ドルを金と並ぶ国際通貨とし，為替の切り下げ競争が起こらないような
固定相場制とすること（金ドル本位制），それを支える機関として国際通貨基金
（IMF）と国際復興開発銀行（IBRD，通称・世界銀行）を設置することが定めら
れた。戦後世界経済は，安定的な通貨を供給する IMF と，戦後の復興と開発
を担う IBRD との 2 本柱によって支えられることとなる。1947 年には関税及
び貿易に関する一般協定（GATT）が結ばれ，戦後の多角的な自由貿易体制の
ための基盤が整えられた。ブレトンウッズ協定によって成立し，その後，1971
年まで続いた国際経済体制をブレトンウッズ体制と呼ぶ。

　ブレトンウッズ体制は，自由市場の不完全性を前提に構想されたグローバ

ル・ガバナンスの一形態である。社会の安定を確保しながら，市場の恩恵を享受し，持続的な発展を可能とするためには，相互の取り決めやルール作りが必要となる。各国は，ブレトンウッズ体制の下，対外的には安定的な通貨体制の下で自由貿易体制を維持しつつ，対内的には市場に一定程度介入することで，戦後の国際秩序を安定させることを試みた。その点で，戦後の自由主義経済は，戦前のルールなき自由主義経済とは大きく異なっていた。

　このような国際経済秩序の下で成立・発展したのが，西側先進諸国を中心とした福祉国家体制である。戦後の福祉国家は，国際領域では自由主義経済を活用しつつ，国内領域では自由市場を社会的・政治的な諸規制の中に埋め込む「埋め込まれた自由主義（Embedded Liberalism）」（Ruggie 1982）によって可能となった。戦後の福祉国家体制は，単に国内の経済的不平等を是正し，社会権を実現するための制度というだけではなく，戦争によって荒廃した西側先進諸国の安定的な経済成長と相互平和とを達成することで，東側諸国に対抗する基盤となるものでもあった。

　では，福祉国家は，どのように国内的な安定と国際的な相互繁栄とを両立させてきたのだろうか。まず，福祉国家のマクロ経済政策は，金融緩和や，公共事業を通じた生産性の向上，労働力需要の拡大によって，経済を安定的に成長させる機能を有していた。国家の規制がない自由市場の下では，低賃金や貧困が蔓延し，国内需要が伸び悩む。第二次世界大戦の植民地獲得競争の遠因には，このような国内需要の伸び悩みと国内市場の飽和状態があった。そのため，戦後，福祉国家は，累進課税制度を活かして財源を調達し，社会保障や労働規制を通じて再分配を行うことで，国内需要を活性化させ，市場を円滑に機能させることで，自由市場のもたらす弊害に対処しようとした。

　このような経済政策は，国内労使間の対立を緩和させ，貧困による犯罪を減らすことで，社会秩序の安定をもたらすものでもあった。つまり，福祉国家は，資本主義社会において国内の経済成長と平等，政治的・社会的安定とを同時に達成することで，冷戦下の東側諸国に対し，資本主義の正当性をアピールする役割も担っていたといえる。

　その意味で，福祉国家体制は，経済・社会・政治それぞれの場における諸機能を果たしながら，国際レベルと国内レベルの政治・経済を制度的にリンクさ

せ，西側先進諸国が形作るグローバル・ガバナンスを実現してきた。福祉国家の「黄金期」と呼ばれる 1960 年代が，西側諸国を中心とした高い経済成長と政治的・社会的安定とを両立させたブレトンウッズ体制の「黄金時代」でもあったことは，その必然の結果でもあった。

◀ブレトンウッズ体制の崩壊と福祉国家の危機

　福祉国家体制が変容する契機となったのは，ブレトンウッズ体制の崩壊と，その後のオイル・ショックである。1971 年，ベトナム戦争の長期化によるドル流出を背景に，アメリカで金・ドル交換が停止され，73 年には，市場の自動調節機能によって貿易収支の不均衡を是正するために，変動相場制への移行が決定された。しかし，これらの試みが成果をあげる間もなく，その後，2 度のオイル・ショックによって，先進諸国は大量失業と長期不況に悩まされるようになった。

　こうした不況を打開しようと，1970 年代末から 80 年代初頭には，「小さな政府」の実現を謳ういうイギリス・サッチャー政権の「サッチャリズム」とアメリカ・レーガン政権の「レーガノミクス」というスローガンが登場した。両政権は，福祉国家のマクロ経済政策を「国家による市場への介入」として批判し，財政支出の抑制に伴う社会保障の削減，労働・資本市場の規制緩和，公企業の民営化といった新たな経済政策を打ち出した。ただし，福祉国家が一国内で完結するものではなかったように，これらのスローガンも，福祉国家＝「大きな政府」という一国の政治経済体制を変えるものにはとどまらなかった。当初は一国内の不況の打開策にすぎなかったこれらの経済政策は，福祉国家体制を支えてきた「埋め込まれた自由主義」に代わり，「新自由主義」という新たな国際経済秩序の構築をめざす動きへとつながっていく。1981 年には「福祉国家の危機」（OECD 1981）と題する報告書が出され，他の先進諸国でも同様の政策がとられるようになる。ブレトンウッズ体制が支えた戦後の経済秩序はもはや過去のものであるという認識が国際社会で広く共有されるようになった。

　新自由主義という新たな国際経済秩序への移行の背景には，世界レベルでの国内的・国際的な構造変化がある。第 1 に，産業構造の変化によって，従来型の経済成長が難しくなってきたという各国内の変化が挙げられる。情報通信や

サービスなど第三次産業の比率が高まる中，工業化による経済発展というこれまでの経済成長モデルは妥当性を持たなくなってきた。そのため，かつては生産性を向上させた大規模なインフラ整備や公共事業も，1980年代に入ると，不要な財政支出や官僚機構の肥大化の象徴として批判の対象となった。「埋め込まれた自由主義」の下で経済合理的なものと考えられた諸政策は，新たな経済秩序の下では経済成長の「足かせ」と見られ，そのイメージを逆転させることとなる。

　第2に，冷戦終結とグローバル化という国際的な構造変容が挙げられる。1989年から91年にかけてソ連型社会主義体制が崩壊したことで，資本主義（自由民主主義）の「勝利」（フクヤマ 1992）は疑いのないものとなり，社会的・政治的に福祉国家を維持する必要性は低下した。さらに，東西対立が解消し，グローバリゼーションが加速する中で，国際的な金融・資本取引が増大し，ヒト・モノ・カネの国境を越えた移動が急激に拡大した。これまで福祉国家の財政を支えてきた企業は，税率の低い地域にさらに活動範囲を広げ，多国籍企業として世界大に展開するようになった。ブレトンウッズ体制の崩壊を期に，新たな国際経済秩序として登場した新自由主義は，冷戦の崩壊とグローバル化に後押しされ，一気に展開することとなったといえる。

② 研究動向——福祉国家の変容をめぐって

　グローバルな経済秩序の変動に伴い，福祉国家はどのように変容してきたのだろうか。かつての福祉国家は総じて衰退し，新たな国家形態が作られつつあるのだろうか。ブレトンウッズ体制後の福祉国家の変容を，一般に，福祉国家の「再編」と呼ぶ。本節では，福祉国家の「形成」と「再編」をめぐる，これまでの研究動向を確認したうえで，近年の国家と市場とをめぐる新たな研究動向を紹介する。まず，戦後の福祉国家の「形成」をめぐるこれまでの理論にふれ，ブレトンウッズ体制が崩壊した後，福祉国家の「再編」をめぐっていかなる議論が登場しているのかを概観する。そのうえで，冷戦終結後に登場した「資本主義の多様性論」を取り上げ，福祉国家を軸とするこれまでの議論との差異と，新たな分析の視点の可能性を検討する。

194　第Ⅲ部　政治経済

◀福祉国家の形成をめぐる収斂と分岐

　今日の福祉国家研究の理論的支柱となっているのは，福祉国家の類型とその形成過程の多様性を明らかにした福祉レジーム論である。それまでの福祉国家研究は，「経済発展が進めば」，あるいは「労働運動勢力が強ければ」，発展した福祉国家に収斂する，と考える収斂論が中心であった（Wilensky 1975; Korpi 1978）。

　それに対し，福祉レジーム論は次のように論じる。エスピン–アンデルセンは，「福祉が生産され，それが国家，市場，家族に配分される総合的なあり方」として福祉レジームという概念を提示し，国家だけでなく，市場や共同体も福祉の供給主体としてとらえる枠組みを提供した（エスピン–アンデルセン 2001）。福祉レジームは，労働市場から離脱しても人々が生計を維持できるか否かを示す労働力の「脱商品化」と，階層分化の方向性を決定する「（社会的）階層化」という2つの指標から導かれる（のちに「脱家族化」も導入）。

　このうち，「脱商品化」という指標は，労働力の「商品化」という考え方に基づいている。人が労働して賃金を受け取ることを，自らに備わっている労働する能力（労働力）を「商品」として市場で売ることだと考えると，働くことは労働力を「商品化」することといえる。人は，事務的，肉体的，または知的な労働能力を労働市場で商品として売買する。これらのどの能力を売買するかによって，あるいは能力の差によって商品の価値＝賃金が決められる。もちろん，どの能力に高い賃金が支払われるかは自明ではなく，その価値は時代や社会によって変化する。いずれにしても，労働力を「商品」として売買しないと（＝働かないと）生きていくことができない社会は，「商品化」の程度が高い社会といえる。これに対し，障害があったり，けがや病気をしたり，高齢になったりして働けなくても生活が保障されている社会は，「脱商品化」の程度が高い社会となる。そう考えると，「脱商品化」は社会的権利の強さを示す指標だといえよう。

　他方，「階層化」という指標は，階層や職種，性別などによって格差が固定化されている度合いを指す。国民全体を包括する社会保険制度ではなく，公務員か民間企業か自営業かなど，職域によって異なる社会保険制度であれば，「階層化」の度合いは高くなる。

第9章　福　　祉　195

これらの指標の組み合わせによって，福祉レジームは，アメリカ，イギリスなどのアングロ・サクソン諸国の市場を中心とした「自由主義レジーム」，ドイツ，フランスなど大陸ヨーロッパ諸国の家族を中心とした「保守主義レジーム」，そして北欧諸国の国家を中心とした「社会民主主義レジーム」という3つの類型に分類される。このような類型の差異は，福祉国家の形成を主導したアクターや政治戦略の差異から説明される。例えば，スウェーデンでは，労働運動勢力を支持基盤とする社会民主主義的な政党と，農民を支持基盤とした政党との連合が成立したことで，「脱商品化」の度合いが高く「階層化」の度合いが低い普遍主義的な福祉レジームが形成された。福祉レジーム論は，福祉国家が単線的に発展するわけではなく，多様な発展経路をたどって分岐していくことを示した類型論として，これまでの収斂論を大きく刷新するものであった。

◀福祉国家の再編をめぐる収斂と分岐

　では，新自由主義の下で「危機」に直面した福祉国家は，もはや従来の制度を維持できなくなるのだろうか。もし維持できないとすれば，今後いかなる方向に向かうのだろうか。福祉国家の「再編」をめぐる議論は，まず，従来の制度が「衰退するか否か」をめぐって表れた。

　国際秩序の変化を重視する論者は，すべての福祉国家は，レジームにかかわりなく衰退を余儀なくされると主張する（Jessop 2002）。衰退論者によれば，国家は，「積極的自由」である社会権の保障から「消極的自由」である自由権の保障にその比重を移し，より「小さな政府」をめざそうとする。この過程で，国家は単に福祉を削減するだけでなく，公的扶助の受給要件に，就労や職業訓練を義務づけるワークフェアを拡大してきた。福祉国家が保障してきた従来型の福祉＝ウェルフェア（welfare）に対する造語として生まれたワークフェア（work-fare）は，福祉の給付を通じて「脱商品化」された労働力を再び市場に戻す，「再商品化」の機能を持つ。衰退論者の立場に立つと，福祉国家の「再編」は，これまでのウェルフェアとしての福祉を削減し，より直接に経済合理性を持つワークフェアとしての拡大をめざす過程だといえる。

　これに対し，福祉国家の「再編」をめぐって多くの論者に支持されてきたのは，福祉国家は当初予測されたほどには衰退せず，福祉レジームの基本類型も

維持されるという立場である。福祉国家の「形成」過程では，制度形成を主導したアクター（主体）やその戦略の差異が重要な変数だったが，「再編」過程では，すでに形成された「制度」のタイプそのものがより重要な変数となる。特に，制度は一度形成されれば固有の利益を生み出し，変化に対して拘束性を持つという「経路依存性」という考え方が注目された（新川＝ボノーリ 2004）。社会保障制度は，一度作られるとそこから利益を得る受益者層が生まれるため，制度を縮小しようとする試みは大きな反発に直面せざるをえない。ピアソンは，新自由主義の圧力にもかかわらず，また政権の党派性の違いにもかかわらず，各国において社会保障費の大幅な削減は見られなかったと指摘し，その原因を経路依存に求める（ピアソン 2010）。同様に，福祉レジーム論の提唱者であるエスピン-アンデルセンは，国際的なパワー・シフトへの対応の仕方は，すでに形成された制度に規定されるため，国家によって多様であると指摘している（エスピン-アンデルセン 2000）。

　本節では，ここまで福祉国家の「再編」をめぐる研究動向を概観した。主流の立場は，基本的に，新自由主義によっても福祉国家は衰退するわけではなく，制度の根幹やレジームの分岐が保たれると考えてきた。衰退論者が「大きな政府」に対する「小さな政府」の勝利，という立場だとすれば，主流派は「大きな政府」に変化は見られるものの，それは必ずしも直線的に「小さな政府」に向かうものではない，とする立場だといえよう。

◀資本主義の収斂と分岐

　冷戦終結後，1990 年代に入ると，社会主義に対する資本主義の勝利が謳われる一方で，資本主義の複数性や多様性をめぐる議論（資本主義の多様性論）が台頭した。これらの議論は，世界は一つの市場経済に向かって収斂しているわけではなく，多様な資本主義の共存の上に成り立っている，と考える（山田 2008: 25）。福祉国家の「再編」をめぐる主流の立場と，それとほぼ同時期に登場した資本主義の多様性論は，各国の政治経済体制が一つに収斂するのではなく多様でありうる，と考える点で共通している。では，両者の議論にはどのような違いがあるのだろうか。

　福祉レジーム論では，国家の役割は，家族，市場と同様に「福祉の供給元」

であり，福祉や社会保障は，「脱商品化」機能を持つという意味で「市場に反する政治」（politics against markets）として想定されてきた。そのため，福祉国家の「再編」も，福祉の供給のあり方をめぐるものとなる。これに対し，資本主義の多様性論は，各政治体制を類型化するという点で福祉レジーム論と共通するものの，国家の役割を福祉給付に限定せず，広く国家と市場との関係性，特に雇用制度や社会保障制度など，諸制度間の関係性に着目してきた。資本主義の多様性論においては，福祉をめぐる政策的な差異は，それぞれの資本主義の類型において，他の制度との関係性から，どのような福祉政策・制度が経済的な合理性を持つか，という観点から説明される。つまり，資本主義の多様性論では，福祉のあり方は，諸類型の差異を導き出す独立変数ではなく，類型間の差異から導き出される従属変数となる。また，その結果として，福祉政策や制度のあり方は，「市場に反する」のではなく，資本主義のタイプに応じて「市場に適合的な政治」（politics with/of markets）として導き出される。

　資本主義の多様性論が着目したのは，各政治経済体制（＝資本主義の類型）を諸制度の集合体として包括的にとらえる「制度補完性」という概念と，その諸制度の間の序列とその歴史的な変化をとらえる「制度階層性」という概念である。ある領域のある制度の存在・機能が，他の領域の他の制度の存在・機能によって強められたり弱められたりするとき，2つの制度の間には「補完性」がある。特定の時期，特定の国において有効な制度は，個別に存在するわけではなく，相互補完的に作用し合う1つのシステムとして成立している。この「制度補完性」という考え方は，各国における制度構造の違いから，各国が特化する産業，輸出競争力の相違，さらには経済政策や社会政策の違いを説明してきた（ホール＝ソスキス 2007）。

　アマーブルは，相互に補完性を持つ5つの制度形態として製品市場，労働市場，金融制度，社会保障制度，教育制度を設定し，それらの組み合わせからアメリカ，イギリスなどに代表される「市場ベース型」，ドイツ，フランスなどの「大陸欧州型」，北欧などの「社会民主主義型」，スペイン，ポルトガルなどの「地中海型」，日本，韓国など「アジア型」の5つの資本主義類型を提示した（アマーブル 2005）。例えば，「市場ベース型」の資本主義は，規制緩和された製品市場，柔軟な労働市場，市場ベース型の金融システム，低い社会保障，

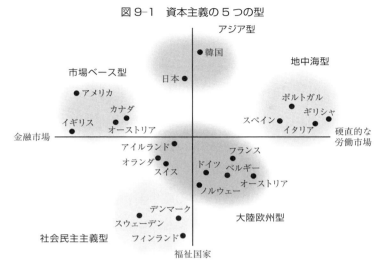

図9-1 資本主義の5つの型

［出所］ アマーブル 2005: 204-205 より筆者作成。

競争的な教育制度といった特徴を持つ。また，「社会民主主義型」は，規制された製品市場，規制された労働市場，銀行ベース型の金融システム，高い社会保障，公的な教育制度といった特徴を持つ。

　このように補完性を持つ諸制度は互いに階層的な関係にあり，上位の制度が下位の制度を規定する（制度階層性）。最も上位にある制度は支配的な社会政治的グループにとって最も重要な制度である。そして，どの社会政治的グループが支配的かによって制度の階層性は規定される。例えば，「社会民主主義型」のシステムにおいて，高度な社会保障と労働者の特殊技能への高い投資が行われているのは，利益集団の堅固な代表と多数の拒否権プレーヤーの存在によって説明される。資本主義の5類型は，金融市場と労働市場のどちらがより支配的か，という軸と，国家がどの程度公的な支出に関与するか，という軸に従って，上図のマトリックスで整理される（図9-1）。

　興味深いのは，この制度間の階層関係が固定的なものではなく変化するという点である。資本主義の多様性論では，補完性を持つ諸制度の特徴やその関係性から各類型を導き出し，同時に，上下の階層移動に注目して，各国に共通す

る歴史的な変化を説明する。「大量生産‐大量消費」による経済成長が可能であった福祉国家の「黄金期」には，労働市場が制度諸形態の中で最も高い階層にあり，他の制度を規定していた。これに対し，今日では，国際的な金融制度が最上位の階層へと移動し，各類型内部の政策に変化をもたらしてきた。このような階層移動による説明は，雇用保護が経済成長をもたらした「埋め込まれた自由主義」から，資本の移動が自由化される新自由主義へ，という国際経済秩序の変容と一致する。例えば，ブレトンウッズ体制下で優先的に保護されてきた雇用が1980年代以降に規制緩和の対象となり，労働市場が流動化してきた理由は，この観点から説明できる。

　福祉レジーム論は，福祉の供給のあり方に着目して各類型を導き出し，新自由主義下において，これまでの供給のあり方が，いかに変化するか／しないかという観点から，福祉国家の「再編」過程を説明してきた。これに対し，資本主義の多様性論は，福祉にかかわる諸制度を，他の制度との補完性や階層関係に基づいて，経済合理的に決定されるものとして位置づける。資本主義の多様性論は，国家を福祉の供給主体＝福祉国家としてとらえず，国家やそれをめぐる諸制度の総体として資本主義を定義することで，資本主義のあり方の差異や変化から福祉政策の差異やその変化を説明する視点を提供しているといえよう。この立場に立つと，福祉国家の諸政策の変化は，「大きな政府」か「小さな政府」かという軸からではなく，国家やそれをめぐる諸制度の変化に応じて経済合理的な福祉制度のあり方も変化したという，より広角的な観点から説明できるものとなる。

3 　事例研究──公的年金制度の分岐

　「大きな政府」対「小さな政府」の二項対立には収まらない多様な分岐が現れているとすれば，そうした類型ごとの違いは，具体的にはどの点に見られるのだろうか。本節では，福祉国家を支える社会保障制度の中でも公的年金制度を取り上げ，事例分析を行う。公的年金制度は，生活保護などの対象が限定されている制度とは異なり，すべての人が直面する社会的リスクに対応する制度であり，その突出した財源規模ゆえに，経済政策に対しても大きな影響を与え

うるためである。

　福祉国家の公的年金制度を拡大・縮小の観点から見ると，特に 1990 年代以降，2 つの方向に分岐しつつあることがわかる。一つは，アメリカのように，公的年金の役割を可能な限り縮小し，私的年金市場にその機能を移譲する立場である。もう一つは，日本のように，私的年金や民間保険の規制緩和を行いつつ，公的年金の役割を一定程度維持する立場である。前者では，公的年金が老後の生活の安定を保障しないことから，個人年金や民間保険の役割が相対的に大きくなる。他方，後者では，再分配機能は低下しつつあるが，私的な年金への依存度はそれほど高くなく，制度そのものは縮小していない。このような差異は，なぜ生じたのだろうか。

　以下では，本章の分析の視点と仮説を提示し，公的年金制度の分岐が何をめぐって生じているのかについて，先進諸国を事例に検討する。そのうえで，分岐がもたらされた要因について，資本主義の多様性論に依拠して検討を行い，上記の問いに対する一つの回答を提示する。

◀分析の視点と仮説

　これまで，年金制度・政策の変化については，支給開始年齢や支給水準，保険料率の変化を中心に分析が行われてきた。年金の支給開始年齢の引き上げや，支給額の引き下げといった話は，日本でも耳にするだろう。こうした変化は，これまでの福祉国家研究が注目してきた福祉の供給をめぐる変化といえ，日本だけでなく，他の先進諸国にも見られる現象である。再分配の度合いが総じて低下していると考えれば，福祉国家は一様に衰退しているように映る。もし公的年金と私的年金とをめぐる日米の差異，という点に着目するならば，公的年金の維持＝「大きな政府」の維持，私的年金の拡大＝「小さな政府」への移行として説明できるのだろうか。

　本節では，公的年金制度の分岐を分析する視点として，運用方法の変化に着目する。実は，公的なものにせよ，私的なものにせよ，年金は株式市場や債券市場などの金融市場において資産運用されている。このことを考えると，日米の違いは，単に私たちの生活が公的年金に依存しているか，私的年金に依存しているか，というだけでなく，年金制度（とその運用）を介して金融市場とど

のような関係にあるのか，という違いでもある。言い換えれば，年金政策の分岐は，制度と制度とをつなぐ年金の運用方法の分岐をめぐって表れている。

　本節の仮説は，「金融を中心とした経済への移行によって，既存の社会保障を経済成長に寄与させる方法に違いが生じている」というものである。本節では，制度間関係から各制度の違いを説明する資本主義の多様性論に依拠し，年金政策をめぐる近年の分岐を検討していく。それを通じ，今日の国際経済秩序の下で，さらに各類型において，いかなる福祉政策が合理的といえるのかを考察する。

◀ 事例——年金「運用」政策の分岐

　各国の公的年金制度の運営方式は，大きく積立方式と賦課方式に分けられる。積立方式とは，将来受け取る年金を保険料として自分で積み立てるものであり，賦課方式とは，現役世代が収めた保険料をその時々の受給者への給付に充てる仕組みである。ブレトンウッズ体制下の福祉国家は，その運営方式にかかわらず，総じて給付を通じた所得再分配によって内需拡大を図ってきた。積立方式を採用する国では，さらに，財政投融資によってインフラ整備や雇用創出を行ってきた。

　例えば，日本の公的年金制度は積立方式で始まり，その後，現役世代の保険料も部分的に給付に回す賦課方式を取り入れ，修正積立方式に移行した。日本のように積立方式を軸とする場合，保険料収入による総収入のうち，給付に回らない部分が年金積立金として蓄積される。日本の年金積立金は，これまで，財政投融資として道路や空港の建設，中小企業の事業資金や国民の住宅建設資金などへの資金供給に利用され，経済成長に寄与してきた。

　ところが，日本では，2001年の財政投融資改革以降，年金積立金の運用方法やその対象が大きく変わってきた。第1は，運用主体の変化である。2001年に年金福祉事業団が年金資金運用基金に改組され，06年には年金積立金管理運用公団（GPIF）が設立された。その過程で，従来，雇用拡充やインフラ整備に向けられていた財政投融資が廃止されてきた。第2は，運用対象の変化である。より高い運用収益を目的に，運用対象がこれまでの日本国債や公債への投資から，社債や株式などに広げられた。2014年には，従来のポートフォリ

オ（資産構成）が見直され，国内債券が 60% から 35% へと大きく引き下げられるとともに，外国債券が 11% から 15% へ，国内株式が 12% から 25% へ，外国株式が 12% から 25% へと引き上げられた。特に株式比率は従来の 24% から 50% へと増加し，株式市場での運用規模は世界最大レベルとなっている。

　こうした政策転換が見られる国は多くない。というのも，国債や社債といった債券に比し，株式を運用することは，高い収益率が見込める一方で，高い損益率も予測されるためである。つまり，財政安定化策として合理的とはいいがたい。特に国家レベルで運営される公的年金の多くは，強制加入という性質上，財政の安定性と確実性が高度に求められる。それゆえ，市場で運用を行っている国でも，リスクの低い債券市場での運用が中心となってきた。

　公的年金から私的年金へと市場への依存度を強めているように見えるアメリカでも，連邦政府による公的年金（OASDI）の運用は全額米国債であり，株式市場での運用は禁止されている。国際比較としてよく取り上げられる公的年金の株式市場での運用は，カリフォルニア州立公務員年金といった一部の公的年金に限られる。また，フランス，ドイツなど賦課方式で運営されている国では，給付に必要となる規模の年金積立金を保有していないことから，市場での運用はほぼ行われていない。そのため，現在，国家レベルで公的年金を株式市場で運用している国は，日本以外には，ノルウェーやスウェーデン，韓国などごく一部に限定されている。ノルウェーの政府年金基金（GPF）は，賦課方式の下で加入者に給付が行われる部門と，石油収入を原資に運用を行う部門とに大別される。このうち，石油収入を運用する部門においては，1996 年に外国債券による運用が開始され，98 年以降，外貨準備による株式運用の比率が高まってきた。1998 年には 40% であった株式運用比率は，2006 年に 60% に引き上げられた。またスウェーデンでは，1999 年に新制度が導入され，現在，株式市場での運用比率が 50% となっている。

　このように見てみると，国家レベルでの公的年金積立金の運用方式は，大きく，市場での運用を行わない国，運用を公債に限定している国，株式を運用する国の 3 つに分けられる。このうち，積立方式を採用している国では，1990 年代以降，共通して財政投融資から市場運用に移行しているが，株式市場での運用は一部の国しか行っていない。より市場に親和的で「小さな政府」に見え

第 9 章　福　　祉　　203

るアメリカにおいて株式の運用が行われておらず，相対的に「大きな政府」に見える北欧や日本において，積極的に株式運用が行われているのである。このように，一見，逆説な違いが生じたのは，なぜだろうか。

◀分析──国際制度と金融制度の階層移動

　資本主義の多様性論の枠組みに依拠すると，近年の公的年金制度の分岐は，最上位の階層に移動してきた国際的な金融制度の変化から説明できる。では，金融制度はどのように変化し，また各類型の制度をどのように経由して年金制度の分岐をもたらしてきたのだろうか。

　まず，金融制度の上位階層への移行，つまり実体経済に対して金融経済の優位が確立してきた過程を確認しよう。実体経済とは，日常生活で，目に見える形でモノやサービスを売買することを特徴とする。実体経済の状況を表す代表的な指標である国内総生産（GDP）という言葉は，なじみがあるだろう。これに対し，金融経済とは，証券や貨幣といった金融資産の取引を指す。株式や債券の購入，外国為替証拠金取引（FX）投資はもちろん，銀行での預金も，金融経済を構成する要素である。金融経済を示す指標としては，ニュースで耳にする証券取引所での株価指数が挙げられる。

　ブレトンウッズ体制下では，経済の主役は実体経済であり，金融経済は補完的な位置にあった。しかし，1980年代以降，国境を越えた金融・資本取引が活発化する中で，実体経済と金融経済の立場は逆転してきた。世界金融資産規模の実体経済に対する比率（対世界名目GDP比）は，1980年には1.09倍とほぼ同率であったが，90年には約2倍，2000年代に入ると約3.5倍へと急上昇した（Roxburg et al. 2011）。2017年時点ではその比率は10倍ともいわれている。このような国際的な金融・資本市場の急速な発展の結果，金融経済が実体経済に及ぼす影響は，飛躍的に増大した。1997年のアジア通貨危機や2007年の世界金融危機が，企業の倒産や大量の失業者を生み出し，実体経済に大きく波及したことは周知の通りである。

　こうした中，金融市場において中心的なアクターとなってきたのが，巨額の資本を運用する機関投資家である。機関投資家とは，投資ファンドや証券会社，生命保険会社，損害保険会社など，大量の資金を使って株式や債券などの運用

を行う大口の投資家のことを指す。この中には，企業年金やJA年金共済といった個人年金などの私的年金・保険はもちろん，公的年金も含まれる。とりわけ国家レベルの公的年金は，私的年金よりもはるかに大量の資金を有する。このため，株式運用を行う日本や北欧の公的年金基金は，金融市場で突出した存在感を持つ機関投資家といえる。アメリカの場合，連邦レベルの公的年金は，債券市場における機関投資家であり，株式市場で運用を行っているのは基本的に私的年金である。言い換えれば，日本や北欧とアメリカとの公的年金の運用方法における相違は，機関投資家として株式市場に参入させる役割を公的年金に与えるか，私的年金に与えるか，という違いでもある。

　では，このような分岐はなぜ生じたのだろうか。積立方式を基本とし，公的年金の株式運用をする国としない国とをアマーブルの類型に当てはめると，ノルウェー，スウェーデンは「社会民主主義型」，日本，韓国は「アジア型」，アメリカは「市場ベース型」に分類される。年金の運用方式の違い，すなわち，機関投資家として公的年金と私的年金のどちらが高い比重を有しているか，という違いは，各類型において上位に位置する金融制度の違いから導き出される。

　「社会民主主義型」と「アジア型」は，社会保障制度の特徴は大きく異なるものの，金融制度についてはアメリカ的な「市場ベース型」にはない共通点を持つ。「社会民主主義型」と「アジア型」の金融制度は，企業と長期的な関係を持つ銀行をベースとしたシステムである。このシステムは安定的だが利回りが低いため，確実性を求める投資家が集まる一方，小口の投資家を呼び込む誘因に乏しい。したがって大口の機関投資家である公的年金が，株式市場に参入しやすい。

　これに対し，「市場ベース型」の金融制度は，企業との短期的な関係を築く金融市場に依拠するシステムであり，少数株主の投資への障壁が低く，ヘッジファンドなどの企業活動が活発とされる。このシステムは，相対的に不安定ではあるが，利回りが高いため，好況時には個人など小口の投資家が集まる。それに対して公的年金はリスクを嫌い，株式市場に参入しようとしない。つまり，「市場ベース型」と「社会民主主義型」「アジア型」の違いは，それぞれの金融制度が，公的年金を含む投資家の活動にとって，どのように有利あるいは不利になるかという点から説明される。

第9章　福　　祉　205

本節では，ここまで全体として金融を中心とした経済へ移行してきたこと，そして年金制度の分岐が，各類型で上位階層に位置する金融制度の差異から生じてきたことを確認した。年金政策に限っていえば，実体経済が優位にあった戦後の福祉国家では，経済成長のために，財政投融資や再分配による内需拡大が図られた。これに対し，金融経済が優位にある今日，膨大な積立金を持つ年金基金は，それが私的年金か公的年金かにかかわらず，以前とは異なる形で経済に寄与している。アメリカと日本，北欧などの運用のあり方は一見正反対に見える。だが，前者は私的年金を中心とした金融市場の活性化を，後者は公的年金による金融市場の安定化を，その主要な役割としており，それぞれ異なる形で金融経済の成長を支えるものといえる。

　福祉レジーム論に依拠すると，戦後に形成された福祉レジームの類型は，すでに形成された制度に規定されるため，新自由主義の下でも維持される。このため，福祉レジーム論は，既存の違いが維持されることについては説明できる。しかし，国家間で新たに生じている分岐については説明することができない。分岐の視点を福祉の供給に限定すると，レジームの類型の違いにかかわらず，どの国でも給付の削減という方向に収斂している，という結論が導かれてしまう。

　これに対し，他の制度との関係性においていかなる制度が合理的か，という観点から福祉制度をとらえる資本主義の多様性論は，福祉レジームの類型の枠を超えて生じている新たな分岐を説明できる。国際経済全体において，実体経済よりも金融経済のインパクトが大きくなる中，各国はそれぞれの金融制度にとってより合理的な公的年金政策を展開しつつある。公的年金の運用に見られる各国間の差異は，これまでのレジームを超えた新たな分岐を示すものといえる。

4　まとめと展望

　本章では，福祉国家や福祉をめぐる諸制度・政策が，一国内で完結するものではなく，国際経済秩序と密接に結び付いた問題であることを確認してきた。福祉国家は，ブレトンウッズ体制の下，国内では経済成長と政治的・社会的安

定を同時に達成しつつ，国際的には自由貿易と資本主義の正当性を支える役割を担っていた。しかし，新自由主義の登場によって，福祉国家は「再編」を迫られるようになった。

　ただし，福祉国家の「再編」は必ずしも「大きな政府」から「小さな政府」への移行を意味するわけではない。また，新自由主義も，市場への国家介入を最小化しようとする動きとはいいがたい。本章では，新自由主義を「埋め込まれた自由主義」に代わる新たな国際経済秩序として位置づけ，産業構造の変化を背景として，市場の競争ルールが変更される過程としてとらえてきた。この中で，資本主義の多様性論は，どのようなルールの下で，いかなる福祉制度が合理的なのかを説明するという点で，福祉政策の変化を分析するための一貫した視点を提供するものといえる。

　年金政策をめぐる近年の分岐は，その好例といえよう。これまで，福祉国家は労働市場に介入し，再分配による内需拡大という形で経済成長を達成してきた。しかし，経済成長のあり方が，産業を通じた実体経済の成長から金融経済中心の成長へと移り変わる中で，福祉国家の諸制度・政策は金融市場の活発化や安定化に貢献することで経済成長を支えるようになった。とりわけ，公的年金の株式運用が，国家による金融市場への強力な介入としてもとらえられることを踏まえると，新自由主義を，国家の市場への介入の仕方／局面を変化させるものと理解することができるかもしれない。

　ただし，国家レベルの年金については，政府から独立性を持たない場合，株価の上昇や国内企業への投資を通じて，時々の政権の正当性の確保にも利用されうる。その意味で，経済合理性という観点のみならず，政治的な観点を踏まえた分析が今後さらに必要とされるだろう。

◆　さらに読み進める人のために───────────

G.エスピン-アンデルセン／岡沢憲芙・宮本太郎監訳『福祉資本主義の三つの世界
　　──比較福祉国家の理論と動態』ミネルヴァ書房，2001 年。
　　＊福祉国家に代わる新しい概念として福祉レジームを提唱し，今日の福祉国家研究
　　　の先駆けとなった書。多様な類型が生じた要因を各国内の政治的なイニシアティ
　　　ブから解き明かす。

新川敏光『福祉国家変革の理路——労働・福祉・自由』ミネルヴァ書房，2014 年。
　＊再分配を軸とする福祉国家は，グローバル化の下で自由競争国家へ移行しつつある。新自由主義が市場のみならず国家の力によって推進されてきたことを指摘し，国民国家の枠組みを超える「文化政治」から，今日の福祉国家が直面する限界を乗り越えることを試みる。

新川敏光編『福祉レジーム』（福祉＋ａ⑧）ミネルヴァ書房，2015 年。
　＊エスピン-アンデルセンの福祉レジーム論に依拠したとき，世界各地域の福祉レジームはいかなる変容を遂げているのか。18 カ国の事例から各国の多様な動向を紹介する。

ピーター・A.ホール＝デヴィッド・ソスキス／遠山弘徳・安孫子誠男・山田鋭夫・宇仁宏幸・藤田菜々子訳『資本主義の多様性——比較優位の制度的基礎』ナカニシヤ出版，2007 年。
　＊資本主義はいかに調整されるのか。国家や社会によって，あるいは市場の自由調整機能によるのか。制度間の関係からその調整作用に着目し，資本主義の多様なメカニズムを提示する。

田中拓道『福祉政治史——格差に抗するデモクラシー』勁草書房，2017 年。
　＊福祉国家の歴史的な形成と変容を包括的に分析する書。近年，共通の課題を抱える各国において多様な再編が生じているのはなぜか。各国のデモクラシーのあり方から明らかにする。

■ 引用・参考文献

アマーブル，ブルーノ／山田鋭夫・原田裕治・木村大成・江口友朗・藤田菜々子・横田宏樹・水野有香訳 2005『五つの資本主義——グローバリズム時代における社会経済システムの多様性』藤原書店。

エスピン-アンデルセン，G.／岡沢憲芙・宮本太郎監訳 2001『福祉資本主義の三つの世界——比較福祉国家の理論と動態』ミネルヴァ書房。

エスピン-アンデルセン，G.／渡辺雅男・渡辺景子訳 2000『ポスト工業経済の社会的基礎——市場・福祉国家・家族の政治経済学』桜井書店。

北野浩一 1999「チリの年金改革と移行財源問題」『海外社会保障研究』126 号，62-71 頁。

島谷一生・松浦一悦編 2013『グローバル金融資本主義のゆくえ——現代社会を理解する経済学入門』ミネルヴァ書房。

新川敏光 2014『福祉国家変革の理路——労働・福祉・自由』ミネルヴァ書房。

新川敏光編 2011『福祉レジームの収斂と分岐——脱商品化と脱家族化の多様性』ミネルヴァ書房。

新川敏光＝ジュリアーノ・ボノーリ編 2004『年金改革の比較政治学——経路依存性と非難回避』ミネルヴァ書房

仙石学編 2017『脱新自由主義の時代？——新しい政治経済秩序の模索』京都大学学術出版会。

二宮元 2014『福祉国家と新自由主義——イギリス現代国家の構造とその再編』旬報社。

ピアソン，ポール／粕谷祐子監訳 2010『ポリティクス・イン・タイム——歴史・制度・社会分析』勁草書房．

ヒルシュ，ヨアヒム／木原滋哉・中村健吾共訳 1998『国民的競争国家——グローバル時代の国家とオルタナティブ』ミネルヴァ書房。

フクヤマ，フランシス／渡部昇一訳 1992『歴史の終わり』上・下，三笠書房。

ホール，ピーター・A.＝デヴィッド・ソスキス／遠山弘徳・安孫子誠男・山田鋭夫・宇仁宏幸・藤田菜々子訳 2007『資本主義の多様性——比較優位の制度的基礎』ナカニシヤ出版。

ボワイエ，ロバート／山田鋭夫訳 2005『資本主義 vs 資本主義——制度・変容・多様性』藤原書店。

宮本太郎 2013『社会的包摂の政治学——自立と承認をめぐる政治対抗』ミネルヴァ書房。

宮本太郎編 2012『福祉政治』（福祉＋α②）ミネルヴァ書房。

村上勇介・仙石学編 2013『ネオリベラリズムの実践現場——中東欧・ロシアとラテンアメリカ』京都大学学術出版会。

山田鋭夫 2008『さまざまな資本主義——比較資本主義分析』藤原書店。

若森章孝 2013『新自由主義・国家・フレキシキュリティの最前線——グローバル化時代の政治経済学』晃洋書房。

Haggard, Stephan and Robert R. Kaufman 2008, *Development, Democracy, and Welfare States: Latin America, East Asia, and Eastern Europe*, Oxford University Press.

Iversen, Torben 2005, *Capitalism, Democracy, and Welfare*, Cambridge University Press.

Jesopp, Bob 2002, *The Future of the Capitalist State*, Polity Press.

Korpi, Walter 1978, *The Working Class in Welfare Capitalism: Work, Unions and Politics in Sweden*, Routledge & Kegan Paul.

Mishra, Ramesh 1999, *Globalization and the Welfare State*, Edward Elgar Publishing.

OECD 1981, *The Welfare State in Crisis: an Account of the Conference on Social Policies in the 1980s*, Organisation for Economic Co-operation and Development.

Pierson, Christopher 1998, *Beyond the Welfare State?: the New Political Economy of Welfare*, Polity Press.

Pierson, Christopher 2006, *Beyond the Welfare State: the New Political Economy of Welfare*, Polity Press.

Roxburg, Charles, Susan Lund and John Piotrowski 2011, *Mapping Global Capital Markets 2011*, McKinsey Global Institute.

Ruggie, John Gerard 1982, "International Regimes, Transactions, and Change: Embedded Liberalism in the Postwar Economic Order," *International Organization*, 36(2): 379–415.

Wilensky, Harold L. 1975, *The Welfare State and Equality: Structural and Ideological Roots of Public Expenditures*, University of California Press.

World Bank 1994, *Averting the Old Age Crisis: Policies to Protect the Old and Promote Growth*, World Bank Policy Research Report, Oxford University Press.

［井上　睦］

第IV部 社 会

腐敗・汚職

国際 NGO の役割を中心に

> 腐敗や汚職は従来，各国の国内問題とされてきた。しかし今日では，国際社会にとっても大きな問題として認識され，管理・緩和のための条約や仕組みが形成されてきている。このような変化の背景には，どのような要因が働いたのだろうか。本章では，冷戦の終結や経済のグローバル化のような構造的要因に加えて，国際 NGO が大きな役割を果たしたことを指摘し，そのイニシアチブと戦略の重要性を明らかにする。

1 腐敗・汚職問題とグローバル・ガバナンス

◀腐敗事件数の増加とその原因

　腐敗や汚職は元来，それらが蔓延している国々の国内問題とされてきた。このような認識が変化したのは冷戦後である。冷戦時代には概して，国際安全保障の問題が最も重視される傾向にあった。しかし冷戦が終わると，国内社会問題への関心が次第に高まっていく。加えて経済のグローバル化が進む中，世界的に規制緩和の流れが強まり，多国籍企業の開発途上国への進出が増え，外国企業が関与する腐敗・汚職の事件が注目を集めるようになった（Elliot 1997）。腐敗・汚職の問題は，冷戦後のグローバル社会で，国境を越える経済活動をいかにコントロールするか，というグローバル・ガバナンスの課題の一部となっ

たのである。

　冷戦後には，旧ソ連ブロックの国々の民主化や，国内市場の自由化と民営化，多数のアクター（主体）間で行われる国際的な経済取引の増加により，透明性や責任（アカウンタビリティ）がますます求められるようになった。また，グローバルな自由貿易の拡大・拡散の影響で，貿易の障壁がなくなり，海外市場に進出しやすくなった。さらに，金融の情報技術（IT）革命と規制緩和などによって瞬時にカネを移動できるようになり，1990年代以降，世界中で腐敗事件の爆発的な増加が見られるようになった。要するに，冷戦後の自由市場の急激な拡大と，それに伴い政府の市場介入が縮小したことが，腐敗問題を増加させた一つの温床といえる（Naim 1995; McCoy & Heckel 2001）。

　規制緩和された市場における私有財産の増加は，腐敗問題の出発点にすぎなかった（Rose-Ackerman 1996）。腐敗問題を単なる国内管轄の問題として経済的利益の基準だけで判断し，解決しようとするには限界があり，大きな弊害をもたらす危険性が高まった。国境を越えた経済活動の増加は，開発途上国の経済的・政治的発展を助けるどころか，かえって途上国の真の民主化と開発を妨害し，外部から政治家や特権層へ援助資金が流れてしまうことになる。他方，多くの一般国民の貧困は解決できないまま悪循環に陥る。結果的には，途上国でビジネスを行う企業にも大きなコストを負わせる要因として認識され始めた。また，統治能力の低い途上国における政治腐敗や汚職問題は，公害・環境問題（地球環境問題），国内貧困問題，格差問題（人権問題）にもつながる。さらには，麻薬密売やマネー・ロンダリングを通じて，国際犯罪組織やテロ組織への財源や兵器の提供がなされ，国際社会への脅威となる。これらは，グローバルな問題として認識されるべきことである。すなわち，腐敗問題は国際社会の深刻な問題として，グローバル・ガバナンスの観点から解決が模索される必要がある。国境を越える経済活動が拡大していく中で発生する腐敗・汚職事件は，もはや国内問題にとどまらず，国際的に対処すべき問題であるという認識が広まっているのである。

◀腐敗と汚職のグローバル・ガバナンスの必要性

　上述したように1990年以降，腐敗問題が国際社会のさまざまな分野に悪影

214　第Ⅳ部　社　　会

響を与えていることが認識されていたにもかかわらず，腐敗防止のための国際的な取り組みはほとんど見られなかった。先進国の中ではアメリカだけが，国内領域を超える腐敗問題を取り締まる国内法として，1977年に「海外腐敗行為防止法」を制定した。この時期に他の先進国で，国外の腐敗問題を防止する国内法を策定した国はなかった。それどころか，国際的な場で言及することが避けられていたほどであった。腐敗防止対策は国内問題で，それにかかわることは内政干渉であると認識されていたからである。また，さまざまな腐敗事件が存在することを暗黙裏に認めざるをえない雰囲気でもあった。

　世界のあらゆる地域において，腐敗・汚職問題が存在しない国はない。各国の社会・政治・経済システムのすべてが，それなりの腐敗問題を抱えているのが現実である。ある意味で腐敗問題は，腐敗や汚職を犯す一個人の問題ではなく，それを黙認する（国内外）社会の構造的な問題である。自己利益を最優先に考える本能を有する以上，多くの個人や組織が腐敗や賄賂から得られる金銭的利益の誘惑から完全に逃れることはできない。むしろ公的・私的な権力を利用し，腐敗から利得を得ようとする試みが多いのが現実である。そして，透明性が欠如した国や独裁政権では，私腹を肥やしたり秘密資金を作るために，国家の予算が流用されることがめずらしくない。

　腐敗事件のほとんどは，公的部門（政府）と私的（民間）部門（ビジネス界），または，この両部門間の違法取引の中で行われるという複合的な形をとっている。最も問題となるのが，公的部門が「権力の濫用・誤用」によって私的部門から利得を得ようとするケースである。関連する業務担当の公務員に対する企業からの賄賂が，その一例である。実際，国際社会における腐敗防止の動きは，民間部門から公的部門への賄賂に関する議論から始まった。

　従来，腐敗問題とその防止は，国内で取り締まるべきものとしてみなされ，国内の法律による解決に任せる傾向が強かった。しかし多国籍企業が増加し，多国籍企業と途上国の政治家との談合による腐敗問題も増加すると，従来のような見解や対策では，国境を越えて生じる腐敗事件に対処できなくなった。

　このような背景から，1990年代に入ると，国境を越えた国際的な取り締まりが必要であると認識され始めたのである。

第10章　腐敗・汚職　215

◀腐敗とは

腐敗にはさまざまな定義があるが，大きく2種類に分けられる。腐敗を実行する行為者に焦点を当てるものと，制度や政治体制に焦点を当てる構造的なものである。共通するのは，（国内外の）公務員が自分の権力や影響力を濫用し，私的な利益を得る場合を腐敗とみなしている点である。

腐敗には，さまざまな項目が含まれる。例えば，汚職・賄賂，倫理違反，違法会計，違法な政府調達，公職者による「縁故主義」，マネー・ロンダリング，麻薬取引，闇の市場などが挙げられる。

腐敗防止の活動を行っている代表的な国際 NGO，トランスペアレンシー・インターナショナル（TI）は，腐敗を「私利私欲のために公権力を濫用すること（corruption is the abuse of entrusted power for private gain）」と定義している。TI の活動初期には，腐敗の概念を賄賂やそれに伴う政治腐敗に関連したものととらえる傾向があった。

他方，「腐敗の防止に関する国際連合条約（国連腐敗防止条約〈UNCAC〉）」では，腐敗に関して明確な定義をさけている。その理由は，腐敗といっても国によって文化や状況が異なり，それぞれ異なる腐敗行為が存在しうるからである。

このほか，研究者による腐敗の定義には，例えばハイデンハイマーらによるものがある。彼は腐敗を，「公職の腐敗」「市場の腐敗」「公益をめぐる腐敗」という3つに分類した。第1の公職の腐敗とは，公職にある幹部と部下の関係を規律する規範から離脱することである。第2の市場の腐敗とは，公務員が自分の収入を最大化できる場として，公権力を濫用することを指す。第3の公益をめぐる腐敗は，公務員が公益に反する行動を行うことで，特定の個人に特別な特恵を提供することを意味する（Heidenheimer & Johnston 1999）。

また，ナイの定義によると，自分を含め家族・親戚の金銭上・身分上の利益のために，公務員の規範的義務から逸脱する行為，あるいは，私的な目的で特定の影響力を行使して，法律に反する行為を行うことを腐敗という。これには，贈収賄，親戚への便益斡旋，横領などの行為が含まれる（Nye 1967）。

今日の民主主義制度においては，多様なアクターが政治に参画している。とりわけ，巨大な多国籍企業や各種の利益団体が，腐敗事件を起こす潜在力を有している。したがって，腐敗の概念は公的部門に限らず，民間部門にまで拡大

して考える必要がある。

◀腐敗・汚職に関するグローバル・ガバナンスの発展

　最後に，腐敗・汚職問題に関して，最も多くの国々によって採択された2つの条約を紹介する。

　(1) 国際商取引における外国公務員に対する贈賄の防止に関する条約（OECD外国公務員贈賄防止条約）　　この条約は，外国人公務員への賄賂が貿易と投資を含む国際商取引に広がることを防ぎ，公正な国際経済競争の環境を立て直すために，経済協力開発機構（OECD）において提案されたものである。近年の企業活動のグローバル化・ボーダーレス化の進展に伴い，海外市場での公正な国際競争を維持するためには，不正な利益供与は防止すべきという問題意識が国際的にも高まり，成立した。この条約は，1997年7月からOECDにおいて交渉が開始され，12月に日本を含む33カ国が署名し，99年2月に発効した。

　(2) 国連腐敗防止条約　　この条約は，グローバルな規模の包括的枠組みを有する初めての腐敗防止条約であった。腐敗問題には，各国の政治文化や歴史的背景の違いが生み出す複雑さがあることと，国境を越えて行われる汚職・腐敗行為について各国が共同して責任を負う必要があるという認識から議論が始まった。2002年1月から国連総会の下で設立されたアドホック委員会と特別委員会において作成交渉が行われ，03年10月に国連総会において採択された。2005年に発効し，現在140カ国が署名している。

　この条約でいう腐敗とは，「国内外の贈収賄，横領，不公正取引，マネー・ロンダリングなどを含む広く解釈された腐敗行為」であり，公的部門と民間部門の両方を対象とする。各種の罰則を取り決めたほか，腐敗防止活動に取り組むNGOの役割や，情報公開の必要性，途上国への技術的・財政的な支援の必要性についても定められている。

　ここまで述べてきたような腐敗・汚職分野のグローバル・ガバナンスの形成には，国際NGOが大きな役割を果たしてきた。そこで第2節では，腐敗防止問題を中心に，さまざまな国際問題の解決に取り組む国際NGOを紹介していく。そして第3節では，腐敗・汚職防止分野において実際に活動を行っている

TI の活動を考察する。第 4 節は，本章の総括である。

2 研究動向——腐敗・汚職と国際 NGO

◀国際的な腐敗・汚職問題に関する議論

　前述の通り，腐敗防止は国内固有の問題であり，国内問題として扱うべきであると長年考えられてきた。だが，近年の研究は，腐敗・汚職の国際的な側面を強調するようになってきている。これらの研究は，次の 3 つに分類することができる。第 1 に，規範的な観点からの研究である。このアプローチの研究は，腐敗・汚職が人類にとって普遍的な価値を侵害していることを指摘したうえで，その防止が国際社会の義務であると主張する。第 2 は，国際的な腐敗防止運動の高まりを指摘したうえで，その原因として国際機関の役割を強調する研究である。第 3 は，腐敗防止のための国家間協力やネットワークの構築が，各国内の腐敗・汚職の軽減につながる，と主張する研究である。

　第 1 の規範的な観点からの研究としては，腐敗防止をグローバル・ジャスティス，あるいはグローバル倫理（global ethics）の課題として取り上げるものがある。グローバルな腐敗問題は単なる国際政治経済の問題ではなく，個人の倫理認識や，企業の不正，そして公共機関の汚職と政治腐敗がもたらす弊害であると主張し，倫理規範の問題として腐敗防止に取り組もうとする。そして，そのためには国際制度や倫理認識の変化をもたらす市民の運動が重要であるという（Kimeu 2014）。

　第 2 に分類される研究として，例えば国際政治学者の西谷真規子は，腐敗防止に取り組む国際活動を次のように整理している。腐敗防止のグローバル・ガバナンスには，多くの国際機関や非国家主体が関与し，多中心的（polycentric）な混雑状態を呈している。そこでは，オーケストレーション（→**第 1 章**）と呼ばれるガバナンス手法がとられる。指針や原則などを声高に訴え，ソフトな誘因（説得，交渉，支援などの非強制的手段）を多用して，多様な関係者の利害を調整し，目標へと誘導する手法である。その役割を担うオーケストレーターとして，西谷は国際機関である「国連薬物犯罪事務所（UNODC）」に注目する。UNODC が主導機関となって，関係者の動員・招集，議題設定（アジェンダ・

セッティング），既存制度間の調整，既存制度への支持・支援（技術協力や資金援助など）が行われ，国際的な腐敗防止運動が展開されてきたという（西谷 2017）。

第3に，グローバル・ガバナンスの役割を重視する研究者は，国家間のネットワークの強化が各国の国内の腐敗の軽減につながると主張する。汚職・腐敗（行為）を促す要因としては，経済的インセンティブに加えて，賄賂を黙認している国際社会の慣習が重要である。それを防ぐためには，国家間の相互交流や，国際組織への参加といった国際社会のネットワーク構築を進める必要がある。そうすれば，国際的な腐敗のレベルが低くなるという（Sandholtz & Gray 2003）。

ここまで，腐敗・汚職の国際的な側面，とりわけグローバル・ガバナンスについての研究を概観してきた。しかし，腐敗防止のためのグローバル・ガバナンスの構造は複雑であり，分野によってもその形態は異なる。特に腐敗防止ガバナンスの形成において国際 NGO が果たした役割について，詳細に考察する必要がある。そのため次項では，国際 NGO とグローバル・ガバナンスとの関係に関する議論を紹介する。そのうえで，第3節の事例研究において，国際NGO の一つである TI が果たした役割を分析する。

◀グローバル問題解決のための国際 NGO の役割

国際社会におけるグローバル・ガバナンスを論じる際に，欠かせないアクターの一つが国際 NGO である。腐敗防止の分野では，覇権国や大国のリーダーシップからではなく，国連と国際 NGO のような国際機関と非国家主体の連携を中心として，防止活動が可能になった。強大な国家や多国籍企業ではなく，国際機関と非国家主体が，国際規範の形成プロセスを主導することができたのはなぜか。以下では，その理論的な根拠を述べる。

国際的な規模で深刻な問題が発生し，それに伴う対応策が模索される際に，最も効果的な対応がとられるのは，その問題に関して共通の認識を有している人々が集まり，解決策へ向けて動き出したときであろう。ある問題に関して同じ意見を持っている人々が集まることで，共有する考えが団結力を高め，対立よりも協力する基盤を作り上げられるからである。

そのような集団では，国際的な対応を模索するにあたり，十分かつ自由に開

放的な形で問題に関する討議が行われやすい。多数の複雑な規範候補の中から中心的な目標を選び，それに集中した議論を行うことによって，国際的アジェンダ（課題）を迅速に提起しやすい。

　さらに，情報通信技術の発展によって，世界中の NGO 同士が「つながる」ことが容易になった。NGO 間の連携は，有志のグループとしてネットワークの構成が比較的自由にできる性質を有している。NGO のネットワークが国際規範の形成に与える影響や果たす役割は，すでに対人地雷禁止条約の成立過程で証明されている（目加田 1998）。それゆえ近年は，国際条約の形成における規範起業家としての NGO 活動に注目している研究が多い。

　国際規範の登場には，さまざまなパターンがある。従来の規範との対立から新たな規範が登場するパターンのほか，既存の国際規範から類似した規範として変形され，登場する場合もある。そして，国内の規範が国際規範化されるパターンもある。腐敗防止に関する規範は，国内法ですでに腐敗防止が規範化されていた先進国間の協力から生まれた国家を中心に考える規範と，腐敗・汚職による資源の不平等な配分や貧困の悪化など，人間を中心に考える規範という両面の性格を持っている。それゆえ，すべての国家が集まる国連と，世界の人々に共通の課題に取り組む国際 NGO との連携が観察されやすい。

　では，アクター間の連携は，どのようになされるのか。単一のアクターの活動だけで，国際規範を創出することは難しい。むしろ，各アクター間の連携が必要である。連携・協力には，舞台とアクターが求められる。特定の問題に関する議論の場が設けられ，その場を用いて規範化の努力が連携によってなされていくのである。

　腐敗防止に関する国際的な取り組みでは，国連と国際 NGO の間で，規範形成における役割や影響力が，均等に配分されていた。それは，他の国際問題に取り組んでいた国連の代わりに，国際機関で働いた経験のある腐敗防止の専門家が集まって設立された TI が，国際機関に浸透し，積極的なエリート規範起業家としての役割を果たしたからである。次節では，TI と国連の協力がどのような形で行われ，規範形成につながったのかを明らかにする。

220　　第Ⅳ部　社　　会

3 事例研究——TI の活動

◀TI の成立過程と成長

冷戦終結後，腐敗事件の爆発的な増加に対応できる社会作りを提案し，その
ための国際規範を成立しようとする運動を始めたのが TI である。TI の設立
者は，国際ビジネスにおける腐敗は国際 NGO が扱うべきアジェンダであると
判断した。TI の設立趣旨は，腐敗・汚職事件に対する監視・批判ではなく，
腐敗を防ぐために共同行動を起こすことであった。すなわち，個々の汚職・腐
敗事件の暴露，調査・告発はせず，汚職・腐敗を防止できるような社会システ
ムの改革を求めたのである。

1990 年，アイゲン（初代 TI の代表）は世界銀行で東アフリカ地域の担当者で
あった。彼は，世界銀行における長年の経験から，国際的な腐敗がもたらす悪
影響，特に途上国に与える影響を改善する必要があると考えた。そこでまず，
世界銀行で腐敗防止に関する規則を作ろうと働きかけたが，内部の反発から挫
折した。それがきっかけで 91 年 7 月に世界銀行を退職し，同じ意見を有する
専門家たちと 91 年から 92 年にわたってグループを結成し，活動を開始した。
彼らはドイツのエシュボーンでの会合を皮切りに，ウガンダのカンパラ，イギ
リスのロンドン，アメリカのワシントン D.C.，オランダのハーグでも会議を
開いた。これが TI の出発点である。公式の活動は，93 年 5 月にベルリンで開
かれた TI 創立総会で始まった。ベルリンの総会には，20 カ国から 70 名以上
のメンバーが参加した。その後，ベルリンに国際事務局を置くことが決定され
た。

TI の活動目的は，政府・政治家・企業・市民社会と人々の日常生活の中に，
腐敗なき社会システムを建設することである。そして腐敗がない世界をめざし
て，社会システムを変革する作業・活動を行うことである。TI はベルリンの
国際事務局と各国の支部をつなぎ，各国支部のネットワークによるキャンペー
ンを通じて，腐敗防止に関する国際規範を創出するために力を注いでいる（Gal-
tung 2000）。1994 年に TI の初めての年次総会が，約 20 名のメンバーの参加で，
エクアドルの首都キトで開かれた。この総会でエクアドルの NGO 活動家であ

第 10 章　腐敗・汚職　221

るバレリア・メリノ・ディラニは，国民が日常生活で接する腐敗の問題も扱うべきであると主張した。例えば，事件の解決を助けるといって賄賂を要求する警察官，賄賂を受け入れ脱税を監視しない税務官，違法な資金を得て政治活動をする政治家などが対象である。TI は，この主張を活動への勧告案として受け入れた。

　TI の活動様式は，腐敗問題の関係者を一つの場に集めて議論し，妥協案を模索し，共同の努力によって透明性が確保できる社会を作り上げることであった。認識を共有し，問題を設定し，解決策を模索することが重要なのである。これは活動の目的が透明性のある社会システムを作り上げることであり，そのための手段，方法，政策を提供することに重点を置いていたからである。

　スキャンダルを発掘するのは，行政当局やメディアの仕事であると TI は判断した。TI は明るみになった腐敗事件を分析し，今後の腐敗を防ぐシステムの開発に集中する方針で活動している。このような方針によって，TI は客観的な立場を確保し，腐敗事件に関連したすべての人々（賄賂側，収賄側，刑事裁判所）と対話することが可能になった。同時に，各国支部の職員の活動を保護することにもつながった。腐敗事件の告発は，活動家の生命を危険に晒しかねないためである。その意味で TI は，人権侵害事案の告発を中心に活動しているアムネスティ・インターナショナルとは異なっている。

　TI にとって，1994 年のキトの総会は重要な意味があった。例えば，ラテンアメリカでの腐敗防止キャンペーンが持つ重要性を訴えた声明書を，米州機構（OAS）に送付した。その声明書によって，当時の OAS の首脳会議において議題として腐敗防止が採択されたのである。この会議は，腐敗に関して公式の場で意見を交換した初めての会議であり，腐敗との闘いの象徴的な出来事になった。同年，「国内の誠実性に関する資料集」の発刊にあたって，アメリカのフォード財団が TI の重要な後援者になることも決まった。

　1995 年は，TI の活動が世界の注目を浴び始めた年となった。アメリカのコロンビア大学，プライスウォーターハウスクーパース（PwC），世界経済フォーラム，ギャラップといった多様な機関の調査に基づき，国別に腐敗の程度を順位づけた「腐敗・汚職度指数（CPI）」を TI が公表したためである。CPI は 100 カ国を対象にして，国内の官僚と政治家の腐敗の程度を評価する。評価結

表 10-1　腐敗防止国際会議（IACC）の開催年と開催都市

年	開催都市（国）	年	開催都市（国）
1983	ワシントン D.C.（アメリカ）	99	ダーバン（南アフリカ）
85	ニューヨーク（アメリカ）	2001	プラハ（チェコ）
87	香港	03	ソウル（韓国）
89	シドニー（オーストラリア）	06	グアテマラ市（グアテマラ）
92	アムステルダム（オランダ）	08	アテネ（ギリシャ）
93	カンクン（メキシコ）	10	バンコク（タイ）
95	北京（中国）	12	ブラジリア（ブラジル）
97	リマ（ペルー）	15	クアラルンプール（マレーシア）

　［出所］　筆者作成。

果は，最も腐敗が多い国を 0，最も少ない国を 10 として指数化した。主観的な指数であると批判される場合もあるが，代わりになるような確かな研究結果はない。TI は毎年，各国の CPI を発表し，それに対する各国の態度や対応策も比較・分析している（http://www.transparency.org/cpi）。

　1995 年に生じたもう一つの重要な変化は，世界銀行の総裁に改革推進派のウォルフェンソンが任命されたことである。彼は就任後，腐敗がグローバルな問題であり，世界銀行の開発プログラムに悪影響を及ぼすと考えた。TI は彼に招かれ，世界銀行の中でセミナーを開き，腐敗がもたらすさまざまな影響について発表した。その後，賛否両論があったにもかかわらず，ウォルフェンソンは，世界銀行の腐敗防止戦略を策定するための諮問役として TI を指名した。また，TI はこの年から，2 年ごとに開催される腐敗防止国際会議（IACC）の運営委員会事務局となった。腐敗防止に関する知識共有基盤の中心に TI が置かれるようになったといえる。

◀TI の主な活動

　TI は，腐敗だけに焦点を絞った，非営利かつ国際的に活動している唯一の国際 NGO である。腐敗・汚職に関するグローバル・ガバナンスを構築するためには，さまざまなアクターの認識の収斂と支配的な言説の台頭が重要であった。腐敗問題への国際的な関心が薄かった時期に，これらのプロセスを強力

に後押ししたのが，国際 NGO の TI である。

TI がとったアプローチをまとめると，国内・国際社会で汚職の発生を抑えるシステムを強化する枠組みを作ろうとしているといえる。国内レベルでは，政府（公共的領域）と民間（企業やビジネス分野）と市民社会（TI の支部）の連携を推進しながら，腐敗に関するさまざまな指数を発表し，国内状況を分析・診断する。このような活動を，ベルリンの国際事務局と各国支部の連携を通して国際的な次元につなぎ，腐敗防止の国際条約の制定を進め，条約実施の監視・アドボカシー活動を行う。

より具体的には，人間と経済発展に与える腐敗の影響について一般市民の認識を高めるために，情報の収集・分析・拡散に努めている。TI が発表する各種の指数や報告書は，世論形成に重要な役割を果たしている。例えば，「国内の誠実性に関する資料集（Source Book）」「賄賂提供指数（BPI）」「腐敗防止国際会議（IACC）」「腐敗・汚職度指数（CPI）」「世界腐敗報告書（GCR）」「誠実賞（Integrity Award）」「誠実協定（Integrity Pact）」などがある。このうち，2000 年に発表を始めた誠実賞は，世界で腐敗を防止するために活動している個人や団体に与えられる賞である。

こうした取り組みを続ける TI は，国際的にどのような役割を果たしたのか，その機能を 2 つに分けて説明する。

(1) **知識のフレーミング（枠組み形成）機能**　　TI は，腐敗がもたらす影響を国際社会に訴え，暗黙裏に行われてきた腐敗・汚職を防止する活動を行ってきた。また，腐敗の問題が一当事国の力だけで解決できるものではないことを，国際社会に認識させた。ケックとシッキンクがいう情報政治（information politics）の能力（Keck & Sikkink 1998），すなわち，政治的に有力な情報を迅速かつ信頼性を損なわずに伝播する能力，そしてその情報を最も効果的な場に伝達する能力を発揮して，規範形成を先導する「規範起業家」の役を担ったのである。

規範企業家としての TI は，毎年，各国の支部を通じて，国内の腐敗に関するさまざまな情報を収集している。そして，詳細な資料集を作成したり，CPI や BPI などの腐敗度指標を独自に開発したりして，統計データとしてウェブサイトやメディアで公表している。さらに，国際ビジネスにおける腐敗につい

224　第Ⅳ部　社　会

てもデータを調査し，防止のための国際条約の必要性を訴えている。このような TI の一連の活動は，「知識的フレーミング（knowledge framing）」と呼ぶことができる。TI は，自らの情報収集能力・伝達能力を駆使することで，腐敗について信頼できる知識を形成した。そして，その知識に基づいて腐敗問題を定義し，腐敗防止のための国際規範の形成へと導いたのである。その過程では，TI 自身の情報収集能力・伝達能力と同時に，国連やその他の国際組織といった頑強な組織的プラットホームへのアクセスも重要であった。

　(2) アドボカシーおよび規範監視者としての機能　　知識のフレーミングを通じた問題提起だけでは，効果的な腐敗防止システムを作るためには不十分である。そこで TI は，国際機関へのアクセス能力を活用し，「エリート的なトランスナショナル・アドボカシーのネットワーク（an elite transnational advocacy network）」を構築した（Wang & Rosenau 2001）。それにより，非国家主体でありながら，政策決定プロセスに参画する機会を得た。このネットワーク構築が成功したのは，政府・国際機関・民間部門との「連携構築（coalition building）」を重視したためである。腐敗問題に関する批判型 NGO となるのではなく，協力型 NGO となったといえる。腐敗問題の告発よりも，腐敗を防止するシステムの整備を優先したのである。

　こうした TI の戦略の成果の一つとして，1997 年に，前述した「OECD 外国公務員贈賄防止条約」が締結された。OECD に対する TI の持続的な勧告活動により可能になったものである。署名国は，全世界の海外直接投資の 90%以上を占める OECD 加盟国である。各国政府が条約に署名した理由の一つは，企業による同条約への支持であった。主にヨーロッパの 20 以上の大企業が，各国の閣僚に署名を勧告したのである。TI は，政府および企業との協力関係を通じて，自分たちの主張が個々の政策決定者に迅速に伝わるようにするアプローチをとっていた。対立的な戦略ではなく，相互協力的な戦略を採用することで，腐敗を防止する法律や国際条約が短時間で成立したのである。

　TI は OECD だけでなく，OAS や国連の UNODC とも協力して，連携戦略を活発に展開した。そして，そのような国際機関との協力・連携体制を土台にし，国連腐敗防止条約の成立を実現した。

第 10 章　腐敗・汚職　　225

◀腐敗防止のためのグローバル・ガバナンスの特徴

腐敗防止のグローバル・ガバナンスの形成過程では，複数の規範起業家の注意深い連携戦略が，決定的な役割を果たした。国際社会において新しい規範が形成されるためには，その事象に対して一定の問題意識のもと，議題設定（アジェンダ・セッティング）を行う規範起業家の役割が重要である。

しかし，一部の規範起業家が単独で新しい規範を形成し，それに基づくグローバル・ガバナンスを構築することは不可能である。ある分野においてグローバル・ガバナンスを構築するためには，複数の規範起業家が，他の多様なアクターの協力を得つつ，問題意識の共有と新しい規範の形成，そしてガバナンスのためのシステムの整備を行っていく必要がある。その際，国際連合のような組織的プラットフォームの活用は必須である。このような一連のプロセスにおいては，規範起業家が他のアクターの利害関係を斟酌しつつ，コミュニケーションを密にし，注意深く連携してくことが必要である。このような連携戦略の巧拙が，規範の形成やグローバル・ガバナンスの成否に大きな影響を与える。

腐敗防止の規範は，比較的短い期間で，急速に形成された。さらに，この規範は条約として制度化された。このような成功の背景には，規範起業家であるTI の知識のフレーミング，そして組織的プラットフォームの活用や慎重な連携戦略があったのである。

4 まとめと展望

腐敗・汚職問題は，従来は国内問題としてとらえられてきた。しかし現代の国際社会では，腐敗・汚職を防止するための国際規範が確立し，これらを実行するためのグローバル・ガバナンスの制度化が進んでいる。このような変化を説明するためには，冷戦の終結や経済のグローバル化といった国際レベルでの構造的な変化が，重要な役割を果たした。しかし，それだけでは，短期間での急速なグローバル・ガバナンスの構築を説明することは困難である。このような事象を説明するためには，そのプロセスにかかわったアクター，特に NGOの戦略に注目する必要がある。本章では，腐敗問題を専門とする国際NGO のTI に注目した。

226 第Ⅳ部 社 会

TI は，腐敗という問題が国際的な議題として認識されるように，国家や企業，市民，国際機関に対して訴え続けた。最終的に，その努力が国際条約という形で結実した。腐敗防止という目標を，全世界で認められるような国際規範に押し上げたという意味で，TI は規範起業家の役割を果たしたといえる。

◆ さらに読み進める人のために ────────

高柳彰夫『グローバル市民社会と援助効果──CSO/NGO のアドボカシーと規範づくり』法律文化社，2014 年。
　＊開発途上国における国際協力分野において，国際 NGO が果たしてきた役割と国際規範づくりについて，事例を用いて説明している。

毛利聡子『NGO から見る国際関係──グローバル市民社会への視座』法律文化社，2011 年。
　＊多様な分野における NGO の活動を説明している。国際関係における NGO の役割を理解するのに役立つ。

稲田十一『国際協力のレジーム分析──制度・規範の生成とその過程』有信堂高文社，2013 年。
　＊国際開発援助の分野で見られるさまざまな制度と規範について，それらがどのように生成してきたかを説明している。

目加田説子『国境を超える市民ネットワーク──トランスナショナル・シビルソサエティ』東洋経済新報社，2003 年。
　＊気候変動枠組み条約，対人地雷全面禁止条約，国際刑事裁判所設立規定を事例に，国際 NGO の連携がいかにして国際社会を動かしてきたかを描き出している。

■ 引用・参考文献 ────────

馬橋憲男 1999『国連と NGO──市民参加の歴史と課題』有信堂高文社。
小川裕子 2011『国際開発協力の政治過程──国際規範の制度化とアメリカ対外援助政策　の変容』東信堂。
阪口功 2000「ワシントン条約レジーム──NGO と国家の協同・分業統治体制」信夫隆司編『地球環境レジームの形成と発展』国際書院。
阪口功 2006『地球環境ガバナンスとレジームの発展プロセス──ワシントン条約と NGO・国家』国際書院。
渋沢雅英・山本正・小林良彰編 2005『シヴィル・ソサエティ論──新しい国づくりを目指して』慶應義塾大学出版会。
西谷真規子 2017「多中心的ガバナンスにおけるオーケストレーション──腐敗防止規範をめぐる国際機関の役割」西谷真規子編『国際規範はどう実現されるか──複合化するグローバル・ガバナンスの動態』ミネルヴァ書房。
西村めぐみ 2000『規範と国家アイデンティティの形成──OSCE の紛争予防・危機管理と規範をめぐる政治過程』多賀出版。

目加田説子 1998『地雷なき地球へ——夢を現実にした人びと』岩波書店。

目加田説子 2003『国境を超える市民ネットワーク——トランスナショナル・シビルソサエティ』東洋経済新聞社。

Elliot, Kimberly Ann ed. 1997, *Corruption and the Global Economy*, Institute for International Economics.

Finnemore, Martha 1993, "International Organization as Teachers of Norm: UN Educational, Scientific, and Cultural Organization and Science Policy," *International Organization*, 47(4): 565–597.

Finnemore, Martha 1996, "Norms, Culture, and World Politics: Insights from Sociology's Institutionalism," *International Organization*, 50(2): 325–347.

Finnemore, Martha 1996, *National Interests in International Society*, Cornell University Press.

Finnemore, Martha and Kathryn Sikkink 1998, "International Norm Dynamics and Political Change," *International Organization*, 52(4): 887–917.

Florini, Ann M. 1998, *Globalization, Governance, and Civil Society*, JCIE.

Florini, Ann M. ed. 2000, *The Third Force: The Rise of Transnational Civil Society*, Japan Center for International Exchange and Carnegie Endowment for International Peace.

Galtung, Fredrik 2000, "A Global Network to Curb Corruption: The Experience of Transparency International," Ann M. Florini, ed., *The Third Force: The Rise of Transnational Civil Society*, Japan Center for International Exchange and Carnegie Endowment for International Peace.

Glynn, Patrick, Stephen J. Kobrin and Moises Naim 1997, *Corruption and the Global Economy*, Institute for International Economics.

Heidenheimer, A. J. and Michael Johnston 1999, *Political Corruption: Concepts and Context*, Transaction Publisher.

Huntington, Samuel P. 2006, *Political Order in Changing Societies*, Yale University Press.

Kaldor, Mary 2003, *Global Civil Society: An Answer to War*, Polity.

Katzenstein, Peter J. ed. 1996, *The Culture of National Security: Norms and Identities in World Politics*, Columbia University Press.

Katzenstein, Peter J., Robert O. Keohane, and Stephen D. Krasner, eds. 1999, *Exploration and Contestation in the Study of World Politics*, MIT Press.

Keck, Margaret E. and Kathryn Sikkink 1998, *Activists beyond Broders: Advocay Networks in International Politics*, Cornell University Press.

Kimeu, Samuel 2014, "Corruption as a Challenge to Global Ethics: the Role of Transparency International," *Journal of Global Ethics*, 10(2): 231–237.

Klotz, Audie 1995, *Norms in International Relations: The Struggle against Apartheid*, Cornell University Press.

Krasner, Stephan ed. 1983, *International Regimes*, Cornell University Press.

Mathews, Jessica T. 1997, "Power Shift," *Foreign Affairs*, 76(1): 50–66.

McCoy, Jennifer L. and Heather Heckel 2001, "The Emergence of a Global Anti-Corruption Norm," *International Politics*, 38(1): 65–90.

Naím, Moises 1995, "The Corruption Eruption," *Brown Journal of World Affairs*, 2(2): 245–261.

Nye, Joseph 1967, "Corruption and Political Development: A Cost-Benefit Analysis," *American Political Science Review*, 61(2): 417–427.

Rose-Ackerman, Susan 1996, "Democracy and 'Grand' Corruption," *International Social Science Journal*, 48: 365–380.

Rose-Ackerman, Susan 1996, "The Political Economy of Corruption: Causes and Consequences," *Viewpoint*, World Bank Note, 74.

Sandholtz, Wayne and Mark M. Gray 2003, "International Integration and National Corruption," *International Organization*, 57(4): 761–800.

Smith, Jackie, Charles Chatfield, and Ron Pagnucco eds. 1997, *Transnational Social Movement and Global Politics: Solidarity Beyond the State*, Syracuse University Press.

Transparency International 2001, *Global Corruption Report 2001*, Transparency International.

Transparency International 2004, *Global Corruption Report 2004 Special Focus: Political Corruption*, Pluto Press.

Wang, Hongying and James N. Rosenau 2001, "Transparency International and Corruption as an Issue of Global Governace," *Global Governance*, 7(1): 25–49.

Weiss, Thomas G. and Leon Gordenker, eds. 1996, *NGOs, the UN, and Global Governance*, Lynne Rienner.

［柳　始賢］

人　権

ビジネスとプライベート・ガバナンス

> 国家から市場へ，欧米から新興国へとパワー・シフトが起きる中，人権問題にビジネス（産業界）が大きくかかわるようになってきた。営利を追求する企業が，人権保護に関与するのはなぜか。本章では，国家，企業，NGOによる「プライベート人権ガバナンス」の形成にその答えを探る。事例研究では，なぜ，どのような企業が中国関連の人権侵害で告発されるのかを検討し，中国の台頭がガバナンスに与える影響を考える。最後に，人権ガバナンスの今後の展望にふれる。

1 人権とグローバル・ガバナンス

◆人権ガバナンスと 2 つのパワー・シフト

　人権は，人種や国籍に関係なく人間であるという理由だけで個人に付与される権利である（人権の普遍性）。しかし，個人の生命・財産を国家権力から守るための権利として発展した経緯もあって，人権保障は長い間，主に国内ガバナンスの問題であった。

　20 世紀，特に第二次世界大戦後，後述するように国際連合（国連）などの国際機関や地域の枠組みを通じて，人権に関する規則や手続きが次々に整備された。それにより人権は国際（国家間）ガバナンスの課題となった。ただし，人

権保護の義務は国家に課せられたため，ガバナンスの主要なアクター（主体）は国家のままであった。

しかし現在，人権ガバナンスは2つのパワー・シフトに直面し，変容している。一つは，国家から市場へのパワー・シフトである。グローバル企業が台頭し，その競争が苛烈になるにつれ，企業が進出先で人権問題を引き起こしている。既存の国家中心ガバナンスだけで対応できないこともあって，多様なアクターが参加するガバナンス（マルチステークホルダー・プロセス）が発展している（山田 2009a）。科学技術（→第8章），腐敗・汚職（→第10章）の分野でも，同様の変化が進行している。

もう一つは，中国など新興国の台頭である。新興国国内の人権問題が非政府組織（NGO）やメディアを通じて国際的な課題となり，また新興国企業が海外進出し，現地で人権問題を引き起こしている。これまで人権ガバナンスに必ずしも積極的でなかった新興国とその企業を，ガバナンスに包摂する必要が出てきた。

本章は，これらのパワー・シフトをふまえ，「プライベート人権ガバナンス」に注目する。これは，国家のみならず，企業やNGOなどのプライベート・アクター（私的主体）が，解決すべき人権課題を設定し，そのためのルールを作り，多種多様なアクターを巻き込みながら，人権尊重を推進していく一連のプロセスを指す。これを見ることで，現在の人権ガバナンスの変容とその背景を理解できる。また，国家，企業，NGOの各アクターがガバナンスに期待する利益や，アクター同士の対立関係を明確にできる。さらには，新興国の台頭で引き起こされる人権問題が，世界の人権ガバナンスに与える影響を分析するうえでも役立つはずである。

◀国際人権ガバナンス

既存の人権ガバナンスは，国連や地域的枠組みによる人権保障制度を中心に構成されている。これらは，ルールの作成と遵守の両方のアクターが国家であることから，国際人権ガバナンスと呼ぶことができる。

国連は人権尊重を目的の一つとして掲げ，その実施機関として1946年に国連人権委員会を設置した（2006年に人権理事会に改組）。その後，国連総会は，

1948 年に世界人権宣言を，66 年に 2 つの国際人権規約，すなわち経済的，社会的及び文化的権利に関する国際規約（社会権規約）と市民的及び政治的権利に関する国際規約（自由権規約）を採択した（社会権と自由権の違いは第 9 章 第 1 節を参照）。世界人権宣言と 2 つの国際人権規約は国際人権章典と呼ばれ，人権の世界標準を示す国際文書と位置づけられている。さらに国連は，人種差別撤廃条約（あらゆる形態の人種差別の撤廃に関する国際条約），女子差別撤廃条約，児童の権利条約（児童の権利に関する条約）など，複数の国際人権条約を採択し，国際人権章典を補強している。

　これとは別に，ヨーロッパ，中南米，アフリカには地域的な人権保障制度が存在する。ヨーロッパには欧州人権条約（1950 年採択），中南米には米州人権条約（1969 年採択）がある。アフリカには，アフリカ憲章（1981 年採択）を中心に人権保障制度がある。今では 3 つの地域いずれにも，人権保護実施機関として人権裁判所が設けられている。他方で，アジアには地域人権条約や実施機関がない。自国の人権問題が国際的な課題となることを避けたい国が多く，内政不干渉規範が重視されていることや，そもそも地域の国々が，一堂に会する場がないことなどが主な理由であろう。

◀ガバナンス・ギャップ

　近年，国際人権ガバナンスの限界が露呈している。1 つ目の限界は，国際人権条約が人権侵害国の人権状況を改善できていないことである。この事実を裏づける実証研究も複数存在する（Hathaway 2002; Hafner-Burton & Tsutsui 2007; Simmons 2009）。ハフナー－バートンらは，人権条約に参加はするが遵守する意思のない国が多く，多くの条約が「口先だけの約束（empty promises）」にとどまっていると指摘した（Hafner-Burton & Tsutsui 2005）。

　2 つ目の限界は，経済のグローバル化が進展するにつれて人権を侵害するアクターが多様化していることと関係している。1990 年代以降，企業が人権侵害に加担してしまうケースが増加している。例えば，先進国メーカーと契約する海外工場における劣悪な労働環境，石油や鉱物の採取事業で企業と地域住民との間の軋轢から生じた暴力，大手銀行が融資するインフラ建設事業がもたらす住民の安全性の悪化や再定住問題，紛争地域においては外国企業のビジネス

活動を通じて得た利益が現地勢力の戦闘遂行資金となる問題などが発生している。

　国際人権ガバナンスは，これらの問題に効果的に対応できていない。国際人権規約や国際人権条約は国家に遵守義務を課しているため，企業によるビジネス活動を直接に制限できない。また，これらの規約や条約の執行力には限りがあるため，国家を通じてビジネス活動を強制的に規制することも難しい（ラギー 2014）。

　企業活動を直接制限できるのは国内法であるが，経済のグローバル化の進展が問題を複雑にしている。複数国にまたがって事業を展開するグローバル企業は，原籍国や受入国それぞれの国内法に従うことになる。しかし，受入国が発展途上国の場合，十分な法整備がなかったり，仮に国内法があっても執行する意思や能力がない場合も多い。

　さらに，グローバル企業は厳しい規制を逃れて別の国に移ってしまうので，企業を引き止めたい国家は人権規制を高く設定できなくなる。それを見越した企業は，投資引き揚げの脅しをかけて受入国の規制を緩和させようとするかもしれない（ラギー 2014）。つまり，企業の国家に対する無言の圧力や権力行使が，国家の人権保障へのインセンティブを弱めてしまう，いわゆる「底辺への競争（Race to the bottom）」が起きる。

　このようなガバナンス・ギャップ（現実の課題に既存のガバナンスが対処できないこと）が生じている。このギャップを埋めるための国際的努力は，これまでも進められてきた。国際労働機関（ILO）は，労働者の権利に関していくつかの宣言を採択した（1977 年，88 年）。経済協力開発機構（OECD）は，多国籍企業の行動指針を策定し（1976 年），時代に合わせ何度も改定している。だが，十分な効果を上げてきたとは言いがたい。

◀人権ガバナンスの新たな展開

　1990 年代半ば以降，人権ガバナンスは新たな展開を見せている。企業や業界団体，NGO などのプライベート・アクターがガバナンスに参入するようになったのである。国内で起きている人権侵害を国際社会全体で取り組むべき課題として設定したり，問題解決のためのルールやガイドラインを作ったり，説

234　第Ⅳ部　社　会

得や圧力などの手段で他のアクターにそれらを採用・遵守させたりするケースが増加している。プライベート・アクターが他のアクターに影響を及ぼし，何らかの問題を解決するための行動をとらせる一連のプロセスは，プライベート・ガバナンスと呼ばれている（山本 2008; 山田 2009b; Abbott & Snidal 2009: 54-55; Avant et al. 2010: 2; 阪口 2013; Green 2014: 6, 29）。

　本章では，人権尊重を主な目的としたプライベート・ガバナンスを，プライベート人権ガバナンスと呼ぶことにしよう。例えば，靴・アパレル産業では，複数の大手ブランドが，下請工場で働く労働者の人権状況を監視・改善するために，公正労働協会（FLA）などの非営利組織（NPO）を設立した（1999 年）。石油や鉱物などの採取産業では，企業が NGO や先進国政府と共同で，安全と人権に関する自主原則を策定した（2000 年）。これは，採取企業と契約する警備会社や治安部隊が操業現場で引き起こす地域住民に対する人権侵害を防止するための指針である。また，武装組織がダイヤモンドの密売で手にした資金で武器を購入し，それが紛争拡大につながった問題（紛争ダイヤモンド問題）では，ダイヤモンド業界が取引国政府や NGO の協力を得てキンバリー・プロセス（→**第 5 章**）を開始した（2003 年）。これは，取引されるダイヤモンドが紛争を助長していないことを証明するシステムである。

　これらの組織や制度では，企業や NGO などのプライベート・アクターが，課題設定，ルール作り，モニタリング（監視）などを通じてガバナンスに貢献している。また，ルールの遵守を求められるのは主に企業である。プライベート人権ガバナンスは，これらの点で，国家が作成し，国家が遵守義務を負う国際人権ガバナンスとは異なる。

　もっとも，プライベート・アクターが常にガバナンスに関与する必要はなく，段階に応じて国家が中心的な役割を担う場合もあろう。また，課題設定やルール作りの際には，国連の規約や条約などを参照することも多い。その意味で，プライベート人権ガバナンスは，国際人権ガバナンスと密接に関係しているのである（Auld et al. 2015: 110）。

2 研究動向——プライベート人権ガバナンスの形成について

◀ 国家の論理

なぜ多様なアクターが人権ガバナンスの形成にかかわるようになったのか。特に，営利を追求する企業が人権保障の国際的な取り組みに関与するようになったのはなぜか。ここでは，国家の論理，市場の論理，市民社会の論理という3つに分けて研究動向を概観する。

第1に，プライベート人権ガバナンスの需要が高まった背景として，経済のグローバル化によって生じる変化に，政府が対処できていないことがしばしば挙げられる。ボーゲルによれば，グローバル企業や市場の権威の高まりによって，国家の能力が相対的に低下したという認識が世界的に広がった。これが企業やNGOによる市民的規制を求める声につながったとする（Vogel 2009: 159-171）。

しかし，需要が高まったからといって，ただちにプライベート・アクターが人権ガバナンスに参加するわけではないだろう。そこで，第2に，政府がオーケストレーター（→第1章）として，プライベート・アクターにルール作りへの参加を働きかけている実態が指摘される。政府は，産業界やNGOが持つ専門知識や情報を活用することで，国際的なルール作りの取引費用を減らすことができる。また，企業やNGOをルール作りに参加させることで，政府はビジネス活動に伴う人権侵害の解決に真剣であることを内外に示すことができる。さらに，他の種類のアクターを関与させることで，政府はこの先も人権保障に積極的であるという自国の選好を確実なものにできる（Green 2014: 38）。

第3に，国内社会から規制を望む声はあるが，公的な規制を作りたくない場合，政府はプライベート・ガバナンスを望む。例えば，国内の人権活動家や労働組合が，貿易相手国における労働者の権利を問題視し，人権改善の圧力をかけるよう自国政府に求めることがある。しかし政府は，貿易相手国の人権状況が悪いからといって，その国の企業を自国市場から締め出すような公的規制を行うことはめったにない。貿易障壁とみなされ，相手から提訴されるおそれがあるからである。しかし，プライベート・アクターが作った規制であれば，提

236　第Ⅳ部　社　会

訴のおそれなく，他国企業の市場アクセスを事実上拒むことができる。そのような場合，政府は公的規制よりもプライベート・ガバナンスを望み，オーケストレーターとしてプライベート・アクターの自発的な規制作りを支持・支援する（Vogel 2009: 166-167，および**第1章**参照）。

◀市場の論理

　通常，企業は自社の利益を損なうかもしれないような人権規制を望まない。しかし，企業は市場競争の中で態度や行動を決めるので，競争環境を改善できたり，自社の競争優位を失ったりしないのであれば，人権ガバナンスに積極的に取り組むこともある。

　例えば，すでに人権尊重に積極的な企業は，消極的な競合他社を同じ競争環境に置くために，人権に関する自社基準を業界全体に広めようと働きかける。また，業界のリーダー的企業が，業界全体の評判を維持したり人権活動家の批判を避けたりする目的で，自社利益に反しない範囲で人権ガバナンスを牽引する場合もある（Abbott & Snidal 2009: 60）。業界のリーダー企業がその他の企業を巻き込みながら，オーケストレーションを行うのである（→**第1章**）。

　さらに，政府や国際機関が公的な人権規制を作ることで，人件費が上昇したり，取引先が制限されたりするなど，ビジネス活動に支障が出ると判断すれば，企業や業界は先手を打って，より緩やかな自主規制を作ろうとするだろう。そうすれば，政府や国際機関に公的規制作りを断念させ，市場の自由を守ることができるかもしれない（Green 2014: 42）。少なくとも，企業にとっては，公的規制と自主規制の間でフォーラム・ショッピングが可能となる（→**第1章**）。

　欧米企業の間で「企業の社会的責任（CSR）」というアイディアが定着したことも，企業による自主的な人権規制作りを促した。企業が社会的責務を果たすことは長い目で見れば，利益になるといった見込みが流布したことも，企業のガバナンスへの参加を後押しした（Abbott & Snidal 2009: 56）。

　しかし，競争環境の改善や維持が目的であるため，企業や業界が望むのはせいぜい自主規制である。NGOなどと共同で規制を作ると，NGOの圧力に対して脆弱になってしまうことを企業は恐れる。実際，1980年代後半から90年前半のプライベート・ガバナンスは企業・業界の自主規制が大半で，他の種類

第11章　人　　権　　237

のアクター（NGO や政府）との共同型ガバナンスはほとんどなかった（Abbott & Snidal 2009: 60, 71）。また，ビジネスに関する人権ガバナンス作りに奔走したラギーによれば，国連における交渉の場では，企業や業界団体は常に自主規制を主張したという（ラギー 2014: 6, 116）。

しかし，企業の自主規制が人権問題の解決に資さないと判断されると，かえって NGO など市民社会からの反発が高まって，企業活動が損なわれることになりかねない（Abbott & Snidal 2009: 75-76）。

◀市民社会の論理

NGO は人権保障など倫理的な価値や原則を推進する価値主体（value actors）とみなされている（Abbott & Snidal 2009:60）。これまでも人権 NGO は，人権侵害の責任主体を名指しで非難すること（naming and shaming），新たな人権問題を発見して，グローバルな課題として世界に問題提起すること（agenda setting）などを通じて，人権ガバナンスに貢献してきた。

しかし，人権 NGO の多くは，プライベート人権ガバナンスではなく，国際人権ガバナンスの構築や改善を要求してきた。経済のグローバル化が進み，ビジネス活動が人権侵害を引き起こすようになった現在も，国際人権 NGO は企業の活動を規制するための国家間条約の締結を主張する傾向がある。人権保障の責任は，企業ではなく政府にあると考えているからである。

では，どのようなときに，NGO はプライベート人権ガバナンスを望むのか。第 1 に，NGO が国家主導の人権ガバナンスを手ぬるいと感じ，より厳格な人権規制を望むときである。例えば，アメリカ政府はサプライ・チェーンにおける労働者の権利保護を目的としたアパレル業界パートナーシップ（その後，FLA に発展）を設立したが，アメリカの NGO はこれを企業寄りであると非難して，より厳格な人権保護を謳う労働者の権利協会（WRC）を組織した。これは，NGO が新規の規制を示すことで，フォーラム・ショッピングが可能な状態を意図的に作り出し，穏健な規制か厳格な規制かの選択を企業に迫っているとみなすことができる（→**第 1 章**）。

第 2 に，人権に関する原則やルールを先駆的・試験的に作って，実現すべき人権基準の見本を示すことで，他の種類のアクター（政府や企業）をそれに追

随させたいときである。これは先発者優位性（first-mover advantage）や単独行動の力（go-it-alone power）などと呼ばれる。アパルトヘイト政策をとる南アフリカ共和国に圧力をかけるために起草されたサリバン原則（1977年），縫製業者が守るべき労働基準を定めたクリーン・クロス・キャンペーン・コード（1998年），児童労働が使われていないカーペットであることを証明するラグマーク・ラベル（1994年）などは，その典型例である（Abbott & Snidal 2009: 77; Green 2014: 43）。

第3に，政府や企業からの協力要請があり，政策担当者や企業関係者と人脈を作ることができたり，政府や企業が持つ情報を獲得できたりするなど，NGOがそこに何らかの利益を見出したときである。政府は，前述したような目的で人権規制作りにNGOを関与させようとする。また，企業は人権規制の監査段階において，独立性を高める目的でNGOに外部監査を依頼することもある（Abbott & Snidal 2009: 72）。

人権保障の責任主体は政府や企業である。たとえNGOだけで人権規制を作ったとしても，政府や企業を巻き込まなければ，それは画餅に帰してしまう。ただし，NGOは，政府やビジネス界との接近によって自身の独立性や信頼性が損なわれることを恐れる。そのため，政府や企業と一緒の規制作りに対して慎重になるNGOも多い（Abbott & Snidal 2009: 71）。

こうして政府，企業，NGO，それぞれの論理によって形成されてきた人権ガバナンスは，本書のテーマであるパワー・シフトによって，どのような変化を迫られるのだろうか。次節でそれを見ていこう。

3 事例研究——新興国の台頭とグローバル人権ガバナンス

◀中国の台頭と人権問題のグローバル化

本節では，新興国へのパワー・シフトが人権ガバナンスに与える影響について，中国を例に考察する。世界中の企業が中国に続々と進出した動きや，その逆の中国企業による海外進出は，中国の台頭の実態を示す際にしばしば引き合いに出され，中国脅威論の源泉ともなってきた。また，中国企業は，労働者の権利，食品の安全性，プライバシーの保護などの人権問題を指摘されることも

第11章　人　権　239

表 11-1　市民社会から BHRRC に寄せられた中国関連告発件数の推移

	2006〜10 年	2011〜15 年
外国企業が中国国内で人権侵害に加担したとする告発	84	34
中国企業が中国国外で人権侵害に加担したとする告発	11	64
中国企業が中国国内で人権侵害に加担したとする告発	23	24
中国関連の告発総数	118	122

[注]　数値の単位は件。同じ企業が複数回告発された場合，それぞれ 1 件と数え
ている。
[出所]　ビジネスと人権資料センター（BHRRC）のウェブサイト（https://business-
humanrights.org）より筆者作成。

多い。人権 NGO や海外メディアは，中国企業による人権侵害を頻繁に暴いて
きた。時にそれは中国政府批判とも相まって，国際問題となることもあった。
　企業による人権侵害に関する情報を収集している「ビジネスと人権資料セン
ター（BHRRC）」は，市民社会から寄せられた企業の人権侵害に関する告発と，
告発への企業の反応を，ウェブサイトで随時公開している。なお，BHRRC に
告発を寄せる情報源は，人権活動家個人，住民グループ，独立系メディア，欧
米の国際人権 NGO，大手メディアなど，さまざまである。
　このウェブサイトで中国関連の記事数が増えたのは，2000 年代後半からで
ある。表 11-1 は，BHRRC に寄せられた，中国関連の告発を抜き出したも
のである。2000 年代後半と 2010 年代前半を比べると，前者では外国企業が中
国国内で人権侵害に加担したとする告発の割合が高いが，後者では中国企業が
中国国外で人権侵害に加担したとする告発の割合が高くなっている。
　本節では，なぜ市民社会による告発対象企業が変化したのかという問いを立
てて，実証分析を行う。最初に，告発対象企業の変化と，中国の対内直接投
資・対外直接投資の変化との相関関係を確認する。次に，どの企業を市民社会
が告発対象とするかという問いについては，大きく分けて企業の属性説と人権
ネットワーク内政治説の 2 つの議論がある。これら 2 つの議論を紹介し，それ
ぞれの議論から告発対象企業の変化を説明する。

◀ 中国の対内直接投資・対外直接投資の変化

　市民社会による告発対象企業が変化した要因として，外国企業による中国進出が減少したこと，海外進出する中国企業の数が増加したことが考えられる。そこで中国の対内直接投資・対外直接投資の変化で，これらを確認してみよう。

　はじめに，中国の対内直接投資額の推移である。中国商務部の統計を使って，2006年から15年までの10年間の対内直接投資額（実行ベース）の推移を追うと，09年と12年には前年に比べてやや減少したものの，それ以外の時期は増加している。近年も，1117億ドル（2012年），1176億ドル（2013年），1196億ドル（2014年），1262億ドル（2015年）と，過去最高額を更新し続けている（日本貿易振興機構 2016）。

　このように，中国の対内直接投資の変化を見る限りでは，外国企業の中国進出が減ったわけではない。これだけでは，外国企業に対する告発件数が減ったことを十分に説明できない。

　次に，中国企業の海外進出の変化を見てみよう。中国商務部の統計によれば，中国の対外直接投資額は，統計を取り始めた2003年から15年まで13年連続で増加しており，15年の対外直接投資額1457億ドルは，日本を抜き，アメリカに次いで初めて世界第2位となった。2015年には，対外直接投資額が対内直接投資額を初めて上回った（日本貿易振興機構 2017）。

　このように中国の対外直接投資額の増加は，海外進出した中国企業に対する告発件数の増加と相関関係にある。中国企業の海外進出が市民社会の目を引くようになり，それが告発の増加につながったのかもしれない。しかし，これは相関関係を示したにすぎず，これだけで中国企業に対する告発の増加を説明するのは十分ではない。

◀ 企業の属性説とその検証

　(1) 企業の属性説　　次に，市民社会による告発対象企業の変化を，企業の属性説から検証してみよう。企業の属性説とは，企業規模や業界内のポジション，ブランドの知名度，サプライチェーンの形態などの点で，標的にされやすい企業には特質があるという説明である。

　売り上げや従業員数などの規模が大きく，業界のリーダー的存在である企業

は目立つし，自社ブランドを持つ企業は消費者によく知られているため，標的になりやすい。1990年代初め，アメリカの労働運動活動家やメディアは，NIKE社の製品を作る途上国の契約工場における児童労働や長時間労働の横行を暴き非難した。同社が告発対象となった理由の一つは，業界のリーダーだったからである（ボーゲル 2007: 152）。

また，世界に広がるサプライチェーンを有する企業は，サプライヤー（商品製造業者）が起こす人権侵害の倫理的責任も問われるため，標的になりやすい（Bartley & Child 2014）。自社工場を持たずに，商品製造を海外契約工場に丸投げするメーカーは，低価格が売りなので，契約工場にコスト削減の圧力をかける。そのため，契約工場では長時間労働が横行し，雇用が不安定になる。NIKE社が標的になったのは，この要因からも説明できる。

さらに，一度市民から告発されると，企業はCSR担当部署の設置やCSR報告書による情報公開などの改善措置をとる。しかし，それによって市民から監視の目を向けられ，かえって繰り返し告発されることもある（McDonnell et al. 2015）。1990年代以降，NIKE社が繰り返し告発された背景には，この要素もあるだろう。

(2) **企業の属性説による分析**　2006〜10年と2011〜15年の両時期に中国関連で告発された企業の規模とブランド力を簡単に比較してみよう。企業の属性説によれば，規模が大きくブランド力が高い企業ほど告発されやすい。

企業の規模については，「Fortune Global 500（2015年版）」掲載企業を「規模の大きな企業」とする。これは，企業の収益・資産・従業員数などをもとに，フォーチュン誌が毎年発表する企業ランキングである（企業総数500）。企業のブランド力については，「Best Global Brands 2015」に選出された企業を「ブランド力の高い企業」とする。これは，インターブランド社が各企業のブランドが消費者の購買動向に与える影響やブランドの知名度・好感度などを独自分析し，毎年発表される企業ランキングである（企業総数100）。

これをまとめたものが**表11-2**である。両時期とも，確かに規模の大きな企業が告発される傾向はある。しかし，ブランド力の高い企業が目立って告発対象となったようには見えず，特に2011〜15年はその比率が小さい。つまり，2010年代になると，規模は大きいにしても，ブランド力は高くない（知名度の

242　第Ⅳ部　社　会

表 11-2　中国関連の人権侵害で告発された企業の規模とブランド力

	2006～10 年	2011～15 年
中国関連の告発のうち「Fortune Global 500（2015 年版）」選出企業が告発対象となった件数	52（44%）	46（38%）
中国関連の告発のうち「Best Global Brands（2015 年版）」に選ばれた企業が告発対象となった件数	28（24%）	10　（8%）

［注］（　）内は，中国関連で企業が告発されたケース総数に占める割合。
［出所］ 2015 Fortune Global 500, Best Global Brands 2015 をもとに筆者作成。

低い）中国企業が告発される傾向にある。

　実際に告発された企業を詳しく見ても，2006～10 年は，よく知られた欧米の大手企業が，中国の契約工場で起きた労働者の権利の問題で告発されるケースが多い。しかし 2011～15 年では，技術・電話・電子，エネルギー，鉱業，建設業といった分野の，それほど知られていない中国企業が，進出先のアジア・アフリカ・中南米における人権問題で告発対象となった。2011 年以降に告発された企業は，属性で選択されたわけではなさそうである。

◀人権ネットワーク内政治説とその検証

(1) **人権ネットワーク内政治説**　最後に，市民社会による告発対象企業の変化を，人権ネットワーク内政治説で検証してみよう。これは，ある種の特質を持つ活動家や NGO が，取り組む人権課題を自身の選好に合わせて選別・設定し（agenda vetting/setting），その他のアクターを説得し巻き込む中で，告発対象が人権活動家のネットワーク内部で社会的に構築されるという見方である。

　人権侵害の現場に近く，問題解決に対して強い信念を持つ活動家や市民グループが，国外の他者にその信念や問題意識を広めようと行動することがある。このような活動家や市民グループを規範起業家と呼ぶこともある（Finnemore & Sikkink 1998: 896-897）。活動家や市民グループは国境を越えて他者を動員する必要を強く感じているため，弱者や無辜の人々に身体的危害が加えられているような，他者の共感を呼ぶ問題を取り上げようとする。また，ある人権問題の責任が企業にあると信じれば，その企業を告発することで，国境を越える関心を引き付けようとするだろう（Keck & Sikkink 1998: 14, 27, 209）。

第 11 章　人　権　243

しかし，個人の活動家や市民グループが持つ資源には限りがあるため，海外の人々を動員できるほどの大規模な宣伝を講じることは困難である。そのため，市民グループの告発だけで，大規模かつ国際的な社会運動が展開されることはめずらしい。稀に大手メディア受けする告発が国際的話題をさらうこともあるが，これは一過性にとどまり継続的な運動につながらないことが多い。

　この点に関して，ボブは，ある人権問題が国際的に認知されるには，人権運動の中で常に中心的な役割を担っている組織が，その問題を取り上げる必要があるという。ボブは，そのような組織をゲートキーパーと呼ぶ。ゲートキーパーの取り上げた問題が人権コミュニティ内部で注目され，多くの NGO やメディアがその問題を追いかけ，継続的なキャンペーンへと発展する。つまり，ゲートキーパーが人権 NGO や活動家たちが取り組むべき課題や告発対象を事実上決定するわけである。ボブは，ゲートキーパーの具体例としてアムネスティ・インターナショナル，ヒューマン・ライツ・ウォッチなどの国際 NGO のほか，国連の人権関連組織を挙げている。これらは，相当程度の財政規模があり，世界中に会員を持つような知名度抜群の組織である（Bob 2010）。また，人権分野のゲートキーパーは，社会権よりも自由権の侵害を取り上げる傾向がある。

　同様に，カーペンターは，人権 NGO ネットワーク内部でハブ（中心）に位置する NGO（ネットワークの参加者にとって情報集積地であると同時に，情報発信元であるような NGO）が，人権コミュニティが取り組むべき課題や告発すべき対象を決定するという。ハブ NGO は，特定の情報を流したり，せき止めたりすることで，他のネットワーク参加者を自己に有利なように従わせることができる（Carpenter 2011）。例えば，環境と人権など，複数の分野にまたがって活動する NGO（ハイブリッド NGO）は，多くの NGO 同士を架橋して情報を行き渡らせるので，ハブの役割を担っている（Murdie & Davis 2010: 24-25）。

　(2) **人権ネットワーク内政治説による検証**　　以上のような人権ネットワーク内部の標的決定過程について，中国関連の事例を見てみよう。この仮説によれば，ゲートキーパーやハブ以外の人権活動家や市民グループが標的とした企業は，もし大手メディアに取り上げられれば一時的に告発対象となるが，長期的・継続的に標的とされるわけではない。他方で，ゲートキーパーや，ハブに

位置する NGO が取り上げた企業は継続的に標的にされやすい。

［中国進出した外国企業について］

2000 年代後半，農民工（農村からの出稼ぎ労働者）の労働環境の悪さが，中国で社会問題となっていた。香港などでは，この問題に取り組む活動家が NGO を立ち上げた。中国本土でも，農民工自身が労働環境改善を目的にグループを数多く組織した（李 2012: 103）。これらの組織は，農民工の生活実態や働き方を暴露した。特に欧米有名企業の契約工場で起きた人権侵害については，海外メディアが飛びついたり，ジャーナリストなどが書籍にしたりして，欧米の消費者も知ることになった。

香港や中国本土の活動家は，欧米メディアを通じた情報拡散を狙ったこともあって，規模が大きくブランド力のある欧米大手企業を繰り返し告発した。例えば，香港の人権 NGO，中国労工観察（China Labor Watch）は，欧米向けおもちゃ製造工場の劣悪な労働環境や，iPhone 製造工場における従業員の自殺などを積極的に取り上げた。これらはゲートキーパーやハブに取り上げられることはなかったが，ニューヨーク・タイムズ紙で報じられるなどして，一時は国際的な話題となった。

しかし，2010 年以降，中国に進出した欧米企業による労働者の権利侵害は以前ほど告発されなくなった。欧米メディアが農民工問題をあまり報じなくなったこと，香港や中国本土の NGO による活動の重心が国際社会への告発から労使交渉の支援に移ったこと，NGO に対する中国政府の管理体制が強化されたことなどが理由であろう。

それに加えて，アムネスティ・インターナショナルやヒューマン・ライツ・ウォッチなどのゲートキーパーが農民工問題を大きく取り上げることがなかった。これら国際人権 NGO にとっては，自由権の侵害が元来からの活動対象であり，労働者の権利といった社会権の侵害は対象外であったからである。そのため，人権ネットワーク内部で農民工問題はさほど注目されず，継続的なキャンペーンが組織されることもなかった。

［海外進出した中国企業について］

2000 年代後半には，少数ではあるが，海外進出した中国企業が市民社会から告発され始めていた。告発したのは，欧米の小規模 NGO，人権活動家が運

営する独立系メディア，企業進出先の地元メディアなどである。他方で，ゲートキーパーやハブNGOが，この時期にこれらの中国企業を告発することはあまりなかった。そのため，海外進出した中国企業による人権侵害問題が人権ネットワーク内で注目されることは少なく，中国企業を標的とするキャンペーンは発生しなかった。

　しかし，2010年代前半になると，ゲートキーパーやハブNGOが，海外進出した中国企業による自由権侵害を積極的に告発するようになった。典型的な事例を3つ取り上げる。

　1つ目に，ミャンマーにおける石油・ガス採取事業に伴って引き起こされた地域住民の所有権侵害や，反対住民に対する軍隊を使った暴行によって，中国石油集団（CNPC），中国石油天然気（ペトロチャイナ），クンルン・エナジーなど15の企業が告発された。この事業には，中国だけでなく，フランスやアメリカなど計8カ国の企業が参加していた。告発したのはアメリカのアースライツ・インターナショナル（ERI）である。ERIは人権・環境の両分野にまたがって活動するハイブリッドNGOで，ミャンマーにおける国際ビジネス事業にからむ人権侵害の告発を長く手掛けてきた実績がある。ERIの活動を契機に，複数のNGOが2010年末頃からたびたび同事業にかかわる中国企業を告発している。

　2つ目に，ジンバブエにおけるダイヤモンド鉱山採取事業を同国企業と合弁で行う安徽省外経建設集団（AFECG）が告発された事例である。告発したのは主にグローバル・ウィットネスである。ダイヤモンドや木材など資源採取や輸出に伴う政治腐敗や人権侵害など，複数の分野で活動するイギリスのNGOで，紛争ダイヤモンド問題を国際的課題とした功労者である。グローバル・ウィットネスの活動によって資源採取に伴う暴力などの人権侵害が国際的課題となる中，アフリカ地域で活動する中国の採取企業や建設企業は，さまざまなNGOによる告発対象となった。

　最後に挙げるのは，エチオピア政府が反体制派を監視するために，中国やヨーロッパの情報技術（IT）関連企業のソフトウェアやサービスを利用していた事例である。ヒューマン・ライツ・ウォッチは，拷問や不法な扱いが起きる可能性があるとして，中興通訊（ZTE），その関連企業（Sinovatio），ファーウェ

246　第Ⅳ部　社　会

イ（Huawei）などを名指しして改善を要求した。世界有数の国際人権 NGO ヒューマン・ライツ・ウォッチが IT 企業の人権侵害加担問題に取り組んだことを受け，その後も，いくつかの中国系 IT 企業が検閲や言論弾圧に協力したとして告発対象となった。

　以上のように，2010 年代前半になると，ゲートキーパーやハブ NGO の取り上げた自由権侵害（殺害，暴行，言論弾圧など）が人権 NGO のネットワーク内で注目された結果，それに関与した中国企業が告発対象となった。

　小規模グループによる発信は一過性の話題ですぐに忘れられてしまうことも多いが，ゲートキーパーやハブ NGO が取り上げた人権問題は，市民社会に広く知れわたって継続的な活動を引き起こす。他方で，ゲートキーパーやハブ NGO は，小規模グループが発信する人権侵害の情報をせき止める力も持っている。「取り組むべき」と私たちが信じている人権問題は，ゲートキーパーやハブ NGO に選別され，社会的に構築されたものである。

◀ **人権ガバナンスに与える影響**

　これまでの分析をふまえ，中国の台頭が人権ガバナンスに与えうる影響を考察しよう。2000 年代後半，中国の人権問題に取り組む活動家は，農民工の悲惨な人権状況の紹介とともに，それに加担したとして欧米企業を告発し始めた。しかし，先に述べたように，ゲートキーパーは農民工の問題をそれほど取り上げなかった。

　ゲートキーパーが関与しないと人権ネットワーク内で継続的なキャンペーンは起こらず，アドボカシー活動も活発にならない。そのため，メディアに取り上げられて世論の関心を一時的に引くことはできるが，新たなルール作りや既存のガバナンスの強化にはつながらない。実際，欧米企業は評判の悪化を恐れて告発に反応はしたものの，自主的な規制やガイドラインの維持・強化を約束するだけの対処療法にとどまった。

　2010 年代前半になると，一般消費者にそれほど知られていない中国企業までもが，途上国における人権侵害に加担したとして告発されるケースが増えた。告発したのは，ERI，グローバル・ウィットネス，ヒューマン・ライツ・ウォッチのようなゲートキーパーやハブ NGO だった。このような NGO が問題を

第 11 章　人　　権　　247

取り上げれば，無名企業の事業に伴う人権侵害であっても，人権ネットワーク内で広く知られるようになり，継続的な運動が引き起こされる。

　例えば，先に述べたジンバブエのダイヤモンド採取事業で告発されたAFECG は，一般消費者にはなじみの薄い企業である。しかし，グローバル・ウィットネスの告発を受けて，さまざまな人権 NGO がこの問題を取り上げ，キンバリー・プロセス改善要求運動につながった。ヒューマン・ライツ・ウォッチなどは，反乱軍の資金源となるダイヤモンドの輸出入だけを取り締まるのではなく，ジンバブエのような人権侵害国政府の収入になっているダイヤモンドにも目を向けよというキャンペーンを行った（Human Rights Watch 2012）。これは，キンバリー・プロセスという既存のプライベート人権ガバナンスの改善を要求する動きである。

　しかし，ゲートキーパーとして機能する国際人権 NGO の多くは，人権保障の責任はあくまでも国家にあると強く主張している。2010 年代には，いくつかの欧米 NGO が中国企業を告発したが，その狙いは先進国政府や人権侵害国政府の行動を促すことにあった。ミャンマーの石油・ガス採取事業においてERI が強く非難したのは，事業を請け負った中国企業よりも，事業に融資するノルウェー政府であった（EarthRights International 2010）。ジンバブエのダイヤモンド鉱山採取事業においてグローバル・ウィットネスが求めたのは，操業を続ける合弁企業に対する欧州連合（EU）の制裁であった（Global Witness 2013）。エチオピアにおける反体制派の監視についてヒューマン・ライツ・ウォッチが問題としたのも，エチオピア政府の行動であった（Human Rights Watch 2014）。こうした動きは，例外はあるものの，総じてプライベート人権ガバナンスの発展を促すものではなく，国際人権ガバナンスの改善を要求する運動とみなすことができる。

4　まとめと展望

　国家中心で作られてきた既存の国際人権ガバナンスでは，経済のグローバル化によって生じるさまざまな問題に必ずしもうまく対応できない。そこで国家だけでなく，企業や NGO が人権保護に取り組むようになった。しかし，第 2

節で見たように，企業が人権ガバナンスに参加するのは，企業主導でガバナンス作りを進めれば，競争優位を保てるからである。企業は，国家やNGOに主導権をとられるのを嫌う。また，第3節で見たように，国際人権NGOは，企業による人権侵害を世間に広く知らせる役割を担っている。しかし，国際人権NGOが主張するのは，国際人権ガバナンスの強化であり，企業を人権ガバナンスに参加させることではない。多様なアクターが参加するプライベート人権ガバナンスへの期待は高まっているが，その将来性を楽観することはできない。

とはいえ，近年の人権ガバナンスに見られる最大の特徴は，参加者の種類の増大であろう。国家中心の国際人権ガバナンスの限界が露わとなり，企業やNGOなどプライベート・アクターがガバナンスに参入するようになった。これを背景に，プライベート人権ガバナンスとその参加者を対象とする研究が増えた。ガバナンスの各段階のメンバーシップ，参加者間の政治的駆け引き，参加者の能力や戦略の違いなどが分析されている（Mattli & Woods 2009: Avant et al. 2010）。本章もそれに倣い，第3節でガバナンスの課題設定段階における市民社会の役割に焦点を当て，中国の台頭というパワー・シフトが人権ガバナンスに与えうる影響を考察した。

プライベート人権ガバナンスの拡大は，ガバナンス・ギャップを埋めるものとして期待されている。他方で，企業は全サプライヤーの人権侵害に責任を負うべきなのか，業界に人権規制が複数乱立しているとき，企業はどの規制に従うべきなのか，人権尊重のために企業は具体的に何をすればいいのか，企業やNGOの規制にどの程度の執行力があるのか，企業やNGOが作った規制と国家が策定する規制はどのような関係にあるのかなど，ビジネスと人権に関する疑問が各方面から出されてきた。

これらの疑問に応えるために，2011年，国連人権理事会において「ビジネスと人権に関する指導原則」が全会一致で承認された。これは，人権侵害に関する企業責任の範囲や，企業が果たすべき役割について一定の指針を示したガイドラインである。その後，指導原則は，国際機関，各国政府，企業や業界団体が人権基準を作る際に広く活用されている。この先，異なる種類のアクターの期待が収斂して，無数に存在する人権基準の整理・統合が起きるかどうかが注目される。

第11章　人　　権　　249

◆ さらに読み進める人のために

ジョン・ジェラルド・ラギー／東澤靖訳『正しいビジネス──世界が取り組む「多国籍企業と人権」の課題』岩波書店，2014 年。

＊「ビジネスと人権に関する指導原則」策定までの道のりとその後が紹介されている。国際人権ガバナンスの限界も理解できる。

クリスティーン・ベイダー／原賀真紀子訳『理想主義者として働く──真に「倫理的」な企業を求めて』英治出版，2016 年。

＊今では社内に人権問題担当部署を設置するグローバル企業も少なくない。企業の内側から問題解決に挑んできた著者の努力と葛藤が描かれている。

アレクサンドラ・ハーニー／漆嶋稔訳『中国貧困絶望工場──「世界の工場」のカラクリ』日経 BP 社，2008 年。

＊2000 年代後半の中国における出稼ぎ工場労働者（農民工）の人権蹂躙の実態と，その政治経済的な背景を知ることができる。

トム・バージェス／山田美明訳『喰い尽くされるアフリカ──欧米の資源略奪システムを中国が乗っ取る日』集英社，2016 年。

＊アフリカの資源獲得に乗り出す中国企業の動きを通して，現地政府＝グローバル企業＝欧米・新興国政府の共犯関係が描かれている。

■ 引用・参考文献

阪口功 2013「市民社会──プライベート・ソーシャル・レジームにおける NGO と企業の協働」大矢根聡編『コンストラクティヴィズムの国際関係論』有斐閣。

日本貿易振興機構 2016「2015 年の対中直接投資動向」日本貿易振興機構（ジェトロ）海外調査部中国北アジア課。

日本貿易振興機構 2017「2015 年の中国企業の対外直接投資動向」日本貿易振興機構（ジェトロ）海外調査部中国北アジア課。

ボーゲル，デービッド／小松由紀子・村上美智子・田村勝省訳 2007『企業の社会的責任（CSR）の徹底研究──利益の追求と美徳のバランス：その事例による検証』一灯舎。

山田高敬 2009a「多国間主義から私的レジームへ──マルチステークホルダー・プロセスのジレンマ」日本国際政治学会編，大芝亮・古城佳子・石田淳責任編集『国境なき国際政治』（日本の国際政治学 第 2 巻）有斐閣。

山田高敬 2009b「公共空間におけるプライベート・ガバナンスの可能性──多様化する国際秩序形成」『国際問題』586 号。

山本吉宣 2008「『私』の公共空間──プライベート・レジーム試論」『国際レジームとガバナンス』有斐閣。

ラギー，ジョン・ジェラルド／東澤靖訳 2014『正しいビジネス──世界が取り組む「多国籍企業と人権」の課題』岩波書店。

李妍焱 2012『中国の市民社会──動き出す草の根 NGO』岩波新書。

Abbott, Kenneth W. and Duncan Snidal 2009, "The Governance Triangle: Regulatory Standards Institutions and the Shadow of the State," in Walter Mattli and Ngaire Woods, ed. *The Politics of Global Regulation*, Princeton University Press.

Auld, Graeme, Stefan Renckens and Benjamin Cashore 2015, "Transnational Private Governance between the Logics of Empowerment and Control," *Regulation and Governance*, 9 (2): 108–124.

Avant, Deborah D., Martha Finnemore and SusanK. Sell 2010, *Who Governs the Globe?* Cambridge University Press.

Bartley, Tim and Curtis Child 2014, "Shaming the Corporation: The Social Production of Targets and the Anti-Sweatshop Movement," *American Sociological Review*, 79(4): 653–679.

Bob, Clifford 2010, *The International Struggle for New Human Rights*, University of Pennsylvania Press.

Carpenter, R. Charli 2011, "Vetting the Advocacy Agenda: Network Centrality and the Paradox of Weapons Norms," *International Organization*, 65(1): 69–102.

EarthRights International 2010, *Broken Ethics: The Norwegian Government's Investments in Oil and Gas Companies Operating in Burma (Myanmar)*, http://www.earthrights.org/sites/default/files/documents/Broken-Ethics.pdf（2017 年 2 月 20 日アクセス）.

Finnemore, Martha and Kathryn Sikkink 1998, "International Norm Dynamics and Political Change," *International Organization*, 52(4): 887–917.

Global Witness 2013, "Zimbabwe's diamond sector and EU restrictive measures," https://www.globalwitness.org/sites/default/files/library/Zimbabwe%20restrictive%20measures.pdf（2017 年 2 月 20 日アクセス）.

Green, Jessica F. 2014, *Rethinking Private Authority: Agents and Entrepreneurs in Global Environmental Governance*, Princeton University Press.

Hafner-Burton, Emilie M. and Kiyoteru Tsutsui 2005, "Human Rights Practices in a Globalizing World: The Paradox of Empty Promises," *American Journal of Sociology*, 110(5): 1373–1411.

Hafner-Burton, Emilie M. and Kiyoteru Tsutsui 2007, "Justice Lost! The Failure of International Human Rights Law To Matter Where Needed Most," *Journal of Peace Research*, 44 (4): 407–425.

Hathaway, Oona 2002, "Do Human Rights Treaties Make a Difference?" *Yale Law Journal*, 111.

Human Rights Watch 2012, "Zimbabwe: Diamond Abuses Show Need for Reforms: Kimberley Process Meeting Should Address Human Rights," https://www.hrw.org/news/2012/06/04/zimbabwe-diamond-abuses-show-need-reforms（2017 年 2 月 20 日アクセス）.

Human Rights Watch 2014, *They Know Everything We Do: Telecom and Internet Surveillance in Ethiopia*, https://www.hrw.org/sites/default/files/reports/ethiopia0314_For Upload_1.pdf（2017 年 2 月 20 日アクセス）.

Keck, Margaret E. and Kathryn Sikkink 1998, *Activists beyond Borders: Advocacy Networks in International Politics*, Cornell University Press.

Mattli, Walter and Ngaire Woods 2009, *The Politics of Global Regulation*, Princeton University Press.

McDonnell, Mary-Hunter, Brayden G King, and Sarah A. Soule 2015, "A Dynamic Process Model of Private Politics: Activist Targeting and Corporate Receptivity to Social Challenges," *American Sociological Review*, 80(3): 654–678.

Murdie, Amanda 2014, "The Ties that Bind: A Network Analysis of Human Rights International Nongovernmental Organizations," *British Journal of Political Science*, 44(1): 1–27.

第 11 章 人 権 251

Murdie, Amanda and David R. Davis 2010, "Looking in the Mirror: Comparing INGO Net-
works," presented at the Political Networks Conference, Duke University.

Simmons, Beth A. 2009, *Mobilizing for Human Rights: International Law in Domestic Poli-
tics*, Cambridge University Press.

Vogel, David 2009, "The Private Regulation of Global Corporate Conduct," in Walter Mattli
and Ngaire Woods ed., *The Politics of Global Regulation*, Princeton University Press.

[古内洋平]

移民・難民

二極化する世界の越境者たち

> 国境を越えて移住する人々の数は増える一方だが，一律に増加しているわけではない。人材を得る国もあれば，失う国もある。そして，歓迎される人々とそうでない人々とに分かれる。この章では，世界の移民・難民の現状を素描したのち，シリア難民危機を事例に，越境者に対するグローバル・ガバナンスが抱える矛盾について考える。

1 国境を越える人々

　2016年のリオデジャネイロ五輪は，多くのすばらしい世界新記録を生み出すとともに，120年の近代オリンピック史に「新」を1つ付け加えた。Refugee Olympic Team ——「難民チーム」の初参加である。シリアや南スーダンなどからの難民でつくられた選手団は10名と小規模だったが，メンバーの一人は記者会見でこう述べた。「私たちは世界6000万人の難民を代表している」。

　海上を漂う小舟にぎっしりと詰め込まれた人々，背丈をはるかに超える国境フェンスをよじのぼる人々，幼児を抱いて荒野を歩き続ける人々，疲れ切った表情で道端に横たわる人々……。ニュースで繰り返される光景である。ようやくたどり着いた先でも，彼らの暮らしが厳しいことは想像に難くない。

　一方で私たちは，こんな光景も目にする。大学の教室で講義に耳を傾ける留

学生，外国人スタッフを交えた英語による社内会議，大企業のトップに迎えられた外国人経営者……。海外から人材を迎え入れることは，少子高齢化の社会を支えるためだけでなく，組織の多様性（ダイバーシティ）を高め，グローバルに競争するために不可欠である，と盛んにいわれる。

　ヒトが国境を越えるとき，その理由はさまざまであり，移住先での暮らしも，受け入れる社会の反応も一様ではない。本章で示すように，歓迎される移住者とそうでない移住者とに分かれ，その二極化が進んでいるのが現状であるように見える。国境を越える人々，中でも移民と難民をめぐるグローバル・ガバナンスを考えるには，この二極化を見据えることから始めなければならない。

◀「移民」「難民」とは

　以下で取り上げるのは，一時的・短期的な滞在者（旅行者や出張者）ではなく，中長期にわたり出生国を離れて暮らす国際移住者（international migrant）と呼ばれる人々である。多くの公式統計では 1 年以上の海外在留者と定義されるが，もっと長く，あるいは生涯にわたり定住する場合のほうが，国際移住者のイメージや実像に近いだろう。

　ある国からの出国者（emigrant）は，別の国への入国者（immigrant）となる。移民問題が論じられるときには，たいていの場合，国外から入ってくる人々をどうするかが問題となるので，immigrant を「移民」と邦訳したり，入国管理のあり方をもって移民政策（immigration policy）という語が使われたりする。

　ヒトが出生国を離れる理由はさまざまであるが，さしあたり，自発的か非自発的かに区別できると考えよう。自発的な国際移住には，海外での就業，海外留学，国際結婚や家族呼び寄せによる移住，定年退職後の海外移住などがありうる。科学者，エンジニア，経営者，弁護士，医師など，海外で専門職についている人々は，高技能移民（highly skilled immigrant）または高度人材と呼ばれる。非自発的な国際移住には，人身売買の被害者や，紛争（→**第 4 章**，**第 5 章**）や迫害によって難民となるケースが含まれる。もちろん，自発的か否かを明確に区別できるわけではなく，たとえばいわゆる出稼ぎ移民の中には，母国で仕事がなく，やむをえず海外に出る人々もいる。

　難民（refugee）とは，人種，宗教，国籍，政治的意見，または特定集団のメ

254　第Ⅳ部　社　会

ンバーであることを理由に，迫害を受けるおそれが十分にあるため国外に逃れた人々をいう（後述する「難民条約」の定義）。国外に逃れることができず，出生国にとどまるしかない人々を，国内避難民（internally displaced persons: IDPs）と呼ぶ。難民と国内避難民を合わせて，強制移住者（forcibly displaced people）と呼ぶ。また，統一された定義があるわけではないが，政治的信条から迫害を受けた「政治難民」，貧困を原因とする「経済難民」，自然災害や環境破壊から逃れた「環境難民」などと区別することもある。

　なお，自発的な国際移住者だけを「移民」として「難民」と区別する場合もあるが，両者を含めて国外から入ってきた人々を移民と数える統計もあるので注意が必要である。また，所定の手続き（国によって異なる）をとらずに在留する非正規移民（unauthorized immigrant）——俗にいう不法移民（illegal immigrant）——の人数が計上されていない統計が多いので，その点でも注意を要する。

◀国際移住者の動向

　国際移住者（ここでは自発的移民＋難民とする）の数は増加し続けている。国連人口局の統計によれば，2015 年時点で約 2 億 4370 万人が出生国を離れて暮らしており，これは世界人口（約 73 億 4900 万）の 3.3% に相当する。2005 年（約 1 億 9130 万人）からの 10 年間で約 27%，1995 年（約 1 億 6100 万人）からの 20 年間では約 52% の増加である（UN Population Division 2015）。

　2015 年時点で出生国を離れて暮らしている約 2 億 4370 万人のうち，先進国に約 1 億 4000 万人（約 58%），開発途上国に約 1 億 320 万人（約 42%）が暮らしている。10 年前（それぞれ 61% と 39%）に比べ，途上国の比率が増加した。全体の 5% 前後は，後発開発途上国に暮らしている。男女比はほぼ等しく，10 年間で女性の国際移住者も約 26% 増えた。

　表 12-1 は，国際移住者を受け入れている上位 10 カ国（2015 年）である。アメリカが圧倒的に多く，世界の国際移住者の約 2 割が住む。アメリカに移住した 4 人に 1 人はメキシコ出身者である。2 位のドイツには，東欧，旧ソ連邦諸国，トルコからの移住者が多い。3 位のロシアへは，旧ソ連邦諸国の出身者が大半を占める。未熟練労働者を多く受け入れている湾岸産油国のサウジアラビア（4 位）とアラブ首長国連邦（6 位）には，インド，パキスタン，バングラ

表 12-1　国際移住者を受け入れている上位 10 カ国 （2015 年）

順位	国　　名	人数〈万人〉 （世界合計に占 める割合〈%〉）	主な出身国（その国への国際移住者に占める割合〈%〉）
1	アメリカ	4,663　（19.1）	メキシコ（25.8），中国（4.5），インド（4.2），フィリピン（4.1），プエルトリコ（3.7）
2	ドイツ	1,201　（4.9）	ポーランド（16.1），トルコ（13.8），ロシア（9.0），カザフスタン（8.5），ルーマニア（4.9）
3	ロシア	1,164　（4.8）	ウクライナ（28.1），カザフスタン（22.0），ウズベキスタン（9.8），アゼルバイジャン（6.6），ベラルーシ（6.6）
4	サウジアラビア	1,019　（4.2）	インド（18.6），インドネシア（12.7），パキスタン（11.0），バングラデシュ（9.5），エジプト（7.2）
5	イギリス	854　（3.5）	インド（9.1），ポーランド（8.2），パキスタン（6.3），アイルランド（5.9），ドイツ（3.8）
6	UAE	810　（3.3）	インド（43.2），エジプト（11.6），バングラデシュ（11.2），パキスタン（10.7），フィリピン（6.9）
7	カナダ	784　（3.2）	中国（9.1），インド（7.9），イギリス（7.8），フィリピン（7.0），アメリカ（4.4）
8	フランス	778　（3.2）	アルジェリア（18.4），モロッコ（11.9），ポルトガル（9.2），チュニジア（5.0），イタリア（4.7）
9	オーストラリア	676　（2.8）	イギリス（19.1），ニュージーランド（9.5），中国（6.7），インド（5.8），ベトナム（3.4）
10	スペイン	585　（2.4）	モロッコ（12.0），ルーマニア（11.2），エクアドル（7.2），コロンビア（5.9），イギリス（5.3）
	世界合計	24,370	

［注］　国際移住者は自発的移民と難民を含む。UAE はアラブ首長国連邦。
［出所］　United Nations, Department of Economic and Social Affairs, Population Division, "International Migrant Stock 2015" をもとに筆者作成。

デシュなど南アジア諸国や，近隣のエジプトからの人々が多い。

　表 12-2 は，国際移住者を送り出している上位 10 カ国 （2015 年） である。1位はインドで，行き先は湾岸諸国，隣国パキスタン，そしてアメリカが多い。2 位のメキシコは，実に約 98％ がアメリカに移住している。3 位のロシアは旧ソ連邦諸国への移住が多い。ソ連解体後に生まれた国々の間で移住が盛んであることがわかる。4 位の中国は，香港 （国連統計では中国と区別），アメリカ，韓

256　　第Ⅳ部　社　会

表 12-2　国際移住者を送り出している上位 10 カ国（2015 年）

順位	国名	人数〈万人〉（世界合計に占める割合〈%〉）	主な移住先（その国からの国際移住者に占める割合〈%〉）
1	インド	1,558　(6.4)	UAE (22.5)，パキスタン (12.8)，アメリカ (12.6)，サウジアラビア (12.2)，クウェート (6.8)
2	メキシコ	1,234　(5.1)	アメリカ (97.7)，カナダ (0.8)，スペイン (0.4%)，ドイツ (0.1)，グアテマラ (0.1)
3	ロシア	1,058　(4.3)	ウクライナ (31.0)，カザフスタン (22.2)，ドイツ (10.2)，ウズベキスタン (8.3)，ベラルーシ (6.5)
4	中国	955　(3.9)	香港 (24.2)，アメリカ (22.0)，韓国 (7.9)，カナダ (7.5)，日本 (6.8)
5	バングラデシュ	721　(3.0)	インド (44.0)，サウジアラビア (13.4)，UAE (12.6)，マレーシア (5.0)，クウェート (4.9)
6	パキスタン	594　(2.4)	サウジアラビア (18.9)，インド (18.6)，UAE (14.6)，イギリス (9.1)，アフガニスタン (5.9)
7	ウクライナ	583　(2.4)	ロシア (56.1)，アメリカ (5.9)，カザフスタン (5.8)，ドイツ (4.5)，ベラルーシ (3.9)
8	フィリピン	532　(2.2)	アメリカ (35.7)，UAE (10.5)，カナダ (10.3)，サウジアラビア (9.2)，オーストラリア (4.2)，日本 (4.0)
9	シリア	501　(2.1)	トルコ (31.3)，レバノン (25.1)，ヨルダン (14.0)，サウジアラビア (12.4)，イラク (4.9)
10	イギリス	492　(2.0)	オーストラリア (26.2)，アメリカ (14.5)，カナダ (12.4)，南アフリカ (6.5)，スペイン (6.3)
	世界全体	24,370	

［注］　表 12-1 と同じ。
［出所］　表 12-1 と同じ。

国，カナダ，日本への移住者が多い。

◀強制移住者の動向

　紛争などによって家を追われた強制移住者（ここでは難民＋国内避難民とする）の数は，国際移住者を上回るペースで増え続けている。国連難民高等弁務官事務所（UNHCR）の統計によれば，2016 年末時点で，世界全体の強制移住者は前年から 1030 万人増え，過去最高の 6560 万人であった。1997 年（約 3390 万人）と比べると，約 20 年間でほぼ倍増したことになる。特に 2012–15 年に急

表12-3　難民を受け入れている上位10カ国（2016年）

順位	国　名	人数〈万人〉 （世界合計に占 める割合〈%〉）	主な出身国（その国への難民に占める割合〈%〉）
1	トルコ	287　（16.7）	シリア（98.4），イラク（1.1），イラン（0.2），アフガニスタン（0.2），ソマリア（0.1）
2	パキスタン	135　（7.9）	アフガニスタン（99.9）
3	レバノン	101　（5.9）	シリア（99.3），イラク（0.6），スーダン（0.1）
4	イラン	98　（5.7）	アフガニスタン（97.1），イラク（2.9）
5	ウガンダ	94　（5.5）	南スーダン（67.9），コンゴ民主共和国（21.8），ブルンジ（4.4），ソマリア（3.3），ルワンダ（1.6）
6	エチオピア	79　（4.6）	南スーダン（43.0），ソマリア（30.6），エリトリア（20.9），スーダン（5.0），ケニア（0.4）
7	ヨルダン	69　（4.0）	シリア（94.7），イラク（4.8），スーダン（0.3）
8	ドイツ	67　（3.9）	シリア（56.0），イラク（12.9），アフガニスタン（6.9），エリトリア（4.5），イラン（3.4）
9	コンゴ民主共和国	45　（2.6）	ルワンダ（54.2），中央アフリカ共和国（22.7），南スーダン（14.8），ブルンジ（8.0），コンゴ（0.1）
10	ケニア	45　（2.6）	ソマリア（71.9），南スーダン（19.3），エチオピア（4.2），コンゴ民主共和国（3.0），スーダン（0.6）
	世界全体	1,719	

［注］　UNHCR が難民登録した人数。難民同様の状況にある人々（people in refugee-like situations）を含む。受入国は難民が2016年末時点で滞在している国であり，その国で難民認定されているとは限らない。主な出身国は上位5位まで挙げ，比率0.1%未満の国は省略した。コンゴは Republic of the Congo，コンゴ民主共和国は Democratic Republic of the Congo。
［出所］　UNHCR, *Global Trends: Forced Displacement in 2016* をもとに筆者作成。

増しているのが特徴で，その最大要因はシリア難民の急増であった（事例研究で詳述）。イラク，イエメン，サハラ以南アフリカ（コンゴ，南スーダンなど）の紛争も増加の原因と考えられている（UNHCR 2017）。

　2016年の強制移住者6560万人のうち，2250万人が国境を越えた難民，4030万人が国内避難民であった（残る280万人は庇護申請中の人々）。近年は国内避難民数が難民数を上回っているだけでなく，強制移住者に占める国内避難民の比率が高まっている（1997年の約4割から2016年には6割を超える）ことが特徴である。

258　第IV部　社　会

表 12-4　難民を生み出している上位 10 カ国（2016 年）

順位	国　　名	人数〈万人〉（世界合計に占める割合〈%〉）	主な行き先（その国からの難民に占める割合〈%〉）
1	シリア	552　（32.1）	トルコ（51.1），レバノン（18.2），ヨルダン（11.7），ドイツ（6.8），イラク（4.2）
2	アフガニスタン	250　（14.6）	パキスタン（54.1），イラン（38.0），ドイツ（18.5），オーストリア（0.8），スウェーデン（0.7）
3	南スーダン	144　（8.4）	ウガンダ（44.5），エチオピア（23.6），スーダン（20.7），ケニア（6.1），コンゴ民主共和国（4.6）
4	ソマリア	101　（5.9）	ケニア（32.0），イエメン（25.2），エチオピア（23.9），ウガンダ（3.0），南アフリカ（2.8）
5	スーダン	65　（3.8）	チャド（49.4），南スーダン（37.1），エチオピア（6.1），エジプト（2.1），イギリス（1.1）
6	コンゴ民主共和国	54　（3.1）	ウガンダ（38.2），ルワンダ（13.6），ブルンジ（10.6），タンザニア（9.4），南アフリカ（4.9）
7	中央アフリカ共和国	49　（2.9）	カメルーン（57.8），コンゴ民主共和国（20.9），チャド（14.3），コンゴ（5.0），フランス（0.5）
8	ミャンマー	49　（2.9）	バングラデシュ（56.3），タイ（20.9），マレーシア（17.8），インド（3.2），日本（0.4）
9	エリトリア	46　（2.7）	エチオピア（36.0），スーダン（22.5），ドイツ（6.5），イスラエル（6.1），スイス（5.7）
10	ブルンジ	41　（2.4）	タンザニア（56.6），ルワンダ（20.3），ウガンダ（10.0），コンゴ民主共和国（8.9），ザンビア（0.9）
	世界全体	1,719	

［注］　表 12-3 と同じ。
［出所］　表 12-3 と同じ。

　2016 年末までに UNHCR が難民登録を行った 1720 万人のうち，84%（約1450 万人）は低中所得国，28%（約 490 万人）は後発開発途上国で暮らしている。難民の受け入れは，途上国に偏っているのである。また，難民の約半数（51%）は，子どもを含む 18 歳未満であった。

　表 12-3 は，在留している難民が多い上位 10 カ国（2016 年）である。約290 万人を受け入れているトルコは 3 年連続の首位であった。2 位以下もパキスタン，レバノン，イラン，ウガンダ，エチオピアと途上国が続く。欧米先進国では，唯一ドイツが 8 位に登場する。

第 12 章　移民・難民　　259

表 12-4 は，難民を生み出している上位 10 カ国（2016 年）である。2016 年末時点で，世界の難民の半分以上（約 55%）は，3 つの国——シリア，アフガニスタン，南スーダン——から逃れ出た人々であった。10 位まですべてが紛争で疲弊・破綻した国々である。1 位のシリアからの難民は，半数が北隣のトルコへ逃れた。同じく隣接するレバノン，ヨルダン，イラクがシリア難民の主な避難先である。2 位のアフガニスタンからの難民も，隣国のパキスタンとイランに，合わせて 9 割以上が逃れた。3 位の南スーダンからの難民も，同国をぐるりと囲む 5 カ国に 98% がとどまる。

◀どこからどこへ向かうのか

国境を越えるヒトの移動の全体像をつかむために，便宜上，先進諸国を「北」，開発途上国を「南」と呼ぶことにする。すると，次のようにまとめることができよう。

モノ，カネ，情報だけでなくヒトのグローバル化も進む今日，国際移住者の全体をみると，〈南⇒北〉〈北⇒北〉〈南⇒南〉のいずれの流れも活発化していることがわかる。それらに比べ，〈北⇒南〉の流れは少ない。

紙幅の制約でデータを載せられなかったが，高技能移民（高度人材）に限れば，行き先はもっぱら先進国，それもごく一部のビジネスや研究活動の中心地（後述するシリコンバレーなど）である。先進国同士で高度人材が移動する〈北⇒北〉の流れは活発化する一方である。途上国の人材が先進国に移住する〈南⇒北〉の流れも顕著で，しばしば後述する頭脳流出の問題を生み出している（村上 2015）。

難民は，途上国へ向かう人々が圧倒的に多い。紛争地から隣接国へ逃れるためである。欧米諸国が難民を多く受け入れていることも事実だが，大きな流れとしては〈南⇒北〉よりも〈南⇒南〉のほうが大勢を占める。これはしばしば誤解されている傾向なので，注意が必要だろう。途上国の中でも最も貧しい国々の間での移動，いわば〈最南⇒最南〉の流れが，難民の増加とともに増えてきた点にも注目すべきである。

2 研究動向——移民・難民とパワー・シフト

　移民・難民に関する研究はまことに膨大である。以下では，本書のテーマであるパワー・シフトに関連する議論に焦点を絞って整理する。まずヒトが国境を越える理由について考え，続いてヒトの移動が国家間のパワー・バランスにどう影響するのかを考察する。

◀プッシュ要因とプル要因

　まず，どうして国家間でヒトの移動が生じるのかを考えよう。送出国と受入国の双方に理由を見出すことができる（カースルズ＝ミラー 2011; 27-29）。

　送出国側の理由は，ヒトを押し出す要因という意味で「プッシュ要因」と呼ばれる。仕事がない，給与が安い，教育が十分に受けられない，言論や信教の自由がない，差別を受ける，紛争によって生命が危険に晒されているなど，さまざまに考えられる。これらは互いに結び付いており，複数の要因を抱える国が少なくない。

　受入国側には，ヒトを引き入れる要因，すなわち「プル要因」があると考えられる。これは，プッシュ要因の反対側を考えれば予想できるだろう。仕事がある，給与が高い，教育の機会に恵まれている，言論や信教の自由が保障されている，差別を受けない，平和である，などである。

　このように整理すると，前節でみたヒトの移動の傾向について，多くの部分を説明できる。概してプッシュ要因は開発途上国（とりわけ貧しい後発開発途上国や破綻国家），プル要因は豊かな先進国に多い。〈南⇒北〉の流れが生まれる背景である。

　先進国の間でも，より条件の良い仕事や，より高水準の教育を求めてヒトは移動しやすい。〈北⇒北〉の流れの多くも，相対的なプッシュ要因とプル要因から説明できるだろう。もちろん母国を離れるわけだから，文化の違いや言葉の壁などを乗り越えようとするほどに移住の動機が強いことが条件である。

　〈南⇒南〉の流れは，やや複雑である。多くは難民の流れであり，地理的な要因が強く働く。彼らは選択の余地なく，命がけで近隣へ逃げ出す場合が多い。

第12章　移民・難民　261

もっとも，難民キャンプへの滞在は緊急避難的なものであり，やがて定住先を選択できることになれば，プル要因が強い国を希望することになるだろう。ただし，その希望が叶うとは限らず，難民キャンプ滞在は長期化する傾向にある。

◀ 頭脳流出と頭脳流入

　国境を越えたヒトの移動が長期にわたって続くと，さまざまな影響が出てくる。それは人口の増減といった数の問題だけにとどまらない。

　大きな影響の一つは，頭脳流出（brain drain）である。優秀な人材が国外へ移住する流れは，送出国にとって看過できない影響をもたらしうる。特に後発開発途上国にとって，ただでさえ少ない教育者や大卒者が流出すれば，将来にわたって発展への道が閉ざされかねない。医師や看護士の流出も，国民の生命・健康にかかわる問題である。しかしそうした専門職の人材ほど，より良い条件の海外へ，活躍の場を求めようとする傾向にある。

　高度人材を受け入れる国々は，頭脳流入（brain gain）の恩恵を受ける。そして，優秀な人材が集まる場所は，ますます多くの人材を惹き付ける傾向にある。米カリフォルニア州のシリコンバレーには，世界中から技術とアイディアを持ったエンジニアや起業家が集まり，競争と協働を繰り返しながら幾多のグローバル企業を生み出し，それがまた人材や投資家を呼び寄せて，ハイテク企業の集積地をつくりあげた。このように人材，資金，技術などの磁場となる集積地をクラスター（cluster）と呼ぶ（ポーター 1999）。

　〈南⇒北〉の流れにおける頭脳流出・頭脳流入は，世界の格差をさらに広げることになりかねない。〈北⇒北〉の流れにおいても，より多くの高度人材の獲得によって科学技術（→第8章）の発展に弾みがつき，それが経済成長に結び付く効果が期待される。それゆえ先進国同士で，グローバル規模の人材獲得競争が展開されているのである（竹内ほか 2010; 村上 2010, 2015）。

◀ 頭脳還流

　頭脳流出と頭脳流入は，ヒトの移動が国家にとってプラスかマイナスかを問題視する。国際貿易において，国家が貿易赤字と貿易黒字を気にするのと同じ発想である。それに対して近年，ヒトの移動が送出国と受入国の両方に恩恵を

もたらすことを強調する考え方が出てきた。頭脳還流（brain circulation）と呼ばれる現象に着目する研究である。

たとえば，シリコンバレーは一方的に人材を吸収してきただけではない。シリコンバレーで働き，技術を習得した外国出身者が，母国へ帰って起業する。あるいは，母国の企業とシリコンバレーの企業との橋渡し役を務める。こうしてシリコンバレーを中心に，世界中にハイテク産業のネットワークが強化されていく。北京の中関村，インドのバンガロールやハイデラバード，台湾の新竹といった情報通信技術（ICT）産業の集積地は，そうしたシリコンバレーとの連携によって成長してきた。そこに見られるのは，ヒトの移動を介したウィン・ウィンの国際関係である。ヒトの流れは一方通行ではなく還流する，というのが頭脳還流の強調点である（サクセニアン 2008）。

かつては，送出国にとって最大のメリットは出稼ぎ移民からの海外送金（remittance）であると考えられていた。実際に今でも，多くの労働者を海外に送り出す国々（フィリピンやメキシコなど）では，海外送金が国内総生産（GDP）の重要な部分を占めている。他方，頭脳還流の議論では，外国に出た人々――ディアスポラ（Diaspora）と呼ばれる――が本国にもたらす諸要素をもっと広く，社会的な送金（social remittance）ととらえる。そこには新しい技術や知識，情報，民主主義の考え方などが含まれる。移住者は本国との関係を維持することで，それらを伝播し，本国の発展に寄与しうる（Levitt 2001; Newland 2010）。

とはいえ，こうしたウィン・ウィンの見方が大勢を占めるようになったとはいえず，移民政策の議論では今もプラス・マイナスの発想が根強い。たとえばアメリカでは，特に 2008 年に起こったリーマン・ショック以降，中国やインドなど急成長する国々へ帰国していく外国出身技術者が続出した。これは，逆頭脳流出（reverse brain drain）と呼ばれ，シリコンバレーなどのアメリカ産業界を憂慮させる現象となった。

◀歓迎されざる人々

では，争奪戦の対象ではない人々についてはどうか。その議論にはプラス・マイナスの発想がいっそう色濃く表れてくる。まずは，いわゆる未熟練労働者の移動について考えよう。

未熟練労働者の国際移動について，経済的効果の評価は揺れ動きやすい。送出国にとって彼らは，すでに述べた海外送金の担い手である。しかし労働者が流出し続け，送出国で労働人口が不足する事態になれば，経済発展にとって大きなブレーキとなりかねない。

　受入国では，景気や労働市場の情勢に大きく左右される。景気が良くて労働者が不足していれば，労働力として受け入れが進むだろう。しかし景気が悪化して失業が増えると，評価は反転する。「われわれの仕事を奪う」「賃金を押し下げる」「不法就労している」「犯罪が増える」といった声が上がり，不満が積もれば反移民（anti-immigration）の政治運動へつながる。それら非難の真偽は疑わしいにもかかわらず，である（Chomsky 2007）。

　難民の受け入れではさらに，「テロリストが入国する」「社会保障制度の重荷になる」「異文化・異宗教が蔓延する」などの懸念が追加される。総じて，内戦や貧困による諸問題が，近隣諸国や先進国にも波及するという論調になりやすい。

　難民受け入れが社会の多様性や活力を高めうるという議論もある。だが，特に経済情勢が思わしくないときは，難民受け入れの負担を強調する意見のほうが注目を集めやすい。

　次節では事例研究として，シリア難民危機を手がかりに，二極化する越境者に対するグローバル・ガバナンスの現状を見てみよう。

3 　事例研究——シリア難民危機と世界

◀シリア難民危機の始まり

　2017年の「世界難民の日」（6月20日）にUNHCRは，シリアから国外に逃れた難民が約550万人に達したと発表した。加えて，シリアにとどまる国内避難民が約630万人と推計される。合わせて約1200万人，世界最多の規模である（UNHCR 2017）。

　シリア難民危機は，同国における内戦が混迷の度合いを深めたことで生じた。2010年にチュニジアから始まった「アラブの春」は，翌年エジプトやリビアに続いてシリアへも飛び火し，反政府デモが広がった。シリアのアサド政権は

軍・治安部隊を用いて弾圧に乗り出し，反体制派武装組織との内戦に突入する。欧米諸国がアサドの退陣を求めて反体制派を支援すると，ロシアは欧米諸国の影響力を懸念してアサド政権の側につく。さらに，脱イスラム化を進めてきたアサド政権の打倒を名目に，イスラム過激派組織が隣国イラクから入ってきて，シリア北東部を占拠し，2014 年に IS（イスラム国）の「建国」を宣言した。IS に対する戦闘が内戦と複雑に絡み合い，戦火は広がり続ける。かくして，シリア国民の半数以上が家を追われる事態となったのである。

シリア難民はまず，隣国のトルコやレバノンなどに流入した。しかし，2015 年に入るとヨーロッパをめざす流れが加速し，イラクやアフガニスタンなどの出身者も加わって，100 万人を超える難民がヨーロッパに殺到した。多くは危険な密航によってイタリアやギリシャに渡ろうとし，遭難する船が続出した。地中海沿岸では救援活動が盛んに行われたが，犠牲者は後を絶たず，2015 年 9 月には，海岸に遺体となって打ち上げられたシリア難民の少年の姿が世界中に報じられた。

◀難民条約と UNHCR によるグローバル・ガバナンス

難民の保護・救済は，国際条約によって定められた国際社会の責務である。1948 年に「世界人権宣言」が採択されると，第二次世界大戦中および戦後に急増した難民の基本的人権を保障するため，51 年に「難民の地位に関する条約」が採択された。1967 年には「難民の地位に関する議定書」によって，戦後ヨーロッパを主たる対象とした 51 年の条約を世界的に普遍化した。この 2 つをあわせて「難民条約」と一般に呼ぶ。

1951 年の条約は第 1 条で，難民とは「人種，宗教，国籍もしくは特定の社会的集団の構成員であることまたは政治的意見を理由に迫害を受けるおそれがあるという十分に理由のある恐怖を有するために，国籍国の外にいる者であって，その国籍国の保護を受けることができない者またはそのような恐怖を有するためにその国籍国の保護を受けることを望まない者」であると定義した。

この要件に該当すると判断された人々を「条約難民」と呼ぶ。紛争や迫害から国外へ逃れた人々は，他国で難民認定の申請を行い，審査当局（日本では法務省）の判断を待つ。審査を通過して初めて，その国で難民としての法的地位

を手に入れる。条約難民として認定されることもあれば，各国の判断で（例え
ば人道的理由から）難民として受け入れられる場合もある。

　実際には，審査の結果を待っている人々，あるいは申請も行えずにいる人々
が世界中にいるわけで，彼らの保護が喫緊の課題である。そのために中心的な
役割を担ってきたのが UNHCR である。元来は 1950 年，第二次世界大戦で祖
国を追われたヨーロッパの人々を救済するために，国連総会によって 3 年間の
期限付きで任務を与えられただけの組織だった。しかしその後，独立後に紛争
が頻発したアフリカやアジア，さらには中東地域で急増する難民への対処が必
要となり，組織の規模も活動範囲も拡大されていく。現在では恒久的な国際機
関として，難民条約をはじめとする国際法の遵守を監督・勧告しながら，世界
各地で故郷を追われた人々に対する食糧・医療支援などを行っている。
1954 年と 81 年の 2 回，ノーベル平和賞を受賞した。近年は難民だけでなく，
国内避難民の保護にも力を入れている（小泉 2015: 第 2 章; 中満 2008）。

　UNHCR は，各国の審査とは別に，ただちに保護が必要と判断される人々を
独自に難民と認定している（マンデート難民〈mandate refugees〉と呼ばれる）。
UNHCR が公表するシリア難民数は，このマンデート難民の人数である。

　2011 年にシリアで内戦が始まって以来，UNHCR はシリア難民への支援を
精力的に行ってきた。周辺国に逃れた人々を一人ずつ難民登録し，水，食糧，
寝具，医薬品などの支援物資を提供している。難民キャンプではテントや仮設
住宅のほか，病院や学校も設置した。都市部で暮らす難民のために，特別なシ
ェルターの提供や現金支給も行ってきた。支援活動は，数々の非政府組織
（NGO）と協力しながら進められている。それでも支援は追いつかず，各国に
呼びかけている資金援助も不十分なことが多い（UNHCR 2017）。

　内戦の激化によってシリア難民の増加は止まらず，2015 年末までに北隣の
トルコには約 230 万人，西隣のレバノンには約 107 万人，南隣のヨルダンには
約 63 万人，東隣のイラクにも約 25 万人が逃れ出た。周辺国の受け入れ対応は
限界に達し，シリア難民は次第にヨーロッパをめざすようになって，先述の通
り 2015 年に 100 万人を超える難民がヨーロッパに押し寄せる「欧州難民危機」
へとつながる。ヨーロッパ諸国はかつてない規模の難民への対応を迫られるこ
とになった。

266　第Ⅳ部　社　会

◀ヨーロッパの対応

　ヨーロッパで庇護申請するためには，ヨーロッパ域内に入らなければならない。それが，難民たちが危険を顧みずヨーロッパへの密航を図る一因である。加えて，ヨーロッパ域内にはヒトの移動に関して独特の仕組みがあり，それが域内に入った後も難民たちを苦境に置き続けることになる。

　ヨーロッパの国々は，1985年のシェンゲン協定によってヒトの移動を自由化し，協定国の間では道路，鉄道，空港でのパスポート検査が廃止された。これはのちにアムステルダム条約（1999年発効）により，EUの枠組みにも組み込まれた（岡部みどり 2016）。

　シェンゲン協定に参加する26カ国（シェンゲン圏）の居住者や旅行者は圏内を自由に移動できるが，庇護を求めてヨーロッパに入った人々にはダブリン規約という別のルールが適用される。すなわち，彼らは最初に入った国で庇護申請をしなければならない。そして申請中に他国に移った場合は，最初の国に送り返される。元来これは，上陸国に迅速な審査を促すことと，審査を混乱させる二重申請を防ぐことが目的だった。

　しかしシリアから大量の難民が押し寄せると，ダブリン規約の形骸化が明らかになる。密航の上陸国となったギリシャやイタリアは，あふれかえる難民の庇護申請に到底対応できず，彼らが北へ向かって出ていくのを黙認する。そして目的地であるドイツをはじめとする国々は，彼らを受け入れるか，上陸国へ送り返すかの決断を迫られることとなった。

　ヨーロッパの国々は国際的な難民条約の締結国であり，人権尊重を理念としている。難民条約には，不法入国・不法滞在を理由に難民を罰してはならないこと（第31条），そして，生命が危ぶまれる国へ強制送還してはならないこと（第33条）とある。実際，かつてない対応を迫られてからも，ヨーロッパ主要国はイラクから逃れてきた人々の庇護申請をほぼ100％認定してきた。ただし人数には差があり，2016年の1年間で見ると，ドイツ（約29万人）を筆頭に，スウェーデン（約4万4000人），オーストリア（約1万8000人），オランダ（約1万3000人）と続き，フランスは約5000人，イギリスとイタリア，ギリシャは1000–2000人と少なめである（MPI 2017）。

　ヨーロッパが効果的に対応するためには，共通の難民政策を打ち出す必要が

ある。しかしながら，通貨危機から回復できないギリシャ，移民排斥を訴える極右政党が影響力を増すフランス，EU離脱（Brexit）を決めたイギリスなど，各国の経済・政治情勢はさまざまで，なかなか足並みが揃わない（岡部直明2016）。折しもパリ，ロンドン，ベルリン，ブリュッセルなど各地でテロが続き，「異分子」が入り込むことへの懸念が高まってきた。

　2016年3月，EUは難民抑制策の一つとして，トルコと難民の送還に関する合意を結んだ。当局の許可なしにトルコからギリシャへ渡った人々のほぼ全員をトルコに送還し，トルコ側はその人数と同数のシリア難民をヨーロッパに空路で送り込む。代わりにEUは60億ユーロをトルコに支援し，トルコ市民のビザなし渡航解禁（さらにはトルコのEU加盟）に向けた交渉を進める，という内容である。人権保護が不十分なトルコへ難民を送還することに対し，難民条約に違反するという批判がなされた。

◀アメリカの対応

　アメリカは先進国の中で，世界から難民を最も多く受け入れてきた国の一つである。シリア難民についても，ヨーロッパが危機的状況に陥った2015年9月，オバマ政権が以後1年間に1万人を受け入れることを決定した。11月にパリで同時多発テロが起きると，テロリストが難民を装って国内に入り込むと懸念する声が高まる。しかしオバマ大統領は，「難民の多くはテロの犠牲者であることを忘れてはならない」と述べ，シリア難民の受け入れ継続を表明した。

　政策が大きく変化したのは2017年1月，トランプ政権が誕生してからである。アメリカ第一主義を掲げるトランプ大統領は，選挙期間中から，移民は「米国民の雇用を奪う」と述べ，メキシコや中南米からの不法移民の取り締まり強化を明言していた。

　就任直後の1月末には，「イスラム過激派テロリストからアメリカを守る」という理由で，シリアを含むイスラム圏7カ国からの入国を90日間禁止する大統領令に署名した。難民受け入れも120日間停止し，特にシリア難民の受け入れはしばらく全面的に停止することとした。ニューヨークなど主要空港で，いきなり足止めされる人々が続出した。

　この大統領令に対しては，宗教に基づく差別であるとして，全米各地で市民

268　第Ⅳ部　社　会

や人権団体による抗議デモが繰り広げられた。2月にワシントン州の連邦地方裁判所が大統領令の執行差し止めを命じ，政権は控訴したが，サンフランシスコの連邦控訴裁判所は差し止めを支持する判断を下す。これにより，入国禁止措置は継続できなくなった。

トランプ大統領は3月，対象国をイラクを除く6カ国に減らした大統領令を出す。これに対し，再びハワイ州の連邦地裁が執行停止を命じた。6月の控訴審においても，6カ国の市民の入国や難民受け入れが国益を損ねるという主張をトランプ政権は十分に裏づけていないとされた。

入国制限をめぐる混乱は少なくとも一時的に収束したが，移民・難民について世論が二分される状況は続いている。「移民の国」「自由の国」を標榜するアメリカには，およそ1100万人，人口の3.5%に相当する不法滞在者がいると推計され，失業や治安悪化を招いているという不満がトランプ当選の一因であった。そうした中で，シリア難民が殺到するヨーロッパの状況は，「今のうちに手を打たなければ，アメリカももっと大変なことになる」という不安を，少なからぬ米国民に抱かせたのであった。

◀日本の対応

シリア難民受け入れの要請は，経済大国である日本にも当然なされた。ヨーロッパで難民が急増してからUNHCRは各国に受け入れを求め，日本にも協力要請を重ねた。

2015年9月，国連総会で難民危機への対応が協議された。安倍晋三首相は演説で，シリアなどの難民支援に，以後1年間で前年の約3倍となる約8.1億ドル（約970億円）を拠出することを表明した。

演説後，記者団にシリア難民の受け入れについて聞かれると，首相は「人口問題としていえば，移民や難民を受け入れる前にやるべきことがある」と答え，女性の活躍など政府が掲げてきた政策の必要性を強調した。この発言は海外メディアでも取り上げられ，英ガーディアン紙は「日本はシリア難民を受け入れる前に自国の面倒をみなければならないと発言」という見出しで報じた（報道記事①）。

もともと日本の難民受け入れ数は，先進国の中で際だって少ない（根本

第12章　移民・難民　　269

2017）。法務省入国管理局によれば，2015年の申請者7586人のうち，難民認定されたのは27人だった。2016年には1万901人のうち28人と，認定率はさらに低下した。他に人道的配慮から在留を認められた人が97人いるが，合わせても125人にすぎない（法務省 2017a〈速報値〉）。

認定数の少なさについて，入管当局は，就労目的で来日して難民申請を行うことで滞在期間を延ばそうとする，いわゆる偽装難民が多いためだと説明する。他方，難民支援活動を行うNGOなどは，難民認定に関する基準が厳格すぎるうえに，難民であることを立証する手だてを持たない人々への配慮が欠けていることなどを問題視する（難民支援協会 2017）。

2016年5月，政府はシリア難民の若者を5年間で最大150人，「留学生」として受け入れることを発表した。その家族と合わせて300人程度を受け入れ，奨学金と生活手当を支給することとした。5年でわずか300人と否定的にとらえる向きがある一方，日本にしては重要な一歩であると評価する声も聞かれた（報道記事②，③）。

◀二極化するヒトの国際移動

日本が外国人に対して門戸を閉ざしているかといえば，そうとは言い切れない。日本の在留外国人（法務省は「移民」という言葉を用いない）は，2007年に200万人を超え，16年末には約223万人であった。100万人を超えたのが1990年なので，20年ほどで倍増したことになる。短期的な観光客を含む外国人入国者は，2016年にほぼ2000万人と過去最高を記録した（法務省 2017b）。

中長期的な在留外国人（2016年の約223万人）を在留資格別に見ると，多い順に，永住権を取得した「永住者」約70万人，いわゆる在日朝鮮人・韓国人が大半を占める「特別永住者」約35万人，「留学生」約25万人，そして「専門的・技術的分野での就労者」約24万人，「技能実習生」約19万人，ブラジルなどの日系人の子孫である「定住者」約16万人となる。特別永住者と定住者は横ばいか漸減だが，他は増加が続いている（法務省 2017b）。

これらのうち，日本政府が特に増加を期待しているのが「専門的・技術的分野での就労者」で，エンジニアや企業就労者を含む「技術・人文知識・国際業務」，投資家や経営者を含む「経営・管理」，教育機関に勤める「教育」「教授」

などのカテゴリーがある。すなわち第1節で述べた高度人材に当たる外国出身者である。政府は2008年に「高度人材受入推進会議」を設け、翌年の報告書において、高度人材の受け入れが「成長戦略の重要な一翼」であり、「優秀な人材、トップ人材が日本に来たい、日本で働きたいと思える魅力ある国・環境を創っていく」必要があると強調した（高度人材受入推進会議 2009）。

　優秀な人材を呼び込むために2012年に導入されたのが「ポイント制度」である。学歴、職歴、年収、日本語能力などの項目別に点数をつけ、合計が一定に達すると、在留期間や活動条件、永住許可要件などで優遇を受けることができる。

　留学生は、高度人材の候補として期待される存在である。政府は「留学生10万人計画」（1983-2003年）の後継として、「留学生30万人計画」を2008年に開始した。2020年を目途に30万人の留学生受け入れをめざすものである。留学生が卒業後に日本企業に就職するための支援策も盛り込んだ。

　他方、日本ではいわゆる単純労働者向けの就労ビザはない。労働市場への影響が不確かであることを理由に、外国出身の単純労働者の正式な受け入れを認めていないのである。にもかかわらず、私たちは飲食店、コンビニ、工場、建設現場などで多くの外国出身者を目にする。なぜか。

　彼らは他の在留資格の中にいる。1つ目は「留学生」で、週28時間までのアルバイトが認められている。2つ目は「定住者」で、日系人という身分で在留を認められているため、どんな職業に就いてもかまわない。定住者は1990年の入管法改正で、人手不足への対応という側面をもって新設された在留資格であり、ブラジルやペルーから一気に就労希望者が流れ込んできた経緯がある。3つ目は「技能実習生」で、工場や農場で技能を学ぶ目的で来日する。本来は開発途上国の人材育成のため、国際協力の一環として始められた制度だが、中小企業や農家の人手不足解消に利用されている面が目立ち、一部では劣悪な環境で低賃金の労働を強いられる研修生の存在が明らかになっている（外国人研修生問題ネットワーク 2006）。

　要するに日本の今の政策は、高度人材と、その候補である留学生は積極的に誘致する一方、単純労働者の受け入れは（制度上は）認めていない。難民の受け入れがごく少数にとどまっていることは、前述の通りである。

第12章　移民・難民　271

とはいえ，このように外国出身者を選別するのは，決して日本に限ったことではない（小井土 2017）。高度人材の争奪戦はグローバルに展開されている。ポイント制度はイギリスやオーストラリアなどが，優秀な人材を選別するために何年も前から活用してきた。留学生の獲得も，世界各国の大学が最も力を入れている部分の一つである。他方で，それ以外の移民や難民については，受け入れの制限に向かう動きが目立つ。ヨーロッパでは難民の急増に直面して以来，大半の国々が難民を押しつけ合うような姿勢を見せている。イギリスは，ヒトの移動を域内で自由化する EU に背を向け，国民投票で僅差ながら Brexit を決めた。トランプ大統領は不法移民と難民を，犯罪者やテロリストの予備軍とみなすような発言を繰り返している。

そうした中で，国境を越える人々の数は増え続けているのである。歓迎される人々も，歓迎されざる人々も。

4　まとめと展望

本章ではまず，移民・難民の現状を素描し，その背景を説明する研究動向を見た。自発的であるか強制的であるかを問わず，国境を越える人々の数は増え続けている。ただし，移動の方向は一律ではない。高度人材は一部の「北」の国々が吸収し，「南」の国々からの頭脳流出がしばしば問題視されてきた。「北」から「南」への頭脳還流が勢いを増すかどうかが，格差是正の一つの鍵となるだろう。いずれにせよ，グローバル規模の人材争奪競争はいっそう過熱していきそうである。

一方で難民の流れは，「南」から「南」へ，すなわち紛争国から近隣の開発途上国へ逃れ，とどまるしかないケースが大半である。シリア難民危機の事例は，「北」をめざす難民たちが直面した厳しい現実を示している。

では，このように二極化する越境者のグローバル・ガバナンスは，どうあるべきなのだろうか。結びに代えて，考える手がかりになるかもしれない例を一つ紹介したい。カナダの移民・難民政策である。

2017 年 1 月末にアメリカでイスラム圏からの入国を禁じる大統領令が出された直後，カナダのトルドー首相は Twitter で「迫害やテロ，戦争から逃れ

272　第Ⅳ部　社　会

てきた人々を，信仰にかかわりなく，カナダ人は歓迎する。多様性が私たちの強さだ」と発信した（報道記事④）。

　このときまでに，カナダは約4万人のシリア難民を受け入れていた。もともとカナダは，国際移住者の受け入れ数で世界第7位の国であり（表12-1），人口の2割以上が外国出身者である。高度人材を誘致するために各種優遇制度を設けているほか，近年最も留学生数を増やした国の一つである。さらに難民についても，政府による支援制度に加えて「民間スポンサーシップ」制度をつくり，地方自治体，産業界，市民団体などが一緒になって難民の受け入れに取り組んできた。

　カナダの難民政策は，人道主義のみに基づいているわけではない。日本の30倍近い広大な国土をもちながら，人口が比較的小規模（約3600万人，日本の約3分の1）であるカナダは，労働人口の不足を補うために海外から移民を受け入れてきた。カナダの一員となり，カナダに貢献する人材を歓迎するというのが基本方針で，高度人材を優先的に迎え入れている点では他国と同じである。だがカナダの特徴は，そうした人材を難民の中にも見出そうとしている点だろう。首都トロントに最初のシリア難民家族が到着したとき，トルドー首相は彼らを「カナダ経済の将来」とみなして歓迎した（報道記事⑤）。

　難民と呼ばれる人々も，本国でそれぞれに仕事や家族をもち，社会に貢献してきた人々である。家を失ったからといって，彼らの能力まで失われたはずはないだろう。難民について，そのような見方が世界に広がるだろうか。日本ではどうだろうか。

◆ さらに読み進める人のために ─────────

S. カースルズ＝M. J. ミラー／関根政美・関根薫訳『国際移民の時代〔第4版〕』名古屋大学出版会，2011年。
　＊国際移住に関するスタンダードな解説書。国際移住の歴史から，地域別の動向，政治・経済・社会・安全保障とのかかわりまで広く論じる。

パトリック・キングズレー／藤原朝子訳『シリア難民──人類に突きつけられた21世紀最悪の難問』ダイヤモンド社，2016年。
　＊ヨーロッパをめざすシリア難民たちに密着したドキュメンタリー。英ジャーナリストが難民たちの長く苦しい旅の現実を伝える。

第12章　移民・難民　　273

根本かおる『難民鎖国ニッポンのゆくえ』ポプラ新書，2017 年。
  ＊難民問題は遠い外国の話ではない。日本で暮らす私たちが，どう考え，取り組むべきかを問いかける書。筆者は国連広報センター所長。

小泉康一『国際強制移動とグローバル・ガバナンス』御茶の水書房，2013 年。
  ＊難民を中心とする強制移動民の問題を，広範かつ詳細に論じた研究書。本章では割愛したが，日本がかつて多く受け入れた「インドシナ難民」についても詳しい。

日本国際政治学会編『国際政治』第 190 号，2018 年。
  ＊「移民・難民をめぐるグローバル・ポリティクス」と題する学会誌特集号。世界各地の移民・難民問題を，さまざまな角度から学術的に考察する。

■ 引用・参考文献

岡部直明編，EU 研究会著 2016『EU は危機を超えられるか──統合と分裂の相克』NTT 出版。

岡部みどり編 2016『人の国際移動と EU──地域統合は「国境」をどのように変えるのか』法律文化社。

外国人研修生問題ネットワーク編 2006『外国人研修生──時給 300 円の労働者　壊れる人権と労働基準』明石書店。

カースルズ，S. ＝ M. J. ミラー／関根政美・関根薫監訳 2011『国際移民の時代〔第 4 版〕』名古屋大学出版会。

小泉康一 2015『グローバル時代の難民』ナカニシヤ出版。

小井土彰宏編 2017『移民受入の国際社会学──選別メカニズムの比較分析』名古屋大学出版会。

高度人材受入推進会議 2009「外国高度人材受入政策の本格的展開を」(http://www.kantei.go.jp/jp/singi/jinzai/dai2/houkoku.pdf　2017 年 8 月 8 日最終アクセス)。

サクセニアン，A／酒井泰介訳 2008『最新・経済地理学──グローバル経済と地域の優位性』日経 BP 社。

竹内宏・藤村博之・末廣昭編 2010『人材獲得競争──世界の頭脳をどう生かすか！』学生社。

中満泉 2008「国境を超える難民・移民問題」大芝亮編『国際政治学入門』ミネルヴァ書房。

難民支援協会（認定 NPO 法人）2017「日本の難民認定はなぜ少ないか？──制度面の課題から」(https://www.refugee.or.jp/jar/report/2017/06/09-0001.shtml　2017 年 8 月 8 日最終アクセス)。

根本かおる 2017『難民鎖国ニッポンのゆくえ』ポプラ新書。

法務省 2017a「平成 28 年における難民認定者数等について（速報値）」2017 年 2 月 10 日 (http://www.moj.go.jp/nyuukokukanri/kouhou/nyuukokukanri03_00666.html　2017 年 8 月 8 日最終アクセス)。

法務省 2017b『出入国管理　平成 28 年版』(http://www.moj.go.jp/nyuukokukanri/kouhou/nyuukokukanri06_00081.html　2017 年 8 月 8 日最終アクセス)。

ポーター，マイケル・E.／竹内弘高訳 1999『競争戦略論 II』ダイヤモンド社。

村上由紀子 2010『頭脳はどこに向かうのか──人「財」の国際移動』日本経済新聞出版社。

村上由紀子 2015『人材の国際移動とイノベーション』(世界のなかの日本経済　不確実性を超えて 6) NTT 出版。

Chomsky, Aviva 2007, *"They Take Our Jobs!" and 20 Other Myths about Immigration*, Beacon Press.

Levitt, Peggy 2001, *The Transnational Villagers*, University of California Press.

MPI 2017, "Asylum Recognition Rates in the EU/EFTA by Country, 2008–2016," http://www.migrationpolicy.org/programs/data-hub/charts/asylum-recognition-rates-euefta-country-2008-2016,（last accessed August 4, 2017).

Newland, Kathleen ed. 2010, *Diasporas: New Partners in Global Development Policy*, Migration Policy Institute.

UN Population Division（United Nations, Department of Economic and Social Affairs, Population Division）2015, "International Migrant Stock 2015," available at http://www.un.org/en/development/desa/population/migration/data/estimates2/estimates15.shtml（2017 年 8 月 17 日最終アクセス).

UNHCR 2017, *Global Trends: Forced Displacement in 2016*, available at http://www.unhcr.org/statistics/unhcrstats/5943e8a34/global-trends-forced-displacement-2016.html（2017 年 8 月 17 日最終アクセス).

＊報道記事

① "Japan Says It Must Look after Its Own before Allowing in Syrian Refugees," *The Guardian*（online), September 30, 2015, https://www.theguardian.com/world/2015/sep/30/japan-says-it-must-look-after-its-own-before-allowing-syrian-refugees-in（2017 年 9 月 30 日最終アクセス).

② 「シリア難民，留学生で受け入れ　5 年で 150 人，日本政府方針」『朝日新聞』2016 年 5 月 19 日，朝刊 1 面。

③ 「シリア難民 300 人受け入れへ　政府，5 年間で　定住を事実上容認」『朝日新聞』2017 年 2 月 3 日，朝刊 3 面。

④ "In Canada, Justin Trudeau Says Refugees Are Welcome," *The New York Times*（online), January 28, 2017, https://www.nytimes.com/2017/01/28/world/canada/justin-trudeau-trump-refugee-ban.html?mcubz=1（2017 年 9 月 30 日最終アクセス).

⑤ "Syrian refugees are Canada's economic future," *Al Arabiya English*（online), available at http://english.alarabiya.net/en/special-reports/davos2016/2016/01/21/Trudeau-Syrian-refugees-are-Canada-s-economic-future.html（2017 年 9 月 30 日最終アクセス).

［山田　敦］

あとがき

本書は，1990年代から今日に至るまでの国際関係における2つの大きな潮流をどのようにとらえるべきか，という問題意識から出発した。一方では，1989年に冷戦が終結した後，国境を越えるグローバルな課題が国際社会の注目を集めると同時に，従来の国家に加えて国際機関や非政府組織（NGO），地方公共団体など，それまでとは異なるアクター（主体）が，公式・非公式の枠組みを通じて問題の管理・解決に尽力する傾向を生んだ。他方で，このようなグローバル・ガバナンスの発展に対して，2000年代終わりから2010年代半ばにかけては，中国の台頭やクリミア半島をめぐる米ロの対立などを受けて，国家間の対立が注目を集め，いわゆる地政学の復活（The Return of Geopolitics）が叫ばれるようになった。

一見，矛盾するこれら2つの潮流の関係を，私たちはどのように理解することができるのだろうか。そして，この2つの潮流の間には，どのような相互作用が生じているのだろうか。これらの問いは，私たちにとって，学問的な課題であると同時に，大学の教室で学生たちに教える際の難しさでもあった。そして，政策・実務に携わる人々にとっては，日々の仕事の中で，直面する問題だろう。

執筆者には，安全保障，政治経済，社会の領域で生じている，さまざまな問題において，この2つの潮流がどのようにかかわりあい，現在の国際政治を形作っているのかを，各分野の最先端の学術成果を踏まえつつ，わかりやすく論じるようにお願いした。とても高度な作業をお願いしてしまったと思う一方で，快く応じていただき，結果として質の高さとわかりやすさを兼ね備えた，理想的な本ができあがったのではないかと考えている。

本書出版の契機は，2015年3月に編者の一人である大芝亮先生（現・青山学院大学教授）が一橋大学を退職されたことであった。その後，諸々の事情により出版が遅れ，残念ながら退職記念としては遅きに失した感がある。しかし，

277

幸い，2017年4月には大芝教授が一橋大学名誉教授となられ，名誉教授就任祝いとして，この本を出版する運びとなった。大芝先生は，1987年から28年間の長きにわたって，一橋大学法学部・大学院法学研究科および国際・公共政策大学院で国際関係論の研究・教育に貢献してこられた。その間，一橋大学の理事・副学長をはじめ，さまざまな立場から学内の教職員・学生の研究・教育・職務環境の整備に尽力されるとともに，日本国際政治学会の理事長，日本国際連合学会や日本平和学会の理事，日本学術会議の連携会員として日本の国際関係論の発展に寄与してこられた。元同僚・ゼミ生・そのほかの大学院や学部の卒業生を代表して，ここに感謝の意を表したい。そして今後も，学会や他大学での活動などを通じて，ますます国際関係論分野の発展と笑いに貢献してくださることを期待したい。なお，大芝先生の最終講義は『一橋法学』14巻3号（2015年11月）所収の「国際関係理論と一橋大学」としてウェブ上で公開されている。

本書の出版にあたっては，多くの方に多大なご協力をいただいた。執筆者の皆さんには，上記のような複雑な依頼に，真摯に応えていただいたことに，感謝の念に堪えない。特に松村尚子先生には，一執筆者の役割を超えて幅広いご協力をいただいた。また，任君三，沖村理史，クォン・ヨンソク，佐藤壮の各先生，オックスフォード大学戦争の変容センター（CCW），日本財団，一橋大学法学部の上條陽子氏，そして小林綾子とJeffrey Wrightの両氏には，さまざまな形で本書の準備にご協力いただいた。一橋大学法学部の国際関係論ゼミの学生たちには，本書の一部を読んでもらい，修正ための有益なアドバイスをもらった。原稿執筆中，執筆者をサポートしてくださったご家族やパートナーの方々にも，御礼申し上げる。

本書の企画・準備にあたっては，一橋大学法学部の国際関係コースが国内外の大学と行っている合同ゼミがよい刺激となったことにも，ふれておきたい。Wookhee Shin（ソウル大学），Barak Kushner（ケンブリッジ大学）をはじめとする両大学の諸先生方，中西寛（京都大学），細谷雄一（慶應義塾大学），村田晃嗣（同志社大学），山田哲也（南山大学）の各先生，そして湘南でのインカレ国際セミナーや防衛大学校での合同ゼミにご協力いただいてきた諸先生方には，長年お付き合いいただいていることに，あらためて御礼申し上げる。

最後に，有斐閣の岩田拓也氏には，本書の企画を立案段階から積極的に支援していただいた。同氏の危機感に溢れた叱咤激励なくして，本書のこのように時宜を得た出版は，望むべくもなかった。記して，深謝する。

　2018 年 2 月

秋山信将・大林一広・山田敦

事項索引

アルファベット

ADB →アジア開発銀行
AIIB →アジアインフラ投資銀行
AMF →アジア通貨基金
ASEAN →東南アジア諸国連合
CPI →腐敗・汚職度指数
CSR →企業の社会的責任
DNS →ドメインネーム・システム
EPA →経済連携協定
FDI →海外直接投資
FTA →自由貿易協定
GATS →サービスの貿易に関する一般協定
GATT →関税及び貿易に関する一般協定
IAEA →国際原子力機関
IBRD →国際復興開発銀行
ICANN 178
ICC →国際刑事裁判所
ICSID →投資紛争解決国際センター
IDPs →国内避難民
IFOR →和平執行部隊
IGF →インターネット・ガバナンス・フォーラム
ILO →国際労働機関
IMF →国際通貨基金
ISAF →国際治安部隊
ISDS 条項 →投資家対国家の紛争解決手続き条項
KPCS →キンバリー・プロセス認証制度
MAD →相互確証破壊
MDGs →ミレニアム開発目標
NACC →北大西洋協力理事会
NATO →北大西洋条約機構
NGO →非政府組織
NPT →核兵器不拡散条約
OECD →経済協力開発機構
PfP →平和のためのパートナーシップ協定
PKO →平和維持活動
RCEP →東アジア地域包括的経済連携
RTA →地域貿易協定
SDGs →持続可能な開発目標
TI →トランスペアレンシー・インターナショ

ョナル
TPP →環太平洋パートナーシップ
TRIMs →貿易に関連する投資措置に関する協定
UNCTAD →国連貿易開発会議
UNHCR →国連難民高等弁務官事務所
UNODC →国連薬物犯罪事務所
WSIS →世界情報社会サミット
WTO →世界貿易機関

あ 行

アイディア 64
アイデンティティ 3, 64
アジアインフラ投資銀行（AIIB） 4, 19, 20, 23, 26, 145
アジア開発銀行（ADB） 17-20, 22, 26
アジア通貨危機 18, 143
アジア通貨基金（AMF） 18, 22, 140
アジェンダ・セッティング（議題設定） 218, 226
アースライツ・インターナショナル（ERI） 246
アフリカ憲章 233
アムネスティ・インターナショナル 244, 245
安全保障管理制度 64, 65
安全保障国際機関 92-94
安全保障のジレンマ（security dilemma） 61-63, 68, 75
安全保障理事会 71, 105
「一帯一路」構想 145
インターネット・ガバナンス・フォーラム（IGF） 181
埋め込まれた自由主義（Embedded Liberalism） 192, 193, 200, 207
ウルグアイ・ラウンド 131
エージェンシー・スラック問題 25
エネルギー安全保障 49
欧州安全保障会議（CSCE） 71
欧州人権条約 233
欧州難民危機 266
大きな政府 190, 200, 201, 207

オーケストレーション　110, 218, 237
オーケストレーター　25, 27, 29, 218, 236, 237
汚職　213

か　行

海外送金（remittance）　263
海外直接投資（FDI）　149, 152
回帰モデル　162
階層化　195, 196
科学技術外交　174
核軍縮　37, 41
拡散に対する安全保障構想（PSI）　40, 52
核セキュリティ　52, 53
核燃料サイクル　49, 51
核廃絶　37
核不拡散　37, 41, 43, 46, 49
核兵器　36, 38, 172
　　──不拡散条約（NPT）　36, 41, 43, 44, 49-51, 53, 54
核保有国　42, 43, 53
ガバナンス　14, 23, 54, 79, 129, 151, 153, 165, 172, 232
　　──・ギャップ　234, 249
　　──・モード　23, 25, 105, 110
　　委任型──　24, 26, 27, 29, 105, 109, 110
　　インターネット・──　171, 174, 177, 184, 185
　　オーケストレーション型──　25-27, 29, 105, 109, 110
　　階層型──　24, 25, 27, 105, 107
　　核「による」──　35
　　核「の」──　35, 40
　　間接的──　24
　　協働型──　24, 26, 27, 105, 107
　　国際人権──　232, 238, 248
　　人権──　238, 239, 249
　　ソフト・──　23
　　直接型──　109
　　直接的──　23
　　ハード・──　23
　　プライベート・──　235, 237
　　マルチステークホルダー型──　177, 185
　　リージョナル・──　134
ガバメント（政府）　14
関税及び貿易に関する一般協定（GATT）　130-132

環太平洋パートナーシップ（TPP）　136-141, 145, 146
企業　108, 155, 159, 175, 234, 238, 239, 241, 248, 249
　　──の社会的責任（CSR）　237
議題設定　→アジェンダ・セッティング
北大西洋協力理事会（NACC）　70
北大西洋条約機構（NATO）　58, 63, 65-75
　　──東方拡大　71
技能実習生　271
規範　64, 96
　　──起業家　224
脅威の均衡（balance of threat）論　60
強制移住者（forcibly displaced people）　255, 257, 258
キンバリー・プロセス　235, 248
　　──認証制度（KPCS）　109
金融　202, 204
グランド・バーゲン　44, 54
グローバル・ウィットネス　246, 248
グローバル化　1, 15, 129, 194, 233, 234, 248
グローバル・ガバナンス　1-4, 6, 13, 36, 57, 73-75, 88, 99, 103, 104, 110, 122, 130, 131, 140, 191, 213, 219, 226, 272
　　──・システム　14, 15, 28
　　科学技術の──　169, 170, 172, 173
　　核の──　44, 46
グローバル市民社会　176
グローバル・ジャスティス　218
グローバル・スタンダード　→世界標準
グローバル倫理（global ethics）　218
軍事革命（RMA）　174
軍事条項　120, 121
軍事転用　44
経済協力開発機構（OECD）　217, 234
　　──外国公務員贈賄防止条約　217, 225
経済連携協定（EPA）　152, 159
軽水炉サイクル　48
ゲートキーパー　244-248
原子力市場　48
原子力の平和利用　41, 43
権力分有協定　117
権力分有条項　116, 118, 122
高技能移民（highly skilled immigrant）　254
公式の契約（formal contract）　59
交渉理論（バーゲニング・セオリー）　80, 88, 90, 91, 99, 112

公的年金制度　201, 202
高度人材　254, 271
国際移住者（international migrant）　254–256,
　260
国際機関　16, 27, 88, 108, 151
　――の介入　95–99, 159
国際規範　220
国際刑事裁判所（ICC）　110, 116
国際原子力機関（IAEA）　36, 41, 42, 45, 50–52
国際システム　80
国際社会論　26
国際人権規約　233, 234
国際人権条約　233, 234
国際治安部隊（ISAF）　72, 75
国際通貨基金（IMF）　17, 18, 130, 191
国際復興開発銀行（IBRD）　17, 191
国際連合（国連）　106, 232
国際労働機関（ILO）　234
国内政治　135
　――体制　64, 88, 89
国内避難民（IDPs）　255, 258
国連人権委員会　232
国連難民高等弁務官事務所（UNHCR）　257,
　266, 269
国連腐敗防止条約　217
国連貿易開発会議（UNCTAD）　150
国連薬物犯罪事務所（UNODC）　218
コソヴォ紛争　71
国家　3, 109, 173, 198
　――建設　73
国家安全保障　103, 176
国境なき記者団　184
コミットメント　54, 121
　――問題　80, 84, 87, 90, 94, 112, 117
コンストラクティヴィズム（構成主義）　1, 4,
　37, 63–67

さ　行

最後通牒ゲーム　82, 83
再商品化　196
サイバー・セキュリティ　181, 182, 184
サイバー犯罪に関する条約（サイバー犯罪条約）
　182
在留外国人　270
サービスの貿易に関する一般協定（GATS）
　152
サミット（主要国首脳会議）　21, 180

G7――　21
G8――　53
G20――　22
ジェノサイド　122
シェンゲン協定　267
シグナリング　93–95
資源管理　109
持続可能な開発目標（SDGs）　181
資本主義　14, 15
　――の多様性論　198, 202, 204, 206
市民社会　53, 176, 241, 243
社会権　190
社会権規約　233
自由権規約　233
従属変数　161
自由貿易協定（FTA）　132, 134–137, 139, 142–
　144, 151
　多国間――　137
　2国間――　144, 145, 151
　メガ――　145
主権　183
主権国家　1, 115
　――体制　115
情報セキュリティのための国際行動規範
　183
情報の非対称性　80, 82–84, 90, 92, 94, 112, 117
シリア難民　265, 268–270, 273
　――危機　264
人権　231
新興国　239
真実和解委員会　110
新自由主義　193, 194, 196, 197, 200, 207
新地域主義　→ニュー・リージョナリズム
人道アクセス　123
人道の介入　74
スエズ危機　96
頭脳還流（brain circulation）　263
頭脳流出（brain drain）　260, 262
頭脳流入（brain gain）　262
スノーデン事件　184
政策ネットワーク（Policy network）　136
政治条項　118, 120, 121
脆弱国家　115
制度化　63
制度階層性　198, 199
制度補完性　198
勢力均衡　59, 60, 66

事項索引　283

世界銀行　17, 18, 26, 130, 191
世界情報社会サミット（WSIS）　180
世界人権宣言　233, 265
世界標準（グローバル・スタンダード）　175
世界貿易機関（WTO）　130–132, 136, 139, 142, 146, 152
先制攻撃戦争（preemptive war）　86
戦争原因論　80
戦略的安定性　39, 40, 53
相互確証破壊（MAD）　36
　制度化された――　39, 40
組織内文化　111

た　行

対外直接投資　241
対人地雷禁止条約　220
対内直接投資　241
多国間制度　165
多国間投資協定　152
脱商品化　195, 196
ダブリン規約　267
地域機構　107, 108
地域的な多国間主義（regional multilateralism）　136, 137
地域貿易協定（RTA）　132
小さな政府　190, 200, 201, 207
知識的フレーミング（knowledge framing）　225
中国の台頭　4, 247, 249
ディアスポラ（diaspora）　263
低強度紛争　115
提携（alignment）　59
定住者　271
底辺への競争（Race to the bottom）　234
敵対国とのジレンマ（adversary dilemma）　61
デジタル・デバイド　179–181
デジューレ・スタンダード　175
デファクト・スタンダード　175
デモクラティック・ピース　→民主的平和
投資家対国家の紛争解決手続き（ISDS）条項　156, 158, 159, 162, 164, 165
投資家保護　164
投資協定　151, 153–156, 159
　国際――　150
　2国間――　151, 159–162, 164, 165
投資紛争解決国際センター（ICSID）　157–

159
東南アジア諸国連合（ASEAN）　140
同盟（alliance）　57, 59–62
同盟国間の安全保障のジレンマ（security dilemma in alliance）　61
独立変数　161
土地の子（Sons of the Soil）　112
ドーハ・ラウンド　132, 139
ドミノ効果　134
ドメインネーム・システム（DNS）　178
トランスペアレンシー・インターナショナル（TI）　216, 217, 221–227

な　行

内戦　103–105
難民（refugee）　254, 260
　――条約　265, 267
　環境――　255
　経済――　255
　条約――　265
　政治――　255
　マンデート――　266
20カ国財務大臣・中央銀行総裁会議　22
人間の安全保障　103, 176
ネオリベラル制度論　65
農民工　245, 247

は　行

ハイブリッド制度　64
バーゲニング・セオリー　→交渉理論
パブリック・ディプロマシー（広報外交）　174
パワー　2, 3, 26, 51, 60, 66, 153
　――・シフト　2–4, 6, 16, 18, 22, 28, 84, 85, 87, 92, 95, 130, 144, 170–172, 175, 197, 232, 239, 249, 261
　――・移行論　17
　――・バランス　4, 112, 119, 150, 153
　――分布　17
　――・ポリティクス　15, 16, 22, 23, 26, 28
　制度的――　3, 16, 28
　ソフト・――　2, 3, 27, 29, 174
　ハード・――　2, 174
バンドワゴン　59, 60
非核保有国　43
東アジア地域包括的経済連携（RCEP）　133, 140, 141, 144, 145

非国家主体　3, 27, 52, 134
ビジネスと人権に関する指導原則　249
非正規移民(unauthorized immigrant)　255
非政府組織(NGO)　108, 115, 176, 184, 220,
　　225, 226, 232, 234, 236–239, 244, 245, 248, 249,
　　266, 270
　　国際——　216, 219, 221, 244
　　ハイブリッド——　244, 246
　　ハブ——　244, 246, 247
ヒューマン・ライツ・ウォッチ　244–248
標準化　175
フォーラム・ショッピング　22, 28, 54, 108,
　　133, 237, 238
福祉国家　189–195
　　——の危機　193
　　——の「再編」　196–198, 200, 207
福祉レジーム論　195, 197, 198, 200, 206
プッシュ要因　261
腐敗　213–216
腐敗・汚職度指数(CPI)　222–224
プライベート・アクター　234–237, 249
プライベート人権ガバナンス　232, 235, 236,
　　238, 249
ブラヒミ・レポート　108
プリンシパル‐エージェント関係　24
プル要因　261
ブレトンウッズ体制　191–194
紛争の罠　111
紛争予防　109
米州人権条約　233
平和維持活動(PKO)　71, 106–108
平和強制　107
平和構築　73, 113, 115, 117
　　——活動　108
平和のための原子力(Atoms for Peace)　47
平和のためのパートナーシップ協定(PfP)
　　71
平和への課題　107
　　——・補遺　107
平和利用　37
貿易に関連する投資措置に関する協定
　　(TRIMs)　152
法化　109
ホスト国　150, 154–156, 159–162, 164, 165

ボスニア紛争　71
ホーム国　150, 165

ま　行

埋没費用　154
巻き込まれる不安　61
マルチステークホルダー　171
　　——・プロセス　232
マンハッタン計画　47
見捨てられる不安　61
ミレニアム開発目標(MDGs)　180
民主主義　14, 117
民主的平和(デモクラティック・ピース)　88

や　行

有志連合　108

ら　行

リアリズム　3, 63
　　ネオ——　1, 3, 65
リージョナリズム　134
　　ニュー・——(新地域主義)　134
リベラリズム　22
　　ネオ——　1, 3
リベラル制度論　63, 64, 74
リーマン・ショック　22
留学生　271
両用技術(dual-use technology)　170
冷戦　63, 66, 69, 104, 194
レジーム　41
　　核軍備管理——　39
　　核不拡散——　36, 40, 42, 49, 50, 174
　　国際——　174
　　プライベート・——　3
連携構築(coalition building)　225
ロンドン宣言　69

わ　行

ワークフェア(Work-fare)　196
和平合意　116–118, 120, 122
和平執行部隊(IFOR)　71
ワルシャワ条約機構　69
湾岸戦争　70

事 項 索 引　　285

人名索引

あ 行

アイゲン（Peter Eigen） 221
アイゼンハワー（Dwight David Eisenhower）
　47
アインシュタイン（Albert Einstein） 173
アサド（Bashar Hafez Assad） 264, 265
アナン（Kofi Atta Annan） 108
安倍晋三 137, 144, 269
アボット（Kenneth W. Abbott） 23-25, 27,
　28
アマーブル（Bruno Amable） 198, 205
アリー（Todd Allee） 155, 159, 162
李明博 144
ウォルツ（Kenneth Neal Waltz） 43, 63, 80
ウォルト（Stephen M. Walt） 60
ウォルフェンソン（James Wolfensohn） 223
エスピアン-アンデルセン（Gosta Esping-
　Andersen） 195, 197
オーガンスキー（A. F. K. Organski） 17
オッペンハイマー（Robert Oppenheimer）
　173
オバマ（Barack Obama） 53, 268

か 行

ガズマン（Andrew Guzman） 155
ガーツキー（Erick Gartzke） 88
カッツェンスタイン（Peter J. Katzenstein）
　136
カーペンター（R. Charli Carpenter） 244
カールソン（Ingvar Carlsson） 13
菅直人 139, 144
金大中 142, 143
ギャディス（John Lewis Gaddis） 38
ケック（Margaret E. Keck） 224
胡錦濤 139
ゴルバチョフ（Mikhail Sergejevich Gorbachev）
　69

さ 行

サッチャー（Margaret Hilda Thatcher） 193
サハロフ（Andrei Dmitrievich Sakharov）
　173
シッキンク（Kathryn Sikkink） 224
シモンズ（Beth A. Simmons） 159
シャノン（Megan Shannon） 94
習近平 141
シュルツ（Kenneth Schultz） 91
シュレーダー（Paul W. Schroeder） 62
スナイダー（Glenn H. Snyder） 58, 59, 61

た 行

チェンピール（Otto Czempiel） 14
ドイッチュ（Karl W. Deutsch） 65
トランプ（Donald John Trump） 145, 268,
　269, 272
トルドー（Justin Trudeau） 272

な 行

ナイ（Joseph Nye） 216
西谷真規子 218
盧武鉉 143

は 行

ハイデンハイマー（A. J. Heidenheimer） 216
朴槿恵 144
鉢呂吉雄 138
ハート（Michael Hart） 131
鳩山由紀夫 137
ハビャリマナ（Juvénal Habyarimana） 120-
　122
ハフナー-バートン（Emilie M. Hafner-Burton）
　233
韓悳洙 143
ピアソン（Paul Pierson） 197
フィアロン（James D. Fearon） 80-82, 84, 88
ブトロス＝ガリ（Boutros Boutros-Ghali） 107
ブル（Hedley Bull） 26
ペインハート（Clint Peinhardt） 155, 159,
　162
ボエマー（Charles Boehmer） 93, 94
ボーゲル（David Vogel） 236
ボブ（Clifford Bob） 244
ボールドウィン（Richard Baldwin） 134

ま 行

益川敏英　173
マンスフィールド（Edward Mansfield）　135
ミアシャイマー（John J. Mearsheimer）　63
ミルナー（Helen V. Milner）　135
ミロシェビッチ（Slovodan Milosević）　71, 72

や 行

ヤング（Oran Young）　14

ら 行

ラギー（John Gerard Ruggie）　238

ラッセル（Bertrand Arthur William Russell）　173
ランファル（Shridath. Ramphal）　13
リセ・カッペン（Thomas Risse-Kappen）　64, 65, 69
リード（William Reed）　88
レーガン（Ronald Wilson Reagan）　193
ローズノー（James Rosenau）　14

ん 行

ンダダイェ（Melchior Ndadaye）　121

◆ 編者紹介

大芝　亮（おおしば　りょう）
　　青山学院大学国際政治経済学部教授

秋山信将（あきやま　のぶまさ）
　　一橋大学大学院法学研究科教授

大林一広（おおばやし　かずひろ）
　　一橋大学大学院法学研究科准教授

山田　敦（やまだ　あつし）
　　一橋大学国際・公共政策大学院長

パワーから読み解く グローバル・ガバナンス論　〈有斐閣ブックス〉
Power Shift and Global Governance

2018 年 4 月 25 日　初版第 1 刷発行

編　者	大芝　　　亮
	秋山　信　将
	大林　一　広
	山田　　　敦
発行者	江草　貞治
発行所	株式会社 有斐閣

郵便番号 101-0051
東京都千代田区神田神保町 2-17
電話　(03)3264-1315〔編集〕
　　　(03)3265-6811〔営業〕
http://www.yuhikaku.co.jp/

印刷　株式会社理想社／製本　大口製本印刷株式会社

© 2018, R. Oshiba, N. Akiyama, K. Obayashi and A. Yamada.
Printed in Japan
落丁・乱丁本はお取替えいたします。
★定価はカバーに表示してあります。
ISBN 978-4-641-18438-1

|JCOPY| 本書の無断複写（コピー）は、著作権法上での例外を除き、禁じられています。複写される場合は、そのつど事前に、(社)出版者著作権管理機構（電話03-3513-6969, FAX03-3513-6979, e-mail:info@jcopy.or.jp）の許諾を得てください。

本書のコピー，スキャン，デジタル化等の無断複製は著作権法上での例外を
除き禁じられています。本書を代行業者等の第三者に依頼してスキャンや
デジタル化することは，たとえ個人や家庭内での利用でも著作権法違反です。